ASPECTOS DO ANTIGO EGITO

Coleção O MUNDO DO GRAAL

ASPECTOS DO ANTIGO EGITO

Recebido por inspiração especial

ORDEM DO GRAAL NA TERRA

Traduzido do alemão sob responsabilidade da

ORDEM DO GRAAL NA TERRA
Caixa Postal 128
06803-971 – Embu – São Paulo – Brasil

www.graal.org.br

2004

5ª edição

ISBN 85-7279-076-4

Impresso no Brasil – Printed in Brazil

VOZES, VOZES NO UNIVERSO! IMPELEM E PEDEM, IMPLORAM E CHAMAM, A FIM DE LIBERTAR OS SERES HUMANOS DA OPRESSIVA CULPA OU DE ILUMINAR OS CAMINHOS QUE OS CONDUZEM À VERDADE!

E OS SENTIDOS MAIS FINOS DOS SERES HUMANOS RECEBEM PARA TRANSMITIR NA MATÉRIA.

EGITO

Outrora se estendia um nevoeiro sobre o solo da Terra em evolução, sobre o grande rio, hoje denominado Nilo, cujas águas verde-claras afluem ao mar. O chão emitia vapores. Pantanais alargavam-se em todas as direções, e através do lodaçal profundo corriam pequenos regatos. Preguiçosamente, os animais rolavam na terra quente. A terra parecia um fogão em brasa.

Tremulante, a umidade evaporava-se para o alto, onde a neblina se conglomerava.

Pássaros de uma espécie diferente da que os seres humanos conhecem atualmente, transições de animais aquáticos para terrestres, revolviam o lodo em busca de alimento. Por isso tinham pernas compridas e bicos alongados e curvos que, quais espadas, espetavam os peixes. Numerosos eram os répteis, aos quais também pertenciam os crocodilos. Com seus dorsos encouraçados e dentados, eles sobressaíam das águas de pouca profundidade, através das quais se moviam penosamente. Alguns deles ainda tinham pequenas asas, porém não sabiam mais utilizá-las. Seus olhos imóveis causavam uma terrível impressão.

Sobre o mundo pairava uma tranqüila expectativa. Vindos do alto, vivificantes seres da Luz desciam até embaixo e alegravam-se com o medrar da natureza.

Era a época em que os primeiros espíritos humanos encarnavam em corpos gerados pelos animais mais desenvolvidos.

Luminosa, elevava-se a dourada esfera solar no horizonte róseo-cintilante das vastas planícies arenosas, onde o céu, em forma de um suave arco, parecia tocar as ondas do mar do deserto. Grande e aurifulgente ela levantava-se; a dadivosa terra-mãe e a atmosfera absorviam em si os sons de suas luminosas fagulhas. Seus fortes e abrasadores raios sugavam para o alto, gota por gota, dos inúmeros córregos da terra. Com isso se aglomeravam vapores que, como repentinas e tempestuosas torrentes de chuva, desabavam novamente.

A terra saturava-se e nas margens dos leitos dos rios cresciam ervas seivosas e macias, que embelezavam a paisagem. Os animais das montanhas, que à noite se dirigiam em manadas para o rio, gostavam de comer as seivosas ervas das baixadas, e por isso, com o tempo, permaneciam nas verdejantes planícies.

Também os primeiros seres humanos viviam como os animais, em pequenos grupos, nas regiões rochosas, onde eles encontravam abrigo contra os abrasadores raios solares e refúgio nas cavernas situadas mais em cima, quando vinham as grandes enchentes. Em pouco tempo eles aprenderam a adaptar-se às alternações das estações do ano e às forças instáveis do elemento úmido, que podiam proporcionar-lhes amor e benefícios, mas também ruína e penúria.

Contudo, como eram puras essas criaturas do Altíssimo! Quais belos animais, altamente desenvolvidos, viviam elas alegres e ingênuas no ritmo das sagradas leis e vibravam inconscientemente nelas.

À semelhança de uma rede de cristalinos fios prateados, ligavam-se naquele tempo ente com ente, planície com planície. Haurindo alegremente do manancial da vida, estendiam eles os baldes de ouro de degrau em degrau, de espécie para espécie, e cada qual bebia, e, em gratidão, passava-os adiante, feliz na superabundância da graça. Para os homens primitivos a natureza era mãe e pai, amigo e irmão. Eles sentiam nela a elevada força, à qual se submetiam.

"De água e espírito surgiu o ser humano" — essa expressão originou-se ainda da antiga sabedoria egípcia. Puro como as ondas da água era o seu vibrar e sua ampla clareza; seu pensar ingênuo, em fervorosa e alegre gratidão, aspirava às alturas.

E chegara a época em que ardiam luzes chamejantes nas criaturas humanas; crescia nelas o anseio pela Luz, seus espíritos despertavam! Figuras altas e eretas estendiam os braços ao encontro do sol.

Então amadureceu o momento na atuação da vontade divina que deveria trazer para os seres humanos auxílio, orientação e apoio por toda a eternidade, a fim de que eles, que se encontravam tão distantes do divino, pudessem apesar disso vibrar em sua Luz, para desenvolverem-se como criaturas atuantes do Altíssimo. Deveriam amadurecer para serem senhores da Terra, que deviam amar, e utilizar-se das criaturas existentes sobre ela, para benefício das mesmas e de si próprios, no sentido da Luz.

Tudo na Criação estava maduro para esse momento. As esferas vibravam; na Luz havia uma incandescência branca semelhante a um portal que se abria.

Torrentes de Luz afluíam gradativamente, de esfera em esfera, para baixo.

Do amor divino desprendia-se uma das suas mais elevadas forças servidoras, para levar Luz à Criação.

Bramante, fechava-se novamente um portal, atrás do luminoso mensageiro e, pelo caminho determinado pelo Senhor, descia a força da iluminação.

Oriunda da primeira esfera do divino-enteal, a luminosa coluna flamejante possuía a capacidade de tomar forma. Beleza maravilhosa, imaculada e límpida, envolvia o portador da Luz, através da força da vontade divina.

Na Criação encontrava-se agora *Lúcifer,* o portador da Luz divina, para iluminação do entendimento terreno!

O entendimento humano não compreende aquilo que a vontade divina cria sabiamente, com majestade e onisciência.

E a força da Luz anunciava. Uma voz ressoava troante e retumbante de esfera em esfera:

"Vai, luz do saber, atua no sentido da Verdade, como portador da Chama!"

Os sons ecoavam de degrau em degrau, de torrente de Luz em torrente de Luz, de astro para astro. E com isso começava uma nova e revolucionária era no desenvolvimento da Criação.

Existem palavras humanas para esse grande atuar? "Sagrado" é a única, mas esta também foi distorcida e desvirtuada pelos seres humanos, como tudo o que Deus lhes presenteou!

Desse sagrado jorrava a coluna de chama, iluminando, fortificando, vivificando, e ela despertava o instrumento da receptividade terrena com a força do amor divino.

Tudo o que emana de Deus somente pode promover, elevar e purificar, se for recebido puro e retransmitido com pureza.

Aspirando às alturas, com pureza e cheias de veneração, as criaturas humanas aproximavam-se da Luz; mantinham seus corpos eretos, com as mãos estendidas, para receberem as finas correntezas espirituais. A nova evolução devia despertar nelas a consciência para a responsabilidade do ser humano, como receptor da semente espiritual. Deveriam tornar-se sábias e cuidar na matéria das dádivas do céu, utilizá-las e promovê-las, e não mais vibrar inconscientemente como até então, na harmonia das leis divinas.

E assim, flamejante, Lúcifer trazia para baixo, para a Criação, sua chama iluminante, cuja luz viva se transplantava, segundo as leis, de planície para planície da Criação. Ele foi enviado a elas como guia, iluminador e auxiliador, que deveria atuar construtivamente, haurindo da força de Deus-Pai.

Muito tem sido contado sobre ele, mas sempre apenas com referência ao renegado, negador, decaído, e nunca sobre o espírito traspassado de Luz que ele era quando saiu da parte divino-enteal, para servir à Criação como seu benfeitor.

Somente o mais puro pode fluir dessas alturas. Assim atuava Lúcifer, iluminando qual uma grande luz, e o seu resplendor e a abundância de sua força ofuscavam o Sol e faziam parecer fraco e pequeno tudo o que existia até então. Uma nova e poderosa pulsação, reforçada por um sagrado fogo, que vivificava novamente os espíritos de todas as esferas, vibrava através da Criação.

Até às profundezas da materialidade, que estava em via de um maravilhoso desenvolvimento vital, pulsava a correnteza da vida do portador da Luz, que despertava e fortificava todos os seres, especialmente o ser humano.

A criatura humana transformava-se então também exteriormente. Seu porte ereto e a forma de sua cabeça diferenciavam-na nitidamente do animal. Dia a dia ela se tornava mais bela, cada vez mais parecida com a imagem primordial, que o próprio amor do Altíssimo criou à semelhança de Sua imagem.

Uma sagrada atuação preenchia o mundo. Essa época era deveras abençoada!

Sob o poder do Sol, que era circundado por um grande número de corpos celestes nascidos dele mesmo, irrompeu uma época de crescimento, de fertilidade, beleza e abundância, como jamais a Terra tinha visto. Era uma vida paradisíaca.

O espírito humano evoluía como uma ardente chama, que em gratidão se elevava cada vez mais em despertante e jubiloso reconhecimento. Também o raciocínio se aguçava. A abundância de tarefas oferecia oportunidades para exercitá-lo, movimentá-lo e utilizá-lo constantemente.

Os seres humanos aprendiam a distribuir e utilizar o que a natureza lhes propiciava. Aproveitavam tudo no bom sentido, e de sua constante movimentação resultaram o sucesso e a riqueza.

Eles escolhiam os anciões mais sábios para seus guias, aqueles que tinham reconhecido as leis da vida e que sabiam tirar proveito delas. Assim surgiam aos poucos pequenas comunidades.

As criaturas humanas ainda habitavam montanhas e cavernas. Mas quando viram que os vales dos rios ostentavam exuberância e como os imensos desertos de areia se cobriam com verduras e plantas de toda espécie até as grandes águas distantes, então elas se mudaram para as zonas mais temperadas e alojaram-se nas margens do grande rio, que atravessava a verdejante e fértil terra.

Depois não demorou muito até que um de seus sábios guias, que elas consideravam como iluminado pelo portador da Luz, lhes ensinasse como se poderia aproveitar as águas do grande rio. Construíram para si balsas de troncos de árvores e as adaptaram à forma que a água lhes impusera forçosamente. Com os sentidos abertos, elas trabalhavam sob a condução e segundo a vontade do iluminador; e tudo amadurecia para um alegre sucesso. Agradeciam ao portador da Luz; inclinavam-se diante dele e adoravam-no na luz do sol.

Com inteligência e habilidade faziam construções que representavam as águas. Utilizavam-se da força das águas e do sol, e assim se desenvolviam para capacidades cada vez maiores. Procuravam com isso servir à Luz, cheias de gratidão. Em sua honra erigiam magníficos recintos, os quais decoravam jubilosas com o ouro e com as pedras cintilantes que achavam ao cavarem nas arenosas cadeias de colinas. As esplêndidas e delgadas colunas de madeira eram ornamentadas com folhagens.

Dessa maneira, a terra do sol usufruía uma época próspera e abençoada. Assim como as plantas desabrochavam e medravam, da mesma forma se dava com tudo o que fora criado. Também as atividades que os seres humanos efetuavam regularmente na natureza, em estreita ligação com as vibrações dos astros, redundavam somente em proveito. Através do crescimento do intelecto abençoado pela Luz, foi dada ao homem a faculdade de se subordinar, com sua vontade, ao calor, como também à superabundância do elemento úmido.

Os seres humanos não precisavam esforçar-se para satisfazer as suas necessidades cotidianas. Eles apenas tinham o trabalho de distribuir a abundância que lhes fora presenteada pela bondade da Luz. Enquanto eles se moviam na sábia atuação, que nada desperdiçava e nada deixava se estragar, e enquanto cuidavam e se utilizavam com amor de tudo o que vive, sem explorá-lo, repousavam abundância, bênção e alegria sobre todas as suas atividades.

Ricos e belos, dotados de saber e poder, de força e habilidade, eram os filhos gigantes da região do Nilo, os quais tinham vindo de uma tribo que vivia além do Mar Vermelho. A força do sol tostava sua pele, de maneira que esta brilhava como ébano. Seus dentes eram brancos; em volta de suas cabeças ondulavam os cabelos compridos, macios e preto-azulados.

De suas atividades resultavam progressivamente magníficos frutos; eles ficavam cada vez mais dotados de inteligência. Auxiliadores colocavam-se ao lado deles, indicando-lhes os tesouros da terra e fazendo-os compreender que eles estavam destinados a administrá-los. Mostravam-lhes também como podiam captar os sons das radiações sonoras e reproduzi-los; e ensinavam-lhes a construir instrumentos com os quais poderiam reencontrar aproximadamente os sons.

Da terra, os homens preparavam excelentes tintas. Utilizavam ervas e outras plantas para fortificar os seus membros e para curar feridas.

Revigorante e ao mesmo tempo purificadora era a espécie da alimentação, que consistia predominantemente em frutas suculentas, carne branca e peixes. O leite de vaca era sua principal bebida; contudo as mulheres em pouco tempo aprenderam a preparar sucos e vinho das preciosas frutas.

Com o tempo desenvolveu-se entre os colonizadores espalhados nas margens do grande rio um movimentado intercâmbio com os produtos de seu trabalho. Eles utilizavam as vias navegáveis para o transporte de suas mercadorias. Com isso se mesclavam os grupos de tribos isoladas. Um aprendia com o outro; um regozijava-se com o progresso do outro, aproveitando suas experiências.

Assim eles eram elos úteis na corrente das forças servidoras desta Criação. Outra coisa também não deveriam ser. Imaculada e límpida permanecia a sua vontade. Quais crianças alegres e cheias de gratidão, serviam ao Criador e ajudavam-se mutuamente.

Quem seria capaz de ainda agora imaginar como no decorrer de séculos floresciam poder, riqueza, beleza e sabedoria! Tudo se desenvolveu e tudo se transformou em pó! As correntezas das águas cobriram com novas camadas o paraíso terrestre da humanidade.

Qual, no entanto, era a força impulsionadora que destruía aquilo que a bondade divina presenteara tão abundantemente? Horrores passavam pelo mundo. Acusadora, ecoava a grande dor através das esferas.

A força de Lúcifer, que o Senhor lhe presenteara, a Luz da vida, que fluía dele, vibrava em proporções indescritivelmente poderosas através da materialidade. Ele devia trazer para as criaturas humanas a luz do intelecto que a Palavra do Senhor lhe outorgara, quando ele fora enviado. De cima ele via, cheio de alegria, o sucesso de sua atuação no desenvolvimento da humanidade, porém — não era mais a harmonia que vibrava feliz com a Luz de Deus!

O confiante amor do Senhor irradiava potentemente, quando Lúcifer fora enviado como único anjo do Senhor. Uno estava ele com a Luz da fonte primordial; não atribuía nada a si próprio! Pela sua atuação na materialidade isso não devia e nem precisava mudar.

Mas do sucesso que se desenvolveu cresceu o sentimento de sua própria grandeza. Então desprendeu-se a fina ligação com a vontade de Deus, que atuava imperceptivelmente, porém muito mais eficiente. A força que Lúcifer possuía em razão de sua espécie divino-enteal tornou-se arbitrária e não vibrava mais nas leis.

A vibração divino-enteal em volta dele diminuiu um pouco, sua irradiação tornava-se mais fraca e o fino invólucro que envolvia seu núcleo enteal ficava mais pesado — Lúcifer decaía!

Com o seu afastamento da Luz condensava-se também a força de seu querer próprio, e isso o puxava para baixo, ao invés de para cima. Ele encontrava-se então em oposição às leis da Luz, mas não reconhecia isso, porquanto sua força era imensuravelmente grande, e, justamente na contraposição, ela se lhe tornava irradiantemente reconhecível.

Nessa época ele empenhava todas as forças do seu querer, a fim de soerguer o ser humano às esferas da Luz, mas com presunçoso saber melhor.

"Suas capacidades foram despertadas por mim, eu as fecundei; fui eu quem primeiro os tornou conscientes de sua condição humana! *Minha* obra, *minha* vontade, *meu* direito!" — Assim pensava Lúcifer.

Um tremor perpassava a Criação. Lágrimas amargas gotejavam da Luz e fluíam sobre as planícies que Lúcifer não mais pôde deixar. Pois ele ficara pesado demais — tornara-se espírito! Jamais poderia achar o caminho de volta a sua origem.

Foi o momento em que o ser humano começou a pensar em si. Agora considerava, com seu entendimento terreno, a sua grandeza. Pela primeira vez apercebia-se de "si mesmo" na sua atuação, no seu sucesso, em tudo o que ele realizava. Não se lembrava mais das dádivas da Luz.

E com isso crescia em volta do espírito humano uma nuvem escura, por ele mesmo não percebida, mas incisiva para todo o seu ser. Também o circular da viva movimentação se tornava mais fraco e mais vagaroso em torno dele. As ligações com os auxiliadores afrouxavam-se. Em compensação, o cérebro começava muito mais obstinadamente a querer substituir a atividade do espírito.

A fantasia passou a tomar o lugar da intuição, e o senso de beleza foi se transformando em amor ao luxo, em vaidade e em esbanjamento. Todos os sentimentos intuitivos, inicialmente puros, tornaram-se pesados, indolentes, rígidos e por fim torcidos.

Cada qual via no outro a desagradável transformação, e cada qual sofria com isso. A alma começava a adoecer e em seguida o corpo.

As finas e claras teias, que os seres humanos puderam tecer, outrora, com o auxílio das forças espirituais, estavam frouxas, sem vida e cinzentas.

Então levantavam temerosos as mãos e dirigiam suas súplicas à Luz. Mas viam apenas ainda o sol material, diante do qual se estendiam as poderosas, quase ameaçadoras, asas de Ré, a quem eles adoravam, tremendo de medo diante das perturbações no Universo, do calor da seca, das epidemias e dos temporais. Trêmulos, faziam oferendas; temerosos, construíam imagens e templos. Gemendo, tratavam dos seus afazeres cotidianos.

Ré apareceu-lhes e disse:

"Obedecei a mim, segui a minha vontade e sereis como Deus!"

Os seres humanos submeteram-se a sua vontade. Contudo a sua promessa não se realizou.

Os poderosos do país sentiam como suas forças se exauriam; não puderam mais manter a ligação com os elevados guias, e em lugar da força espiritual utilizavam-se de força e astúcia.

Começavam a iludir seus súditos obedientes e ainda confiantes; logravam-nos e subjugavam-nos. Com isso brotavam descontentamento e ódio no povo.

Os seres humanos com a força de seu intelecto apegavam-se obstinadamente às antigas conquistas dos seus espíritos e continuavam a trabalhar com ele e com as experiências aprendidas. No entanto, às suas obras, faltava a vida.

Passaram então a adorar aqueles entes que primitivamente haviam reconhecido como auxiliadores ou benfeitores, e construíam-lhes ídolos e templos. Agigantavam-se com seu querer, pensar e agir terrenal. Até os crânios se modificavam em sua expressão e forma.

A força de Lúcifer vibrava com indescritível intensidade até a materialidade; contudo no cosmo preparava-se algo terrível.

Fortes raios entrechocavam-se. Era um flamejar e ondular semelhante a uma luta entre duas correntezas de espécies diversas. As maravilhosas leis que vibram férreas, que se estendem sob forma de movimento e Luz pela Criação inteira, não podiam ser torcidas, e por isso toda negação que era transmitida pela vontade de Lúcifer chocava-se em nítido contraste contra as correntezas primordiais.

Disso se originavam movimentos revolucionários no cosmo. Dos astros afluíam vapores, gases e radiações que influenciavam as águas da Terra. As correntezas do ar modificavam-se, e seguiam-se ondas de calor. Os seres humanos eram atingidos por doenças e penúrias.

Todavia, isso deveria se agravar mais ainda. O céu radiante cobria-se com véus de vapores cada vez mais densos. O sol tornava-se mais fraco, porém o calor não diminuía. As chuvas não vinham nas épocas costumeiras. Parecia como se tudo tivesse ficado diferente.

Até que ponto se fez sentir uma mudança em tudo o que era vivo, isso os seres humanos não quiseram confessar a si mesmos, pois haveriam de sentir grande pavor. Ao contrário, quanto mais temerosos se sentiam no fundo de suas almas, tanto mais se apoiavam em seu saber e em seu poder. Esforçavam-se em continuar a aproveitar as antigas e grandes invenções, porém só criavam coisas sem vida. Cada vez mais se desviavam do caminho da vida para o da morte e tornavam-se cada vez mais orgulhosos e sedentos de poder. Homens subjugavam homens e faziam deles escravos! Aqueles que eram poderosos deixavam os outros trabalhar para si e extorquiam-lhes a última gota de suor.

Então as formas de seus maus pensamentos transformaram-se em imagens horrendas, que os oprimiam. Os pecados do seu sombrio querer configuravam-se e apossavam-se dos seus corpos. Com isso surgiram as planícies intermediárias das camadas da matéria fina, que impediam qualquer ascensão, e que antes não existiam.

A época para o extermínio dessas gerações amadureceu e uma grande e aniquilante enchente surgiu sobre a Terra.

Os ventos uivavam, conglomerações de nuvens negras desciam num pesado calor abafadiço; as correntezas lutavam bramantes e tremulantes na atmosfera; as enormes torres balançavam e as sólidas muralhas e construções afundavam no pó da areia do deserto.

Onde existiam lindas margens verdejantes e sussurrantes palmeirais, ali se estendiam agora desertos bancos de areia. Em poucos segundos os seres humanos foram soterrados.

Na angústia e no perigo, eles clamavam pela luz do sol, gritavam para o anjo que deveria ajudá-los; contudo apenas lhes respondiam o retumbar vazio do trovão e o bramido do vento quente.

Desesperadas, as criaturas humanas reuniam-se em torno dos seus guias nos altos e magníficos templos, que eles tinham construído outrora em honra à Luz, que em toda parte traziam a imagem do sol alado e que estavam repletos dos mais preciosos tesouros da Terra.

Contudo, um silêncio foi a resposta ao seu angustiante balbuciar. Esse silêncio tocou-lhes impiedosamente as almas atemorizadas.

Todas as magias dos sacerdotes fracassaram, porque lhes faltava a indispensável fonte de luz do sol. Estava frio, dia a dia a temperatura baixava mais, e escurecia ainda mais. Não era possível se distinguir o dia da noite. Por isso também não era possível fazer cálculos astrológicos, porquanto o céu encobrira-se, trovejante. Os relógios de sol nos amplos pátios estavam enterrados na areia, quase até às pontas de suas colunas, e não podiam projetar sombras, porque não fazia sol.

As árvores tinham secado; todo verdor da vegetação desaparecera. Lenta e continuamente começava a cair uma fina neblina, que se transformava em pesadas gotas e em seguida em neve, em grãos de gelo, e por fim em chuvas torrenciais. As águas da chuva transformavam o pó em lodo profundo, que devastava toda a beleza do país. Chovia como se o céu tivesse se tornado um mar revolto.

Os poços e os rios subiam alto. Os lagos transbordavam das suas margens. As aldeias e as povoações, como ilhas, sobressaíam do pântano e da lama, e as paredes brancas das torres espelhavam-se em extensas superfícies de água. A larga correnteza espraiava-se acinzentada, através desses lagos.

Impotentes encontravam-se os seres humanos diante desse acontecimento e viam o seu país afundar no lodo. Com todos os seus dispositivos de proteção, não puderam enfrentar as águas. Estas ondeavam impetuosamente, quebrando os artísticos diques como se fossem brinquedos, e as enchentes subiam ainda mais, de hora em hora.

As criaturas humanas reuniam-se nos lugares mais altos, que sobressaíam das águas como ilhas. No entanto, elas morriam congeladas no gélido frio, afogavam-se ou morriam de fome. Todos os seus tesouros tinham se estragado. Suas magníficas construções afundavam com elas na morte e no grande pavor. Os animais desapareciam.

Passou-se longo tempo. A tempestade abrandava-se e a neve sumia. Novamente estendia-se um céu fulgurante sobre o país. Dos desertos de areia, sedimentados pelas águas e dos congelados e sólidos entulhos, haviam se formado novas camadas.

Novamente um pássaro branco de vez em quando levantava vôo das brancas rochas para a atmosfera azul, anunciando que nem toda a vida se havia extinguido da Terra. Uma nova paz estendia-se sobre a terra que respirava, e um novo germinar começava a se fazer notar. Isoladamente surgiam pássaros, insetos e, sobretudo, animais aquáticos.

O poder do anjo decaído parecia ter sido exterminado. Um novo dia iniciava-se para a nova terra.

Decorriam grandes períodos de novas evoluções. As antigas sementes jaziam fundo na terra, e os ventos traziam novas sementes para ali.

Nas águas vazantes despontavam pequenas ilhas, as quais, depois que o sol e o vento tinham cumprido a sua parte, manifestavam-se como sólidas montanhas e como elevações onduladas.

Quanto mais as águas retornavam aos seus antigos leitos, situados nas partes mais baixas, tanto mais amplas tornavam-se essas extensões.

Eram os pântanos, que traziam em si os antigos e os novos germes da vida, fazendo-os desabrochar, e, em pouco tempo, vicejavam plantas novas, as quais de início cresciam como uma espécie de samambaia, desenvolvendo-se mais tarde numa espécie bem diferente, quando o calor e a seca aumentavam.

Assim, com o tempo, resultou por si que a terra nas proximidades do rio se tornasse fértil e coberta de vegetação, ao passo que as amplas e imensuráveis extensões da outra parte da região pareciam um mar de areia que jazia soturno e silencioso, em estado virginal.

O quente e dourado sol lançava maravilhosas luzes sobre a terra purificada, a qual estava novamente aberta e preparada para a bênção de Deus.

Os grandes animais que tinham sobrevivido isoladamente ao difícil período das enchentes migravam agora atrás das águas por falta de alimento. Nas cavernas das montanhas tinham se escondido animais menores, mas somente raras vezes se via uma das antigas espécies. Do sul ouvia-se de vez em quando o uivar de um cão do deserto, que se aproximava durante a noite das margens do Nilo. Do norte tinham vindo novos pássaros, que se multiplicavam rapidamente.

Assim surgia novamente vida movimentada na natureza. Tudo esperava pelo ser humano.

Certa manhã havia rastros de seres humanos na profunda areia do leito do rio, muito largo naquela região e de pouca profundidade. Eles tinham vindo da península do Sinai, como é hoje denominada. Gente de todas as idades, uma tribo isolada, com mulheres e crianças, atravessou o Nilo. Era um tipo humano de estatura mais baixa do que o anterior. Essa tribo preparava a base para o novo povo do Egito, o povo denominado Chem.

Sobre essa tribo pairava uma luminosidade, que a conduzia e lhe mostrava o lugar onde deveria permanecer. Ali construiriam suas habitações. Era um povo constituído por pastores e camponeses, com ricas experiências, e que soubera utilizar, de modo certo, as suas faculdades intelectuais dadas por Deus. Assim não precisaram recomeçar desde o início.

No decorrer de uma geração desenvolveu-se nas margens do Nilo uma descendência, cujos elevados dons espirituais, aliás, ainda dormitavam latentes, mas, mediante assiduidade e vigor, cheia de boa vontade, prosperava esplendidamente.

O ambiente no qual um ser humano vive e a região onde nasceu imprimem, para a sua existência terrena, nitidamente suas características. Se uma pessoa emigra da região onde reside e imigra numa outra onde existem condições de vida inteiramente diferentes, então primeiramente se modifica seu invólucro de matéria fina, de maneira que este adapte as irradiações do seu corpo às irradiações estranhas do novo ambiente. Aos poucos o ser humano passa por uma transformação, absorve com a luz e o ar as condições de vida válidas para esse solo e deve habituar-se ao alimento natural dessa terra. Desse modo ele se habitua completamente; seu sangue modifica-se e a irradiação do sangue lhe proporciona facilmente ligação com a nova região. A enorme importância desses fenômenos para um ser humano que se muda para um país estranho é ignorada pelos seres humanos.

Também outrora as criaturas humanas não o sabiam; contudo, elas não tiveram outra alternativa, a não ser forçosamente se tornarem novas com a nova terra. Essa era a vontade de Deus. Os filhos dessa primeira descendência já eram homens bem diferentes. A terra do sol tinha-lhes imprimido suas características.

Ao lavrarem o solo e ao erigirem suas construções, os novos habitantes deparavam com ricos tesouros, que não haviam afundado tanto na água. Acharam obras de escultura e objetos de adorno, que os levaram à conclusão de que essa terra já tinha sido habitada por seres humanos, antes deles. Imagens do sol alado lhes diziam que também seus antepassados adoravam a grande luz.

Encontraram ossos de pessoas e de animais e ficaram admirados com o tamanho dos esqueletos. No entanto, eles não meditavam sobre isso, mas sim, apenas sentiam um leve arrepio ao tocarem-nos com as mãos — parecia como se falassem a eles, admoestando e advertindo. Porém eles não compreendiam a sua linguagem.

Felizes e brincando como crianças, eles pegavam as obras de arte, adornavam com elas a si e às suas casas, alegravam-se com os belos caracteres e quadros das antigas construções e procuravam imitá-los. Eles moldavam enormes blocos de pedra em obras de escultura; das rochas esculpiam obras de arte e glorificavam com isso o Deus da Luz, como também muitos entes que se aproximavam deles cochichando.

A riqueza aumentava, a terra abençoada florescia e o saber entre os seres humanos progredia.

Eles dividiam-se em castas: trabalhadores, professores e sacerdotes. Os professores eram educados pelos sacerdotes; foram fundadas escolas e os seres humanos aproximavam-se novamente das antigas sabedorias, que os auxiliadores de Ré lhes segregavam.

Sucedeu, porém, o mesmo que já se dera uma vez: riqueza, poder e saber tornavam os seres humanos orgulhosos.

Agora eram outros corpos que peregrinavam, labutavam e sofriam sobre o solo do país, mas os espíritos tinham retornado para aprender e para endireitar aquilo que outrora haviam torcido. Eles, no entanto, não estavam mais cientes disso. Muitos deles se encontravam diante do túmulo de seus antigos corpos e seguravam nas mãos os seus crânios. Culpa e resgate tinham atraído alguns deles, por meio de finos fios, para o local de expiação, sem que o aproveitassem.

Em conseqüência do desenvolvimento cultural, acontecia também que tribos distantes se visitassem mutuamente. No início, isso se deu pelo desejo de saber e pesquisar; mais adiante, para permutar guloseimas, tecidos, especiarias e perfumes. Belas pedras coloridas, que os egípcios mostravam nos seus templos e recintos de pompa, atraíam compradores, e em pouco tempo desenvolveu-se um animado comércio. No entanto, também teve por conseqüência infiltração, através de elementos estranhos, de muitas cobiças nefastas e muitos vícios.

Do lado do mar aproximava-se gente amarela, povos errantes, que queriam estabelecer-se definitivamente. Em sua espécie, eles eram estranhos ao calmo e introvertido povo egípcio; eram muito vivazes e astuciosos. Imprevisível era sua natureza ardente.

Faziam permutas para lograr, lutavam para ver sangue, presenteavam e galanteavam as mulheres puras, para roubá-las e para seduzi-las. Trouxeram superstições e magia negra ao país consagrado ao culto do sol.

Então reuniram-se as tribos da região do Nilo, no templo do rochedo, nas proximidades do rio, para deliberarem como poderiam livrar-se dos estranhos. Os sacerdotes, juntamente com os magos, calculavam a melhor época para o combate. Foram feitas armas, construções de defesa e ferramentas, e então começaram as lutas com os invasores. Poder e sucesso alternavam-se, mas os estranhos mesclavam-se cada vez mais com o povo.

NEMARE

Cintilante ardor do sol! A atmosfera parecia ferver nos raios luminosos que o grande astro enviava livremente, quase verticalmente, para baixo. Areia, fina e amarelada areia, numa vasta área, para onde quer que se dirigisse a vista.

Três cavaleiros lutavam para atravessar esse deserto. Seus preciosos cavalos estavam exaustos e andavam com passos lerdos. Os cavaleiros estavam cansados e deprimidos. Eles haviam errado o caminho e já estavam cavalgando durante alguns dias sem rumo.

Areia, nada mais a não ser areia! E eles já deveriam ter alcançado o oásis! Soltaram as rédeas para deixar os cavalos entregues ao seu fino faro. Se existisse água nas proximidades, então os animais sedentos imediatamente perceberiam isso. Mas também essa esperança os havia iludido até agora.

Subitamente, um dos cavaleiros proferiu uma leve exclamação. Os outros dois acompanhavam a direção de seu olhar. Sim, lá longe, no horizonte cintilante, alguma coisa escura não interrompia a ofuscante linha? Palmeiras? Homens? Animais? O que poderia ser? Enfim, qualquer coisa que fosse, seria um auxílio no momento da necessidade!

Sem trocar uma palavra, eles aprumaram-se nas selas e pegaram novamente as rédeas. No entanto, não se fazia necessário usá-las, pois também os corcéis já tinham sido alertados pelo olfato, e dirigiam-se com vigorosos e alongados passos em direção aos pontos escuros. Divisavam-se cada vez mais. Não demorou muito até que reconheceram tratar-se de palmeiras.

Onde existem palmeiras, ali se encontra água! Graças a Ré! Finalmente água, que preservaria os homens e os animais de morrerem de sede! Os cavalos alongavam os passos com mais animação e as narinas ficaram intumescidas; o animal que tomava a dianteira até soltou um pequeno relincho.

Diante disso, também os homens se animavam mais.

"Água!", exclamou o cavaleiro que seguia à frente.

No entanto, a palavra veio de uma garganta quase ressequida e não tinha um som harmonioso. O segundo cavaleiro levantou a cabeça que ainda mantinha abaixada.

— Sabeis se isso não é de novo uma miragem da fada Morgana? Não continuaremos seguindo pelo rumo errado?

— Não, meu príncipe, fez-se ouvir o terceiro. Isso é uma realidade. Nosso martírio terá um fim.

Não falavam mais nada; entretanto, à medida que os cavalos os levavam para mais perto das palmeiras, reavivavam-se visivelmente os homens e os animais.

Já se podia avistar as copas das palmeiras. Não parecia como se soprasse dali um suave e refrescante hálito?

E, todavia, os cavaleiros ainda se esforçaram durante horas antes de alcançarem, finalmente, a atraente meta. Uma verdejante nesga de terra apontava no amarelado e ardente deserto de areia; palmeiras elevavam-se com seus delgados troncos para o céu. Nesse lugar também deveria existir água.

O cavaleiro tratado por príncipe saltou do cavalo e deixou-o entregue a si mesmo. Atirou-se ao chão com uma exclamação de encanto, e recostou o esbelto corpo prazerosamente na rija grama. Os outros não seguiram o seu exemplo. Cuidadosamente, eles cavalgaram adiante com o propósito de descobrirem primeiramente a fonte. O cavalo solto seguia-os; no entanto, andando, ainda volveu algumas vezes a cabeça, a fim de olhar para o seu dono.

Este não prestava atenção a isso. Ele fechara os olhos para poder ver melhor a figura luminosa que se apresentara diante de sua vista espiritual. Dialogava com a mesma, como com um amigo confidente.

"Por que nos deixaste cavalgar desorientados?", perguntou ele repreensivo. "Tu me aconselhaste a empreender esta cavalgada através do deserto. Eu deveria achar aquilo que seria determinante para a minha vida toda. Não achei nada, de fato nada, a não ser areia, abrasante calor e o medo de morrer de sede. Meus acompanhantes consideram-me um imprudente e cheio de caprichos. Por que não vieste em meu auxílio?"

Quase irônica soou a resposta:

"Encontraste o que devias encontrar. És insensato, se me fazes acusações ao invés de pesquisar o que teu achado te quer ensinar. O medo de morrer, com efeito, torna-te injusto e malhumorado."

Antes que o príncipe pudesse fazer nova pergunta, pois a resposta não o ajudara, regressou um dos seus companheiros, que, saltando do cavalo, permaneceu em pé, em respeitosa postura diante do príncipe, o qual se levantou a meia altura.

— Parece-me ser muito grande o oásis que atingimos, meu príncipe. Taré seguiu mais ao leste, para procurar a fonte que certamente deverá existir. Até agora, quanto mais nós adentramos, mais lodo e lama encontramos. Enxames de insetos nos tornam a permanência indesejável. Mas vê, eu trouxe algumas tâmaras.

Apressadamente o príncipe pegou as frutas que o homem mais idoso lhe alcançara, porém, antes que pudesse introduzi-las na boca, sua mão desceu sem força.

"Água", suplicava ele, meio inconsciente, "água!"

— Paciência, meu príncipe, Taré com certeza trará água.

O príncipe não escutou mais as palavras consoladoras. Seus sentidos foram envolvidos por um desmaio.

Seu companheiro não ousou abandoná-lo nesse estado, se bem que se sentisse impelido a ir novamente à procura do refrescante líquido. Enquanto este faltava, nada poderia ser feito para aliviar os tormentos do filho do faraó, não habituado a privações. Que esquecesse por alguns momentos o seu sofrimento!

Os cavalos começaram a pastar. Também o cavaleiro puxou alguns talos do chão, mastigando-os. Era melhor do que nada.

Finalmente foram ouvidos os passos de um corcel que se aproximava apressadamente. Taré retornava. No mesmo instante o príncipe abriu os olhos, e agora o companheiro se ajoelhava ao seu lado e tocava os seus lábios com um recipiente cheio de água. Sôfrego, o extenuado bebia, e aos poucos revitalizava-se o corpo. Então lembrou-se de que seus companheiros sofriam idênticos tormentos. Amavelmente empurrou o recipiente de volta:

— Chega, agora vós também haveis de querer beber.

— Temos mais água, meu príncipe, acalmou-o o mais idoso dos dois companheiros. Também temos tâmaras e frutas suculentas de uma árvore que Taré ainda não tinha visto. Tu deves comer e depois procurar dormir. Nós nos revezaremos na vigília.

O príncipe comia com prazer, o qual aumentou quando viu que seus companheiros estavam igualmente comendo. Em seguida deitou-se sobre os cobertores e peles que estavam estendidos no chão e que tinham sido trazidos debaixo das selas dos cavalos. Na verdade, ele queria tomar parte na vigilância, porém, antes que pudesse expressar esse pensamento por palavras, adormeceu. As fadigas dos últimos dias tinham sido pesadas demais.

Afetuosamente, os seus companheiros o contemplavam.

— Está dormindo, disse Taré aliviado. Eu estava muito preocupado com o fato de ele não poder suportar as fadigas e que elas poderiam ser demasiadas para ele, ainda antes que alcançássemos o oásis.

— Eu estou contente por termos chegado aqui, disse o outro. Na verdade, a água é de uma qualidade horrível, mas na sua grande sede ele não notou isso, e também eu a bebi com gosto, embora ela me repugnasse.

— Comigo não sucedeu diferente. Vamos nos dar por satisfeitos pelo auxílio nesta noite. Amanhã, contudo, deveremos seguir adiante. Tu não podes imaginar os enxames de insetos que se estendem sobre os pântanos. Qual um véu acinzentado, paira isso sobre essas águas paradas, incubando ruína e doença. Se ao menos eu pudesse pressentir onde nós estamos. Se não encontrarmos ninguém que conheça a região, então a aventura ainda poderá ter um desfecho grave.

— Vamos esperar pela assistência de Ré, disse o mais idoso. Logo a seguir também ele se deitou para descansar.

Ao acordarem na manhã seguinte, fortalecidos pelo sono, os cavaleiros olhavam mais esperançosos para o futuro próximo. Talvez pudessem divisar alguma coisa que lhes indicasse uma direção para o seu caminho.

O príncipe dirigiu-se ao seu cavalo, a fim de verificar o estado do animal de estimação. Alegremente Fallah relinchou ao seu encontro, achegou-se a ele e tomou-lhe as tâmaras da mão. A maneira familiar do belo animal dissipou as rugas que tinham se delineado na testa do preocupado príncipe. Ele aproximou-se dos seus companheiros, os quais tinham juntado uma porção de frutas e estavam nesse instante esperando que ele começasse a comer.

— Ainda não sabeis o caminho que deveremos seguir? perguntou ele. Vamos perscrutar o oásis após a refeição, então saberemos tudo o mais.

Admirados, os dois homens entreolhavam-se. De onde o príncipe teria obtido essa esperança?

Nisso ele recomeçou a falar, mas dessa vez a pergunta se referia à água. Depois, quando soube que toda a água que fora achada até aquele momento era pardacenta e lodosa, ele ainda sentiu nojo.

— Que oásis é este! exclamou ele pasmado. Maus espíritos devem tê-lo criado para atormentar as pobres criaturas humanas.

Essa impressão tornou-se mais forte, quando mais tarde os três cavalgavam em direção ao leste, a fim de examinar o aspecto da região. Quanto mais eles seguiam adiante, tanto mais lodoso e pantanoso ficava o chão. Em alguns lugares os cavalos atolavam até acima das canelas, assustando sapos e outros bichos.

Taré e Men-Ken procuravam em vão persuadir o príncipe a não seguir adiante, enquanto lhe faziam ver a insalubridade da região.

— Devemos seguir mais para o leste, replicou ele com plena certeza, em resposta a todas as suas objeções. E cavalgavam adiante, rumo ao leste, até que chegaram novamente à areia do deserto.

Os dois homens mais idosos sentiam como o pavor oprimia novamente as suas almas. Será que os tormentos dos últimos dias tornariam a se repetir? Por causa do príncipe, por cujo bem-estar eles eram responsáveis, isso não deveria acontecer. O próprio príncipe, porém, estava bem animado. Ele havia tido um diálogo com Ré e este lhe prometera que apareceria auxílio. Nisso baseava seus planos.

Desde a mais tenra idade ele estava habituado a dirigir-se a Ré em todas as situações da vida. Ele não concebia nada diferente, senão que Ré, o dominador do Egito, lhe aparecesse pessoalmente e o instruísse, aconselhasse, conduzisse e castigasse.

Pouco a pouco o príncipe Amenemhet havia notado que nem todos os seres humanos gozavam das mesmas graças de Ré. Aprendera a calar sobre aquilo que ele tinha podido vivenciar e contemplar. Assim também hoje ele guardava segredo, se bem que uma palavra esclarecedora haveria de acalmar os seus companheiros.

Era aproximadamente meio-dia. Novamente o sol enviava seus raios abrasadores, e de novo sofriam os homens e os animais, porquanto eles não tinham ousado encher os odres com aquela água poluída.

"Ré, onde fica o prometido auxílio?", suspirava o príncipe intimamente. Então Men-Ken indicou quase que impetuosamente para o leste:

— Vede, vede! Uma caravana!

Realmente, distinguia-se no horizonte um apreciável número de camelos. Mais e mais aumentava o número deles, aproximavam-se rapidamente. Era evidente, porém, que eles seguiriam rumo ao norte. Se os cavaleiros quisessem perguntar sobre o caminho, então teriam de abandonar seu próprio rumo e tomar a direção norte.

— Seria isso aconselhável? perguntou preocupado o cauteloso Men-Ken. Poderia tratar-se de salteadores do deserto.

— Não são bandidos, e sim mercadores inofensivos, disse o príncipe categoricamente.

Ele sabia com certeza que esses homens cruzavam o seu caminho por ordem de Ré, e por isso não temia o encontro com eles. Também Taré não teve receio, e assim seguiram ao encontro da caravana.

Eram comerciantes desconhecidos, que se mostraram cordiais e comunicativos. Eles acamparam para se protegerem do sol do meio-dia e descansavam para seguir adiante à tardinha. Os três cavaleiros foram convidados a acamparem com eles, a comerem e, sobretudo, a saciarem-se com a água límpida, que tanto tinham desejado.

À pergunta apreensiva de Taré, de onde a caravana se encontrava, foi dada a resposta de que os mercadores conheciam muito bem toda a região. Eles seguiriam primeiramente rumo a noroeste, para o fértil oásis El-Halfa, e de lá prosseguiriam. A oeste, a uma distância de menos de um dia, estaria o grande, mas mal-afamado, oásis El-Fayam, que eles procuravam contornar com certo receio.

Amenemhet quis saber por que esse oásis tinha má fama e recebeu a informação de que essa terra sempre fora pantanosa e insalubre, desde que se tinha conhecimento de sua existência. Ninguém devia pernoitar lá, pois insetos e bichos venenosos, doença e morte, estariam ali à espreita dos incautos.

— Então devemos ser gratos a Ré, que nos protegeu, disse o príncipe com seriedade. Nós pernoitamos lá, se não estou muito enganado.

Ele descreveu o que tinham visto lá, e os mercadores confirmaram que deveria se tratar de El-Fayam.

Os três cavaleiros estavam contentes por terem escapado do perigo, e indagavam sobre o caminho para Mênfis. Cordialmente receberam informação. Ainda antes do anoitecer poderiam chegar lá, se mantivessem o rumo. Deveriam seguir para o nordeste, primeiramente ainda na areia, mas logo depois chegariam a uma trilha pedregosa, a qual os conduziria, após cerca de uma hora, à estrada larga que leva à capital.

— Lá, desde ontem há inquietação, disse um dos mercadores. O filho mais velho do faraó, o príncipe Amenemhet, empreendeu há três semanas uma cavalgada, com alguns acompanhantes, e não mais voltou. Teme-se que lhe possa ter acontecido alguma desgraça. O faraó envia emissários para toda parte, e o povo participa vivamente das preocupações do soberano, pois consta que o príncipe goza de simpatia geral.

Amenemhet, a quem se tornou desagradável a alusão a sua pessoa, quis interromper a conversa, mas Taré adiantou-se a ele. Alegrava-se pelo fato de o príncipe poder escutar um parecer insuspeito, e por isso queria aproveitar a oportunidade da melhor maneira possível.

— Conheceis o príncipe? Por que ele é benquisto? perguntou ele, alentado por sincero interesse.

— Não, eu não o conheço. Durante as minhas curtas permanências na capital, ainda não tive ocasião de ver um membro da distinta família do nosso faraó, replicou o loquaz comerciante.

Escutam-se, porém, diversos comentários. O príncipe seria não só belo e viril, como também muito inteligente. O que, no entanto, mais me agrada, é que o povo o elogia devido à sua singeleza e sua solicitude para com os outros. Esse, um dia, será um bom faraó, melhor do que o atual, que só pensa em si e nos seus.

O príncipe Amenemhet levantou-se para olhar os cavalos. Não deveria tolerar que na sua presença se falasse de maneira irreverente sobre o soberano e, contudo, não queria se dar a conhecer.

As pessoas que criticavam o seu pai, devido ao seu egoísmo, tinham toda a razão. Amenemhet II defendia o princípio de que o povo estaria sobre a Terra por causa do faraó. Para o bem do país era feito somente aquilo que ao mesmo tempo servisse para proveito do soberano. O príncipe já se entristecera muitas vezes por esse motivo.

Também era isso que sempre o levava a empreender as longas cavalgadas que tanto desagradavam ao seu pai. Ele não queria passar os seus dias na corte do faraó, na ociosidade e na boa-vida. Agora estava regressando novamente e poderia contar com uma má recepção, se bem que não fora culpa dele a cavalgada se prolongar tanto.

Na corte de Amenemhet II havia um animado movimento. O luxo e a pompa que circundavam o faraó atraíam visitantes de todas as regiões. Sabiam, então, relatar coisas admiráveis sobre o poder do soberano, sobre o potencial dos seus guerreiros e sobre os tesouros acumulados nos aposentos.

Diante disso, todo vizinho cobiçoso de conquistas perdia a coragem de atacar esse reino bem guardado. O Egito continuava vivendo em paz da mesma forma, sem conhecer guerras, como sob os dois soberanos anteriores, Sesostris III e Amenemhet I. As fronteiras do vasto reino permaneciam firmes, e a capital Mênfis florescia.

Aquilo que o país produzia de bom e que o trabalho e a capacidade humana rendiam tinha de ser entregue primeiramente na corte do faraó. Para ele e para os seus era escolhido somente o que havia de melhor e de mais belo, mas também isso tinha de existir em abundância. Os grandes do país, pertencentes à corte do soberano, compartilhavam com suas famílias do restante.

E o povo? O povo trabalhava e produzia, a fim de que a corte pudesse viver na fartura! O povo não tinha direito de usufruir coisas boas e belas; tinha de estar contente se pudesse matar a fome todo dia. Existia enorme miséria em grandes regiões do país. Os seres humanos que residiam a uma distância de mais de um dia de viagem viviam em condições menos dignas do que os animais.

Suas habitações não eram comparáveis a choupanas humanas e muito menos a casas: barro e pedras, galhos e capim, sim, também esterco de camelos, conforme a oportunidade e a disposição, eram juntados, amontoados e providos com um teto de ramos, palha ou junco.

No decorrer do tempo, uma e outra ruíam. Que caíssem; as pessoas estavam muito indiferentes, mas também sem forças para zelar por isso. Às vezes acontecia a algumas famílias que o teto desmoronava literalmente sobre suas cabeças; então todos os que não tinham morrido sob os escombros rastejavam para fora, e mudavam-se para qualquer vizinho. Ninguém se lembrava de que poderiam construir em comum uma nova habitação. Somente depois que metade duma povoação tinha ruído, alguns jovens corajosos se reuniam para edificar algumas moradas.

E o mesmo que ocorria com as habitações também se dava com os campos de cultura. O que adiantaria se fossem lavrados e semeados? O sol inclemente queimava o cereal antes que este pudesse amadurecer; pelo menos, era esse o caso na maior parte das vezes. Por que haveria de ser diferente este ano? Mantinham-se algumas cabras, que por si procuravam seu alimento. O leite e as frutas bastavam para matar a fome mais premente.

Pouco melhor era a situação na zona do Nilo. Quando ele não transbordava tão freqüentemente e enlameava tudo, então suas águas traziam fertilidade aos campos.

O faraó e seus conselheiros não se preocupavam com essas coisas. Os sacerdotes achavam certo que o povo levasse a vida na pobreza, pois assim não se tornaria arrogante, permaneceria obediente e submisso! Durante séculos isso ocorria assim e continuaria assim, julgavam eles.

Contudo, Ré via que isso não poderia continuar assim. Se o povo definhasse, então arruinar-se-ia o país, o país escolhido de Ré! Isso ele, como dominador, não queria tolerar. Por essa razão ele escolhera o jovem e facilmente influenciável príncipe como auxiliador. Ele aparecia-lhe em forma luminosa, como amigo prestimoso e conselheiro, e como seu conselho sempre trazia proveito, Amenemhet deixou-se conduzir de bom grado.

Decorreram algumas semanas após a cavalgada do príncipe pelo deserto. Outros acontecimentos haviam apagado em todos a lembrança disso, exceto no príncipe Amenemhet. Que ela se mantivesse viva nele, disso cuidava Ré.

Nas experiências da viagem ele deveria encontrar uma decisão para a sua vida, assim tinha dito Ré. No entanto, ele não a achou! Inalteradamente continuava a manifestar-se nele o horror do fenecer, que ele sentira naqueles dias, bem como o asco da água enlameada e poluída. A que resolução deveria levar esse pensamento? "É facílimo", tinha-lhe dito Ré.

Nesse momento, seu irmão mais novo, Sesostris, entrou no aposento. Os irmãos eram afeiçoados mutuamente e Amenemhet gostava de conversar com a esperta criança. Com isso o tempo passava mais depressa! Facílimo como a uma criança, tinha dito Ré? Amenemhet ria e chamou o pequeno para perto de sua cama.

— Seso, o que tu farias, se tivesses cavalgado durante dias num deserto terrível, sem encontrar uma saída, na certeza de que tu e teus companheiros teriam de morrer de sede?

O pequeno encarava o irmão, com a cabeça inclinada para o lado:

— Mas tu achaste uma saída e não morreste de sede, disse ele após o rápido raciocínio.

— Aqui não se trata disso. Eu quero tirar uma lição dessa experiência. Qual a decisão que tu tomarias no meu lugar?

Dessa vez a resposta veio imediatamente.

— Não mais cavalgar para lá! Observar bem por onde vai o caminho e nunca mais o trilhar.

Nesse momento o príncipe teve de rir de fato. Sim, era facílimo. Como é que não chegara a essa conclusão! Se concebesse isso em outras palavras, então ele teria até a desejada regra de vida:

"Evita aquilo que se possa tornar desagradável para ti. Utiliza somente caminhos aplainados."

Com alegre disposição de espírito ele se dedicou ao pequeno e vivaz Seso, e somente quando este deixou o aposento os pensamentos do príncipe dirigiram-se novamente para a nova regra de vida. Todavia era ela realmente nova? Não era esse, no fundo, o preceito de seu pai, cujo modo de viver causava tanto desagrado ao príncipe? E ele, Amenemhet, procedera até agora diferentemente? A alegria pela descoberta deveria ser de tão pouca duração?

Isso ele deveria procurar saber logo. Deitou-se comodamente sobre a sua cama, fechou os olhos e aprofundou-se assim como Ré o tinha ensinado. Mas nada se mostrava. Tanta facilidade assim também não deveria ser proporcionada ao príncipe.

Ele devia estar adormecido, porquanto seu aposento jazia em profunda escuridão, quando a voz do seu criado o assustou. Estava na hora de preparar-se para a refeição em comum, que na corte deste faraó era sempre um costume de suma importância. O príncipe tinha de mudar de roupa; seu magnífico vestuário teve de ser trocado por um mais pomposo.

— Vieram hóspedes? perguntou ele, enquanto o servo estava ocupado zelosamente sob a luz de uma lâmpada dourada, acendida às pressas.

— Sim, no decorrer do dia veio um príncipe com alguns serviçais, foi a réplica.

— Um príncipe? De onde? Meu pai o conhecia?

Ansioso, o príncipe fez essas perguntas, pois isso seria uma variação.

O criado, porém, nada mais sabia a respeito. Pois, sim, ele logo ficaria ciente de tudo o que precisasse saber. E com alegre e esperançosa disposição, Amenemhet dirigiu-se à grande sala, na qual o faraó costumava diariamente tomar uma refeição junto com todas as pessoas da corte e com os filhos varões. As outras refeições eram tomadas no círculo da família.

Já estavam reunidos quase todos os participantes do banquete, quando o príncipe entrou e dirigiu-se, com passos rápidos, ao seu lugar. Ao longo das duas paredes da sala, cobertas com tapetes, à direita e à esquerda da mesa, eles estavam parados, à espera do faraó.

O soberano dava muita importância ao cumprimento desse preceito. Ai daquele que o transgredisse!

Amenemhet lançou um rápido olhar sobre todos os presentes; não havia entre eles nenhuma fisionomia estranha. O hóspede, portanto, teria de vir ainda.

Momentos após, o faraó entrava no recinto. Era uma figura imponente, com traje suntuoso e ricamente adornado com ouro e pedras preciosas. Sua compleição tendia para a corpulência; todavia, como ele era alto, isso lhe dava uma certa dignidade.

Cabelos pretos e lisos, que apareciam sob o pano de cabeça do faraó e que estavam cortados abaixo das orelhas, circundavam o rosto cheio. A barba preta caía em ponta até o peito. Quando falava, cintilavam os anéis de ouro entrelaçados nela. A testa reclinada era alta e de idêntica maneira como os olhos fundos denotava um raciocínio perspicaz.

Junto com ele entrou o seu hóspede. Um contraste maior não se poderia imaginar. Como se explicava isso? O príncipe Amenemhet quase deixou de respirar, de admiração. A altura do estranho superava a do faraó pela metade de uma cabeça. Como ele era esbelto, parecia ser mais alto ainda.

Seu vestuário era suntuoso, porém distintamente simples. Um magnífico tecido bordado em ouro estava cingido por um cinturão. Uma fivela, de formato singular e de aprimorado feitio, prendia as pregas sobre o peito. Um aro de ouro, adornado com uma pedra esverdeada, enfeitava a cabeça.

O que representava isso, ao lado da ostentação de luxo do faraó? E, no entanto, do estranho emanava um brilho, diante do qual tudo o mais quase ficava empanado. O rosto moreno de nobres feições não tinha barba; os cabelos, de cor castanho-escuro, caíam em leves ondulações sobre os ombros.

Antes que todos se sentassem, o faraó disse em voz alta, porém com timbre pouco agradável:

— Vedes aqui meu hóspede! O príncipe El-Ar veio de uma terra distante, porque soube do poder e da riqueza do Egito. Seus desejos equivalem a ordens minhas.

Todos se sentaram, e o jantar de gala teve início. Em redor da mesa falava-se a meia voz; somente o faraó e seus mais próximos conversavam em voz alta. Involuntariamente, todos desejavam escutar o estranho falar.

Contudo, ele falava pouco. As respostas às perguntas do faraó eram breves e em tom baixo. Ele riu uma vez. Esse era um som a que eles não estavam habituados. Conforme as ocasiões, os egípcios apenas sorriam de maneira divertida, irônica ou com ar de sabidos. Todavia, um riso espontâneo e alegre, que viesse do íntimo, eles não conheciam.

"Qual seria propriamente a razão?", pensava o príncipe Amenemhet. "Devia ser belo poder rir assim."

Após a refeição, o faraó mandou vir dançarinas, figuras flexíveis e delicadas, cumuladas com preciosas jóias. Mas o hóspede acompanhava os seus movimentos sem interesse visível.

— Não tendes dançarinas em vosso país? perguntou o faraó, o qual não podia entender de outro modo a indiferença do estranho.

— Sim! replicou El-Ar. Moças movimentam-se com passos rítmicos no templo e, nos jardins que circundam o templo, em honra a Deus, e moços podem vivificar seu coral com passos de dança. Porém, nós não expomos nossas moças ao público.

Apesar do estranho ter falado em voz baixa, alguns dos presentes ouviram o que ele disse e aguardavam indignados como o faraó revidaria a fala inoportuna.

Amenemhet, no entanto, estava por demais perplexo ante a franqueza da réplica, para que pudesse achar logo palavras. O príncipe começou a meditar sobre aquilo que ouvira. O estranho tinha razão: era uma indigna exposição, quando se exigia das moças que se apresentassem seminuas, diante dos olhares dos homens. Todavia, elas eram apenas dançarinas, moças que ninguém prezava. Poderiam as moças ser culpadas disso? Não eram muito mais culpados aqueles que exigiam tais coisas delas?

O faraó havia dado, antes da hora, o sinal para que dessem por terminadas as exibições. Todos se levantaram para darem um passeio nos jardins. O príncipe gostaria de falar com o estranho, porém o faraó não o deixava afastar-se de seu lado.

Isso continuou assim também nos dias subseqüentes. O faraó nunca tinha recebido um hóspede com tanto interesse e o atraído tão ostensivamente para perto de si. O que se escutava ocasionalmente da conversa entre os dois girava sempre em torno de coisas sérias: assuntos governamentais, mas também outros que diziam respeito à vida particular do soberano.

O príncipe observava ansioso os curtos intervalos, nos quais o seu pai tinha de atender um ou outro assunto na corte, ficando assim o hóspede livre.

Ainda lhe passava pelo pensamento a sua cavalgada pelo deserto e tudo o que com isso vivenciara intimamente, bem como as privações que sentira exteriormente. Ainda não tinha podido descobrir de que maneira essa experiência vivencial deveria ser determinante no rumo de sua vida. Quanto mais raciocinava, tanto menos lhe parecia ser possível encontrar uma solução.

Ré não quis ajudá-lo; ele deveria descobri-lo por si. Deveria consultar o príncipe El-Ar a respeito?

Apareceu, então, na corte uma legação estrangeira, com a qual havia coisas importantes a tratar. Isso provavelmente requereria a presença do faraó por algum tempo. Contra vontade, ele teve que deixar o hóspede e encarregou o príncipe de representá-lo.

Ele propôs que, como o Nilo estava justamente com um nível suficiente de água, seguissem com a embarcação de luxo rio acima, até o pequeno palácio de veraneio dos faraós, o qual, na sua exuberante beleza, deveria agradar ao estranho. Lá deveriam pernoitar, para regressar no dia seguinte. O príncipe gostou do plano. Assim poderia ficar uma vez tranqüilamente a sós com o príncipe estranho.

Conversando, estavam eles sentados no convés do navio, que não era muito grande e tinha de ser puxado das margens do rio. Homens e animais esforçavam-se para conduzir a embarcação contra a correnteza. Ainda não estava fazendo muito calor, e, não obstante, o suor escorria dos corpos; como haveria de ficar quando o sol subisse mais alto?

— Teremos atingido logo a nossa meta? perguntou El-Ar.

— Muito antes do que eu desejava, respondeu o príncipe enquanto se esticava comodamente no seu assento. Podes imaginar algo mais belo do que seguir avante sobre as águas e deixar-se levar sem esforço, no ar levemente ventilado pela embarcação deslizante? Além disso, ainda o barulho da água! É esplêndido!

— Sem esforço? apanhou El-Ar a expressão do príncipe. Olha nas margens do rio: isso tu chamas sem esforço?

Essas poucas palavras soaram quase severas. Atônito, o príncipe levantou os olhos.

— Eu queria dizer sem esforço para mim. Aqueles lá fora não conhecem nada diferente. Provavelmente também não desejam outra coisa.

Sob o olhar dos grandes olhos, que tinham perdido todo o brilho e que penetravam como duas pontas nos seus, ele sentiu-se constrangido. Silenciou.

— De onde sabes que aqueles lá fora não desejam outra coisa? perguntou o príncipe visitante, friamente. Já te deste uma vez ao trabalho de lançar um olhar nas suas almas? Que estou eu dizendo; nas suas almas? Já visualizaste uma vez a vida de algum desses homens? Sabes como é o aspecto em redor dele e nele?

— Não, replicou o príncipe, admirado. Mas o que significaria isso para mim? Um escravo está tão distante de mim, que nunca poderíamos pensar e sentir a mesma coisa. Para que então vou preocupar-me em pensamentos com algo que não me traria proveito nenhum para mais tarde?

El-Ar não respondeu. Parecia como se olhasse para uma longa distância. Tendo como fundo a superfície da água, distinguiam-se os traços, aparentemente imóveis, de seu rosto. Como era perfeitamente belo esse homem! O príncipe não pôde deixar de fitá-lo e procurava com isso perscrutar no que consistia essa beleza.

O nariz afilado e não muito grande, os lábios estreitos e a nobre forma arredondada da parte posterior de sua cabeça, tudo

43

estava harmonicamente proporcionado. Sim, o príncipe viu de repente alguma coisa mais: a testa era diferente da de todos os homens que ele conhecia. Enquanto a testa dos egípcios era reclinada, a do estranho se elevava reta para cima.

Subitamente, El-Ar começou a falar, devagar, pensativo, e sem afastar o seu olhar da distância.

— Um homem quis construir um palácio. Intimamente ele já via a construção pronta, e todos os seus pensamentos preocupavam-se em torná-la cada vez mais esplêndida. Finalmente, havia chegado o tempo em que poderia iniciá-la. Cheio de alegria, mandou trazer preciosos materiais de construção. Foram preparadas colunas de pesadas pedras. Então veio um amigo ao seu encontro e indagou:

"Já examinaste o chão sobre o qual queres construir? A areia sustentará as colunas? E já verificaste o que teu pessoal amontoou sobre a areia? Eles juntaram gravetos. Sabes o que são gravetos?"

Mas o homem, que estava com todos os pensamentos na sua construção, ficou impaciente e disse: "Se eu quero edificar uma construção de suntuosas colunas, por que tenho de me incomodar com areia e gravetos? Para que perder tempo com algo que é insignificante demais para ser levado em consideração por mim?".

Da maneira como El-Ar começara, sem rodeios, assim ele silenciou de repente. Também o príncipe ficou calado. O que deveriam significar as palavras do príncipe visitante?

Nisso El-Ar virou a cabeça e um raio dos seus olhos luminosos penetrou no jovem príncipe. Então este soube do que se tratava!

Ele queria falar, perguntar — não pôde. Muitas considerações afluíam para ele. Parecia-lhe como se de repente se tivesse rasgado um véu que lhe encobria a visão de todo o ambiente em sua volta. Nesse instante apercebeu-se daquilo que um soberano tem necessidade de saber, porém ele via isso como que a uma distância. Ainda estava tudo em agitação nele. Teria de passar bastante tempo até que pudesse obter clareza em suas intuições.

Levantou os olhos para o seu hóspede. Este, no entanto, olhava novamente para longínquas distâncias, como se sua alma se tivesse ausentado da embarcação.

Ardente, a esfera solar sumia no longínquo horizonte. Parecia como se a natureza em redor mandasse saudações de despedida. Vozes de animais começavam a ecoar; algumas sonolentas e desvanecidas, outras animadas e ávidas de rapinagem.

Rajadas de vento passavam sobre a planície, agitando as copas das palmeiras, sob as quais El-Ar e o príncipe caminhavam de um lado para outro.

O príncipe visitante escutava sorridente a impetuosa confissão do mais moço. Não se poderia dizer que o desabafo de tudo o que ele intuíra nesse dia era como o vento nas copas das palmeiras? Assim como este dissipava muitas nuvens ameaçadoras, da mesma forma aquele pronunciar dos novos reconhecimentos soprava os véus que haviam encoberto, para a vista do príncipe, o ambiente em redor.

— Agora também compreendo o que Ré quis ensinar-me! exclamou Amenemhet repentinamente. Eu devo aprender a ver aquilo que não está bem em nosso reino; devo pensar em melhoramentos, a fim de que eu possa ajudar quando eu estiver no posto de soberano. Por isso eu tive de fazer essa cavalgada horrível através do deserto, que terminou no malfadado oásis!

E prontamente o príncipe relatou as experiências daqueles dias.

— Foi tão difícil tirar uma lição disso? indagou El-Ar. Isso me parece muito fácil.

— Facílimo, disse-me também Ré! exclamou o príncipe. Mas acredita-me, tive de procurar muito tempo, e sem a tua ajuda, apesar de tudo, eu não teria achado a solução.

— Pela segunda vez falas de Ré! Quem é ele? inquiriu o príncipe visitante.

— É o dominador do Egito desde tempos remotos, nosso senhor e mestre, nosso benfeitor e meu guia.

O príncipe pronunciou essas palavras quase triunfante. Subitamente ele silenciou; algo paralisava sua língua. Talvez não devesse falar tão abertamente de Ré perante o estranho.

Os traços de El-Ar modificaram-se. Um profundo meditar estampava-se neles; contudo, eles expressavam, da mesma forma como a atitude que toda a sua pessoa refletia, uma gélida defesa. Que significaria isso?

Nenhum dos dois falava uma palavra. Em silêncio eles caminhavam um ao lado do outro, enquanto o vento nas copas parecia abrandar-se. De vez em quando ecoava um som, qual um gemido. Também as vozes dos animais silenciavam aos poucos.

Finalmente El-Ar começou:

— Isso me esclarece muita coisa que vejo e sinto em vosso país.

O príncipe não sabia o que significavam essas palavras e o que deveria dizer em resposta. Silenciou. Nisso El-Ar tomou novamente a palavra:

— Eu também conheço Ré, conheço sua sabedoria e sua solicitude.

Surpreso, o príncipe levantou os olhos. Se isso fosse verdade, e ele considerava El-Ar como o homem mais sincero que ele já tinha visto, então poderia falar livremente de Ré. Provavelmente a atitude de defesa do hóspede era apenas uma peculiaridade inerente a sua maneira de ser. Assim ele disse alegremente:

— Se tu conheces Ré, então verás que proteção poderosa eu tenho. Todas as minhas aspirações devem ser dirigidas no sentido de me mostrar digno dessa proteção.

— Isso te torna feliz e contente?

— Feliz? Contente? o príncipe pronunciou essas palavras devagar, para si mesmo, como se estivesse admirado de que elas pudessem ser aplicadas nessa correlação. Contudo, em seguida ele disse: Não. Julgo que não. Mas isso me torna orgulhoso e consciente de mim, como convém a um soberano

— Já foste alguma vez na vida plenamente feliz? Não, não respondas precipitadamente com sim ou não. Reflete com calma, para que possas contar-me o que te fez feliz.

Obedientemente, o príncipe começou a ponderar. Ele estava habituado à introspecção, sob a orientação de Ré. No entanto teve de meditar demoradamente, tanto tempo, que ele próprio estranhou isso. Pois ainda era jovem! Será que nunca tinha estado realmente feliz de todo o coração?

Quase teve vergonha. Ah! Nesse instante algo começou a surgir nele. Uma recordação, há muito tempo esquecida, apareceu em imagens diante dele. Via-se como adolescente, que mal tinha ultrapassado a meninice, andando pelo jardim do palácio. Confusão de vozes e gritos de socorro fizeram-no correr em direção à margem do Nilo, onde se aglomerava uma multidão.

Um menino, filho do capataz do jardim, entrara inadvertidamente no lodo do Nilo e estava prestes a afundar. Ninguém podia aproximar-se dele; tudo o que era pesado atolava fundo. Somente se via ainda a cabeça da infeliz e amável criança, com angustiosos e arregalados olhos.

"Agüenta, meu querido!", clamava o desesperado pai. "Todos nós somos muito pesados, mas já foi chamado um dos moços que trabalham no jardim. Enquanto isso, não percas a coragem!"

Consolo insensato! O rapaz afundava irresistivelmente.

Então o príncipe não hesitara mais. Rapidamente tirara as peças mais obstrutivas do seu vestuário. Rastejando, aproximara-se da criança. Como o conseguira, isso ele mesmo posteriormente não soube dizer; provavelmente, os deuses tinham lhe ajudado. Pegara nos cabelos do rapaz, que já estava até à boca no lodo, e puxara-o para fora. Com isso, porém, a carga se tornara muito pesada e ele mesmo começara a afundar. Nisso lhe foram jogadas cordas da margem. Uma delas ele conseguira agarrar e amarrar na cintura do rapaz.

Somente depois que a criança jazia na margem e cercada de cuidados, fora jogado um novo lance de corda, na qual ele então se deixara puxar à terra firme. Tremia de frio e de nervosismo. No entanto, ao ver que o pequeno abria os olhos, ele apertara a criança trêmula nos seus braços e intuíra uma bem-aventurança como nunca tinha sentido, nem antes nem depois.

Agora ele poderia responder à pergunta do hóspede com um sim, porém receava pronunciá-lo, pois assim teria de relatar os pormenores circunstanciais. Isso também não foi necessário. Um sorriso bondoso estampou-se nas feições de El-Ar.

— Tens razão, meu príncipe, disse El-Ar, provavelmente é a maior felicidade terrena poder salvar uma pessoa da morte certa, com o risco da própria vida. Tais oportunidades apresentam-se raramente. Mas também o poder servir e ajudar os semelhantes proporciona ventura. Exatamente essa felicidade um soberano sempre poderá obter para si, desde que tenha boa vontade e seja na realidade um faraó, um pai do seu povo.

— Eu quero tornar-me assim, assegurou o príncipe com seriedade. Acredita-me, El-Ar, agora começo a ver a vida com mais clareza; desperta em mim o desejo de ser para o povo mais do que apenas um soberano.

Durante a noite o príncipe não pôde conciliar o sono. Pela sua alma passava muita coisa que tinha de ser analisada e ponderada. Ele procurava lembrar-se de todas as palavras de El-Ar. Repentinamente se lembrou que o príncipe estranho havia comentado sobre sua alegria com o salvamento daquela vida, como se ele, Amenemhet, lhe tivesse contado a respeito.

De onde El-Ar sabia algo que não tinha sido dito? Ele levantou-se inquieto. Não teve mais paciência de ficar deitado. A sua vontade era correr para junto do príncipe e interrogá-lo imediatamente sobre isso; contudo o sossego do hóspede não deveria ser perturbado.

Se pelo menos Ré viesse! Já fazia bastante tempo que ele não aparecia mais! E finalmente hoje Amenemhet poderia dizer-lhe que achara a resposta. O príncipe ficou cada vez mais excitado; seu anelo por Ré tornou-se ardente e atingiu a meta: Ré apareceu.

O príncipe expôs impetuosamente ao auxiliador tudo o que ele achara, vivenciara e pensara. Com um leve e sarcástico sorriso, Ré escutava-o, sem interromper o seu palavreado. Por fim Amenemhet silenciou exausto, estendendo as mãos suplicantemente:

"Ré, ajuda, fala, aconselha!"

E Ré começou a falar da maneira já habitual para o príncipe, que nunca pôde entender como captava as palavras de Ré.

"Portanto, percebeste agora para onde eu quis dirigir o teu pensar", começou Ré. "Devias aprender, em vivência, quão aflitivos são os vossos caminhos. Tu deves desde já pensar em como remediar isso, a fim de que possas iniciar quando tiver chegado o teu tempo. Deverás tornar o Egito um jardim fértil, para que em épocas distantes ainda seja elogiado o teu nome. Tua sabedoria deverá ser admirada e tua inteligência glorificada."

"Isso em nada me importa", interrompeu o príncipe. "Eu quero melhorar o país para ajudar o povo. Eu quero tornar a vida de meus súditos mais bela e rica. Quero tornar-me um verdadeiro soberano!"

"Isso antes não era teu desejo, principezinho", escarneceu o outro. "Tu querias ser poderoso, querias tornar a tua vida rica e opulenta e tua glória deveria alcançar a eternidade!"

O príncipe enrubesceu quando ouviu do outro o seu modo de pensar insensato de outrora. Quanto tempo fazia que ele pensara assim? Estava envergonhado.

Ré, no entanto, falou de novo:

"De tuas palavras depreendo a influência do príncipe visitante, que é tão bem-visto junto a vós. São pensamentos de um que nasceu sem liberdade, que nunca gozou as delícias de um dominador."

Perplexo, o príncipe olhava para o interlocutor.

"Pois ele é príncipe num país estranho, rico e imensuravelmente grande. Assim ele deve estar acostumado a dominar!"

"Ele diz que é príncipe. Conheces seu país, sabes alguma coisa dele? Sabes seu nome? Quem te diz que o homem não é um mentiroso?"

"A nobreza de todo o seu ser e os seus olhos!", exclamou Amenemhet excitado.

"Parece que foste influenciado profundamente", disse Ré ponderando. "Tu não deves ser tão crédulo, príncipe. Um futuro soberano deve aprender a tempo a conhecer melhor os homens. Dirige tua atenção a esse homem e procura descobrir qual o motivo de ele se demorar em vossa corte. Com certeza ele tem intenções secretas, cuja realização é facilitada demais pela vossa confiança."

"O que devo fazer?", gemia o príncipe a meia voz.

"Deves proceder com cautela e não deixar o homem perceber a tua desconfiança."

"Mas eu não desconfio dele!", quis exclamar o príncipe, porém sua garganta estava como que apertada, e o outro prosseguiu:

"Não dês crédito às suas palavras. Sobretudo, não te deixes influenciar nos teus planos futuros de dominação. Ele não sabe pensar como um que nasceu para ser soberano. Não te deixarei mais por tanto tempo sozinho, para que esse homem não obtenha poder sobre ti. E te enviarei auxiliadores, com os quais deverás aprender. Não esqueças nunca que eu, Ré, sou o onipotente, o todo-poderoso, o dominador do Egito. Desde os primórdios escolhi para mim o teu povo e o conduzi até hoje. Deveis a mim gratidão e obediência!"

Ré desapareceu e, numa confusão de sentimentos contraditórios, o príncipe deixou-se cair para trás sobre sua cama.

Poucos dias após essa experiência vivencial, o príncipe notou que o hóspede se preparava para a partida. Quase que Amenemhet assim o preferia. Desde a interlocução com Ré, o príncipe não mais pôde demonstrar diante do príncipe visitante uma verdadeira naturalidade.

Eles tinham regressado naquele tempo a Mênfis, e o faraó chamara novamente o hóspede ao seu lado. O que antes teria feito muita falta ao príncipe, agora se lhe tornou dispensável.

Ele retirou-se aos seus aposentos e começou a refletir sobre seus planos para o futuro aproveitamento do oásis El-Fayam. Auxiliadores enteais estavam juntamente em atividade e mostravam-lhe coisas que nunca teriam sido acessíveis aos seus próprios pensamentos. Se já pudesse realizar todos esses projetos, bem como as idéias que surgiam nele!

Com certeza El-Ar aconselhá-lo-ia a falar com o seu pai para entusiasmá-lo na execução dessas obras! Sim, El-Ar! O príncipe já estava indo procurá-lo, para pedir-lhe apoio na conversação com o pai, quando, de súbito, julgou perceber a voz admoestadora de Ré:

"Não confies em El-Ar, ele não pode aconselhar-te. Por que queres deixar que teu pai colha a glória daquilo cuja base tu preparaste? Espera com paciência, que teu tempo chegará!"

Ré tinha razão: se ele, Amenemhet, comunicasse ao pai as idéias para o melhoramento do oásis e para a regulagem do rio Nilo, e se o persuadisse a empreender a construção, então as obras trariam o nome do pai. Onde ficaria assim a *sua* glória? E o coração do príncipe ambicionava fama perante os homens, até as mais distantes gerações.

Aprofundou-se de novo em suas reflexões sobre os melhoramentos. Propositalmente ele fechou os olhos, os ouvidos e o coração, diante de tudo o que se passava no palácio. Foi preciso chamá-lo, quando o hóspede quis despedir-se.

Todavia, ao defrontar-se com El-Ar, e quando o seu bondoso e perscrutante olhar repousou sobre ele, então irrompeu fortemente aquilo que atraía a sua alma para esse estranho.

— El-Ar, fica aqui, não me deixes! balbuciou ele, admirado de si próprio em relação a essa súplica.

— Eu tenho tempo até que os corcéis estejam bridados e os acompanhantes estejam prontos. Andemos ainda um pouco no jardim, Amenemhet.

El-Ar disse isso amavelmente, sem contudo insistir. No entanto, a alma do príncipe rompera a dura casca artificial que se formara com as palavras de Ré. Confiantemente, ela se abriu diante do homem maduro.

Ao contrário de seu habitual silêncio, El-Ar começou a conversar sobre diversos assuntos, como se não quisesse dar ao jovem a possibilidade de pronunciar aquilo que o comovia.

No entanto, ele não tinha contado com a alma impetuosa de Amenemhet: aquilo que ali se agitava não podia ser reprimido.

— El-Ar, perdoa-me, eu agi contigo como um traidor! exclamou ele. Preveni-me contra ti e fechei meu íntimo diante de ti, não obstante eu sempre ter sentido o que hoje sei, que tu és nobre e justo, um autêntico príncipe e meu ideal para todos os tempos!

Ele pegou a mão do hóspede e teria se ajoelhado, se El-Ar não o tivesse impedido.

— Eu vi as tuas lutas íntimas, príncipe, mas não pude ajudar-te. Sozinho devias aprender e reconhecer onde se encontra a Verdade. O que teria adiantado se eu te tivesse influenciado contra Ré? Também agora não quero dizer-te mais nada sobre ele. Observa sozinho, examina suas palavras, analisa teus pensamentos e age com reflexão!

— Fica aqui, El-Ar, e ajuda-me! suplicava o príncipe. Tudo isso é tão novo, como deverei realizá-lo se eu não tiver auxílio?

— Terás auxílio tão logo tu mesmo assim o quiseres. Se procurares deveras seguir meu conselho, então nunca estarás abandonado. Clama por ajuda e ela virá. Eu voltarei, isso já prometi ao teu pai, concluiu o príncipe estranho num tom mais baixo, visto que o faraó se aproximava dos dois com alguns dignitários.

— Sim, El-Ar, tu deves prometer firmemente que no caminho de regresso ao teu país virás aqui novamente para ficar conosco por algum tempo, dirigiu o faraó animadamente a palavra ao hóspede. Por quanto tempo tencionas permanecer ausente do teu reino?

— Isso depende tão-somente do tempo que eu levar para cumprir a missão que assumi. Mas eu voltarei na certa, nisso podeis confiar.

Um serviçal veio avisar que os cavalos estavam prontos. A despedida foi rápida, porém os que ficaram ainda acompanharam demoradamente com o olhar os cavaleiros, até que não deu para reconhecer mais nada, a não ser uma nuvem de poeira que minguava cada vez mais.

No coração do príncipe ficou um vazio imenso. Sobre o seu semblante jazia um pesar tão profundo, que despertou a atenção do seu pai.

— Acompanha-me ao jardim, Amenemhet, disse o faraó muito bondosamente, como geralmente não era de sua índole. Vós outros ide cuidar de vossas ocupações.

Um gesto de mão despachou, quase se poderia dizer afugentou, os fiéis, que se dispersaram apressadamente em várias direções.

Amenemhet, o mais velho, emitiu um tom que soou como um riso reprimido.

— Assim eles correm de um aceno meu. Ninguém diz: "Senhor, a noite vai ser linda, deixa-nos ficar ainda ao ar livre". Ninguém ousa pensar e muito menos fazer alguma coisa diferente do que a minha vontade exige. Rapaz, digo-te: o poder que está entregue nas mãos do faraó é grande!

— Tanto maior a responsabilidade, redargüiu o príncipe, involuntariamente.

Como agora lhe ocorria freqüentemente pronunciar coisas em que mal pensava! Estupefato, Amenemhet olhou para o filho.

— Que queres dizer com responsabilidade?

O príncipe procurou palavras e não achou nenhuma que pudesse reproduzir a sua percepção intuitiva.

— Pai, apenas posso senti-lo, mas não expressá-lo.

— Isso é uma doença de criança, sorriu o faraó, bem-humorado. Todos nós temos de passar por isso, até que aprendamos primeiro a pensar e depois — a calar!

Então os dois silenciaram, até que após alguns minutos o mais velho começou novamente:

— Amenemhet, o que achaste do estranho?

— Bem... nunca vi um homem igual a ele. Em sua presença a gente se sentia protegido e, não obstante, meu coração estava sempre tempestuoso. Pai, por que Ré me advertiu a respeito dele?

Nunca o príncipe tinha falado com o pai a respeito de Ré. Mal a pergunta estava pronunciada, e ele próprio se assustou. Contudo, parecia como se o pai não achasse nada de extraordinário nisso.

— Isso não posso dizer-te, assim sem mais nem menos, meu filho. Suponho que Ré está receando que a sua influência sobre ti possa ficar diminuída. Não agradará a nenhum dominador que outros pensamentos e aspirações tendam a propagar-se em seu reino. El-Ar é um homem que vê a condição de príncipe por um ângulo totalmente diferente do nosso. Também não deves esquecer que ele tem sob seu domínio outros povos bem diferentes. Isso explica muita coisa.

— É ele realmente um príncipe? perguntou o jovem.

— Como te ocorre fazer esta pergunta, meu filho? Não aprendeste a reconhecer o que é nobre? Tua pergunta deixa-me sobressaltado! El-Ar é príncipe em cada movimento do seu corpo, em cada manifestação de seu coração e em cada palavra que ele pronuncia. Nunca vi algo mais principesco! Digo-te, meu filho: diante de um homem como El-Ar, até eu me curvaria! E meu filho indaga se ele é príncipe!

O faraó disse isso indignado.

— Perdoa-me, pai, Ré disse-me que El-Ar nasceu numa família humilde e que eu não deveria confiar nele, ele seria um embusteiro.

— Nisso eu reconheço Ré!

Sorrindo sarcasticamente, o faraó disse essas palavras e continuou:

— Aquilo que lhe parece incômodo, ele rebaixa. As mesmas experiências, pelas quais tu tens de passar agora, eu também as colhi outrora. Por essa razão recusei Ré como meu guia. Reconheço-o como dominador do Egito. Não podemos fazer nada melhor do que lhe obedecer, porém, bem entendido, somente na nossa qualidade de faraó.

Se ele tentar imiscuir-se em nossa vida particular, então estabelece o limite, assim como eu fiz. Recusei-me a obedecer-lhe pessoalmente, logo após o teu nascimento. Então ele escolheu-te como seu discípulo e eu deixei que isso acontecesse, porquanto toda a sabedoria de que tu necessitarás poderás aprender dele. No entanto, agora estás prevenido: não permitas que ele se torne senhor de teu íntimo!

Abalado, o príncipe escutava. Então ousou perguntar:

— Pai, acreditas em Ré? Quem é agora o teu guia?

— De fato, acredito em Ré. Ele é o superior de todos os deuses, o que tem o poder de destruir o Egito. Por isso eu o reconheço como supremo senhor. Mas a mim pessoalmente ele não poderia aniquilar, disso eu tenho certeza inabalável.

— Quem é teu guia?

— Ninguém, eu mesmo. Não necessito de nenhum guia, enquanto o meu raciocínio enxergar com suficiente clareza para abranger minha vida, meu pensar e meu agir. Acredita-me, aquele que se apega a um guia será eternamente dependente. Deverás aprender a pensar com agudeza, então tu também não precisarás de assistência alheia e poderás organizar a tua vida conforme as tuas próprias tendências.

A intromissão de alguns dignitários, que procuravam a decisão do soberano sobre importantes questões, pôs termo à conversa.

As palavras do pai ecoaram ainda por muito tempo no filho. Ao ocupar-se com os seus planos para o futuro, ele analisava a vivência íntima das últimas semanas que tinham passado tão rapidamente; quão ricas experiências elas lhe haviam proporcionado! Parecia-lhe como se tivesse tido contato com dois mundos completamente diferentes.

El-Ar e Ré, que contraste! E de permeio o seu pai. Este nunca falara com ele da maneira como recentemente. Tomara fizesse isso novamente! De propósito, o filho procurava freqüentemente oportunidade para estar a sós com o pai, nas horas em que este costumava descansar.

Por mais que o príncipe procurasse, nessas ocasiões, dirigir a conversa para assuntos mais importantes, nunca mais o conseguira. Teria sido apenas a influência de El-Ar que fizera o pai tão comunicativo?

Não clamou por Ré; as advertências do faraó ecoavam fortemente na alma do jovem. Quando Ré se mostrava a ele, então deixava que ele falasse e não perguntava nada. E Ré, o astuto, percebia que dominava discórdia na alma do seu protegido; contudo, ele acreditava que o tempo seria seu aliado.

À medida que passassem as semanas e os meses, a imagem de El-Ar se tornaria cada vez mais vaga e então poderia ele, Ré, tomar novamente posse daquilo que agora queria escapar-lhe das mãos. Limitava-se a manter a ligação, introduzindo o futuro faraó cada vez mais profundamente em sabedoria.

E o terceiro: El-Ar? Onde se encontraria ele? A alma do príncipe clamava por ele, não sabendo onde deveria procurá-lo. O estranho havia falado de altas montanhas que se elevavam ao céu, no meio das quais se achava situado o seu reino. Onde seria isso?

Mas El-Ar prometera voltar e Amenemhet confiava nisso.

Meses seguiram-se, formando uma seqüência de anos sempre iguais; quase nenhum acontecimento de especial importância se apresentava à vista retrospectiva.

Muitos visitantes haviam aparecido na corte do faraó. Esplêndidas e pomposas festas tinham sido realizadas, porém nada tinha deixado impressões que permanecessem. Também foram empreendidas cavalgadas às cortes vizinhas da Babilônia, Mitani e até ao país dos hititas, nas quais o príncipe pôde acompanhar o seu pai para observar e aprender.

Todavia, nenhum dos príncipes estranhos podia ser igualado a El-Ar, cuja imagem pairava como que sobre um fundo de ouro diante da alma do jovem Amenemhet. A esperança de Ré, de que o tempo apagasse a imagem, não se realizou. Mas também El-Ar não cumpria o que prometera. Decorreram seis anos sem que ele viesse, ou pelo menos desse notícias.

Tornara-se hábito para o príncipe, em todas as experiências vivenciais e em todas as decisões, perguntar intimamente: "O que diria El-Ar sobre isso?" Pouco a pouco isso lhe proporcionava uma visão que ultrapassava as doutrinações de Ré e lhe trazia uma clareza que não era própria da sua idade.

Um dia apresentou-se diante do príncipe o sacerdote-médico do templo de Ré, para comunicar-lhe que todas as artes de curar seriam em vão: o faraó poderia viver apenas poucos dias ainda. Muru trouxe a notícia com muitos circunlóquios, nos quais ele manifestava, ao mesmo tempo, toda a reverência diante do futuro soberano.

O príncipe não atentou a isso. Assustou-se com o pensamento de o faraó morrer. Prescindir dele como pai, isso não lhe parecia difícil. Cada um dos dois havia tomado o seu próprio caminho e os seus caminhos seguiam paralelos; nunca se uniam.

Repentinamente o príncipe se lembrou de como, anos antes, apesar da advertência de Ré, ele expusera perante o pai os seus planos de melhoramentos. Experimentara a desaprovação do faraó, e da parte de Ré um merecido escárnio. Não, a perda do pai ele poderia esquecer, mas não a do faraó. Enquanto o pai governava, o filho pôde ocupar-se com os seus planos e sonhar com o futuro. Agora esse futuro deveria tornar-se presente.

"Desperta, príncipe, desperta!", chamou uma voz. "Não deverás mais sonhar, e sim realizar atos. O viver em prol de ti mesmo terminou; agora se inicia o viver pelos outros!"

O sacerdote aguardava hesitante se o futuro soberano ainda precisaria dele. Subitamente, o príncipe ensimesmado levantou os olhos; seu olhar dirigia-se a Muru.

— Para onde irá o meu pai após a morte? perguntou Amenemhet tão diretamente, que o sacerdote estremeceu.

— Aos jardins eternos, meu príncipe, foi a resposta, que soou como se alguma coisa decorada fosse dita no momento certo.

— E depois? continuou o príncipe a interrogar.

— Depois? repetiu Muru com voz puxada. Depois ele gozará as alegrias celestes. Após o decorrer de muitos séculos, quando os astros estiverem numa posição semelhante com a de seu último nascimento, ele terá de voltar à Terra. Se o seu sepulcro estiver intato e seu corpo jazer suntuosamente, ele se tornará novamente faraó, senão... mas tu já sabes de tudo isso, meu príncipe, interrompeu o sacerdote, o qual se sentiu perturbado ante o olhar inquiridor de Amenemhet.

— Já ouvi isso muitas vezes, Muru, mas não o sei. Por isso perguntei de novo. Todavia, eu vejo que tu também não o sabes! Tu achas, portanto, que o faraó será chamado para os jardins eternos?

— Assim é, meu príncipe. Seu corpo não poderá resistir mais por muito tempo aos efeitos destrutivos da febre.

— Pois bem, então eu quero estar perto dele nesses últimos dias e horas, para que, quando ele acordar, ainda me possa dar instruções.

— Isso não é bom, meu príncipe. Pois eu vim para alertar-te. Nós não sabemos qual é a causa da febre e por isso não conhecemos a sua natureza. Poderia ser contagiosa. Disso devemos resguardar o futuro faraó. Não vás para junto do enfermo. Manda um dos teus confidentes. Tua vida é por demais preciosa!

Com ar de desprezo, Amenemhet olhou para o interlocutor.

— O futuro faraó cuida de si mesmo! disse ele cortante. Aonde ele não puder ir pessoalmente, também não mandará nenhum outro. Eu consideraria isso como um assassínio. Assassínio! Estás me compreendendo, Muru?

O sacerdote curvou-se cerimoniosamente, quando Amenemhet passou rente a ele, para ir vigiar junto ao leito do pai.

O soberano enfermo estava deitado num sono intranqüilo; ora ele se virava de um lado para o outro, ora murmurava palavras desconexas. Não conhecia as pessoas que se aproximavam dele; parecia como se seu espírito se ocupasse com outros seres.

O filho permanecia sentado, demoradamente, ao lado da cama do pai, sem que pudesse ajudá-lo ou aliviar-lhe alguma coisa. Diante do seu espírito desfilavam os anos decorridos. Quão poucos acontecimentos exteriores esses anos lhe tinham trazido, os quais fossem dignos de serem guardados na memória; contudo, quão ricos em vivência íntima eles tinham sido, desde que Amenemhet aprendera a procurar essa vivência em tudo e a tirar proveito de tudo para si e para outros.

Com esse retrospecto, a alma do príncipe concentrava-se cada vez mais; exteriormente, ele se assemelhava a um adormecido. E como tal se levantou subitamente, ao ouvir de repente uma palavra do pai, pronunciada em voz mais alta, a qual interrompeu o murmúrio das últimas horas, que já se tornara monótono.

"Ré!", exclamou o moribundo. "Afasta-te! Junto ao meu leito tu não perdeste nada. Libertei-me do teu domínio, que reconheci somente sobre o nosso país. Eu pessoalmente nada tenho em comum contigo! Não rias, Ré, isso me deixa furioso!"

O faraó, que se erguera um pouco, deitou-se novamente, gemendo.

Ao pé da cama estava parado Ré, assim como o príncipe o contemplara muitas vezes durante sua vida, só que agora ele lhe parecia mais belo e mais imperioso. O bem conhecido sorriso sarcástico franzia também nesse instante seus lábios, enquanto ele olhava para o moribundo como para um valioso prisioneiro, o qual, finalmente amarrado, não podia mais escapar.

"Tu não deves levar contigo o teu engano, se deixares agora a Terra, para aprender a ver com mais clareza num outro lugar", disse Ré devagar e expressivamente. "Tu achavas que não precisavas de mim. Quem te instruiu, faraó, de modo que aprendeste a utilizar o teu raciocínio? Não fui eu? Quem aguçou esse raciocínio sempre de novo, quando ele estava em via de se tornar entorpecido e lasso? O país foi governado segundo a vontade de quem? E, se como soberano agiste de acordo com a minha vontade, dize tu mesmo: a quem estiveste submisso?"

"Pára, Ré, cruel dominador!", gemia o faraó. Ré, contudo, não se deixou silenciar. Comedida e energicamente, ele continuou:

"Tu julgavas que podias utilizar-te de mim ou dispensar-me a teu bel-prazer? Ó tolo, insensato! Quem de nós dois é o mais forte? Acreditas realmente que o mais forte se deixa relegar? Eu deixei-te nessa crença; com muito mais certeza te tive sob meu domínio. Tiveste de sujeitar-te à minha vontade em tudo o que fizeste e falaste, sim, até em tudo o que pensaste, pequeno homem!

Meu é o teu intelecto! Da maneira como ele te guiou, assim era por mim intencionado!"

Sem respirar, o príncipe havia escutado. Sobreveio-lhe um horror paralisante. Assim ele nunca ouvira Ré falar! Pobre e iludido pai! Esquecia-se de que também ele fora discípulo de Ré. Não pôde examinar nesse momento até que ponto já estava sob a influência de Ré. Apenas de uma coisa ele tinha certeza: devia prestar auxílio ao pai. Não lhe surgia nenhum pensamento sobre o "como". O íntimo sentimento intuitivo impulsionava-o e de algum lugar lhe adveio força para romper o torpor.

Ele abaixou-se ao lado da cama do pai e pegou uma das mãos convulsionadas.

— Pai, implorava ele, dá ouvidos a mim, teu filho! Certo é que Ré tem razão em cada palavra que ele diz, isso eu percebo.

O olhar de Ré repousou satisfeito sobre o seu antigo discípulo; contudo, antes que ele pudesse dirigir-lhe a palavra, o príncipe prosseguiu:

— Provavelmente ele tem razão em relação ao tempo que passou até hoje, porém, pai, rompe os vínculos que te prendem a ele. Deve existir algo que seja mais forte do que ele! Tu viveste quase quarenta anos na crença de que não estavas submisso pessoalmente a ele. Tu não *quiseste* ser seu instrumento, nem seu servo! Isto deve pesar na balança quando os teus atos forem julgados. Pai, pai, deve existir algo que seja mais forte do que Ré!

O agonizante abriu os olhos e olhava angustiosamente para o filho.

— Onde encontrarei esse algo mais forte? perguntou ele num tom aflitivo.

Amenemhet quis exclamar desesperadamente: "Não sei"; todavia, nesse instante afluiu-lhe, outra vez, a nova força. Sua alma ficou consolada e tranqüila. Com voz sonante, ele disse:

— Pensa em El-Ar! Ele tinha a força que é mais forte do que Ré! Ele conhecia Ré, mas não lhe obedecia, nem o temia.

Com essas palavras entrou no aposento uma clara luminosidade. Parecia como se a figura de Ré empalidecesse; de repente ela desapareceu como que tragada pela Luz.

Ambos, pai e filho, contemplavam muito felizes a radiante claridade. Parecia como se as suas almas estivessem elevadas em paz e tranqüilidade, em bem-aventurança.

E uma voz, perceptível a ambos, ressoou:

"Tu tiveste o desejo de livrar-te das trevas, porém elas estavam enredadas e ligadas contigo mesmo. Por isso não te pôde vir o reconhecimento. Mas não desanimes. Agora poderás contemplar e reconhecer!"

A claridade aumentava e distanciava-se em ondas de Luz, que afluíam sobre a cama, tinindo. Como que atordoado, o príncipe ajoelhou-se ao lado do pai, com quem se sentia ligado pela primeira vez na sua vida.

Quando Amenemhet, o mais moço, levantou os olhos, alguns minutos após, o esplendor havia desaparecido. Com expressão de tranqüilidade no rosto, jazia o faraó, estendido; a mão que o filho segurava começava a esfriar.

"Oh! pai", disse o príncipe com profunda afeição, "assim, morrendo, ainda me ensinaste o melhor. Agradeço-te!"

Transcorreram cinco anos desde o falecimento de Amenemhet II, o faraó. Amenemhet III, ou Nemare, como ele se denominava desde a sua ascensão ao trono, sucedeu ao pai sem incidentes externos e governava o grande reino com firmeza e justiça.

O povo estava satisfeito; era-lhe indiferente qual o trabalho que tivesse de executar na dura labuta.

Entretanto, nos últimos tempos parecia como se o labor não fosse mais tão insuportável como até então. Havia dias de descanso, dias em que podiam ir ao templo, como os nobres, e nos quais podiam fazer apenas aquilo que desejassem, e, não obstante, havia alimento suficiente. Como se dava isso? Antes não era assim!

"Isso é a influência dos sacerdotes de Ré", diziam alguns.

Os outros objetavam:

"Não, isso é a previdência do faraó! Não vedes como ele comparece em toda parte nos locais de trabalho? Não notais como ele nos pergunta se temos necessidade de alguma coisa? Mesmo quando príncipe ele era bondoso e prestimoso."

O povo amava o seu soberano.

Todavia, havia outros aos quais o novo estilo de vida era incômodo: os nobres e os dignitários. Eles não podiam compreender qual a disposição de espírito que induzia o faraó a se interessar pela sorte da plebe; por que ele próprio trabalhava, em vez de deixar que outros o fizessem por ele, e por que ele, em lugar de acumular tesouros, mandava executar grandes construções e obras.

Durante séculos haviam tido conhecimento de quão perigoso era o oásis El-Fayam. Agora, de repente, este deveria ser drenado! E não bastava que se abrissem valas! O faraó pessoalmente, assim se comentava, elaborara um projeto para represar as águas num grande lago. Importâncias enormes foram gastas com o lago e somas fabulosas ainda seriam investidas nessas obras. Era isso necessário? E foi feito muito mais!

Através do terreno, nos dois lados do Nilo, foram abertas valas, nas quais podiam juntar-se as águas nas temporadas de chuva, e beneficiar depois as campinas. Foram instaladas bombas que, movidas por bois, conduziam o precioso líquido também mais distante, às terras do interior.

Sem dúvida, isso proporcionaria melhores colheitas e mais prosperidade. Mas para eles, os nobres, de qualquer maneira não havia faltado nada, até agora. O povo só se tornaria ambicioso se fosse mal-acostumado! As vozes murmuravam e resmungavam.

E ele, o faraó? Estava feliz no seu modo de viver, escolhido deliberadamente por ele mesmo? Isso ninguém poderia dizer, talvez ele próprio muito menos. Esses cinco anos tinham sido uma ininterrupta luta íntima, que quase consumira suas forças.

O que ele vivenciara na hora do trespasse do pai, o que vira e ouvira, isso causara uma impressão indelével em sua alma. Desveladamente, estava diante dele a tirania de Ré e o frio sarcasmo com que este tratava as suas vítimas. A essas vítimas ele, Nemare, não queria pertencer. Ele recusara o domínio de Ré sobre si, sem conseguir outra coisa, a não ser que o astuto começasse a agir de outro modo, para forçá-lo à obediência.

Ora percebia em algum conselheiro, no qual confiava plenamente, a influência de Ré; ora aproximavam-se dele figuras sobrenaturais, que procuravam envolvê-lo e torná-lo submisso à vontade de Ré. Ele, porém, queria manter-se firme. Ponderadamente, ele escolhera para si o nome de Nemare, ao qual atribuía a significação: "Afastado de Ré!"

Ré até se servia do amor para tentar amarrar o seu antigo discípulo. Uma belíssima e inteligente princesa babilônica havia impressionado profundamente o coração de Nemare.

Ela acreditava já ter atingido a sua meta; descuidou-se e zombou de Nemare por causa de seus planos de proporcionar uma vida mais feliz ao povo.

Não dava ouvidos a nada daquilo que ele lhe narrava. Com veemência ela insistia junto ao faraó para que este recomeçasse a vida despreocupada dos seus antepassados e deixasse Ré dominar em seu lugar. Então Nemare percebeu a trama. Com mão resoluta ele rompeu os laços que queriam prendê-lo, antes que eles se atassem com nós. Ele tornava-se cada vez mais introspectivo.

Sua vida teria se tornado insuportável, se ele não tivesse aprendido uma outra coisa, ainda junto ao leito de morte do pai. Inexpugnavelmente, vivia nele a certeza de que existia algo mais forte do que Ré, algo mais luminoso, claro, algo que vivificava a alma de El-Ar e de onde este hauria a força para atuar.

El-Ar! Onde estaria ele? Não voltara mais, apesar de tê-lo prometido. Vê-lo-ia ainda uma vez? Estaria ele ainda vivo, enfim?

O faraó habituara-se a analisar tudo o que pretendia executar ou decidir com o pensamento em El-Ar. Como agiria o príncipe estrangeiro neste caso? Como ele pensaria sobre este assunto? E sempre que Nemare tomava sua resolução com o pensamento no hóspede de outrora, comprovava-se que ela estava certa. Às vezes parecia ao faraó como se sentisse a força que lhe afluía, porém ela nunca mais veio na proporção que a da hora do falecimento do pai.

Deveria existir, portanto, uma fonte da qual jorrava essa força! Quanto mais ele meditava sobre isso, tanto mais se convencia disso. Será que encontraria a fonte? Não sabia onde devia procurá-la e não havia com quem pudesse falar sobre isso. Não confiava mais em ninguém. Todos concordavam prontamente com os seus pensamentos; repentinamente, porém, demonstrava-se que eles eram aliados de Ré. De preferência, ele queria pesquisar sozinho durante toda a sua vida.

Lembrou-se daqueles dias em que havia procurado aflitivamente a resposta à pergunta de Ré. Como fora fácil a El-Ar encontrá-la. El-Ar! O que este diria hoje? Provavelmente ele perguntaria: "Quando tu percebes a força?"

Sim, isso seria o certo, assim ele deveria proceder: seguir a força que lhe afluía até à sua origem. Em que ocasião sentia a força? Sempre que a sua alma se comovia por pensamentos de auxílio em prol dos outros. Quanto mais se desprendesse de si, tanto mais forte ele deveria sentir a força. Isso deveria experimentar. Nemare não quis pensar mais em si, mas sim somente nos outros.

E ele rebuscava todos os projetos que elaborara outrora com a assistência dos auxiliadores de Ré, em favor do bem-estar do país. Por que, apesar de tudo, Ré mandara ajudá-lo nisso? Se Ré se preocupava tão desinteressadamente pelos outros, então ele não poderia ser tão mau! A fama de Ré não poderia ser aumentada com essas obras de melhoramentos! E seu poder? Não, este também não.

O faraó estava sentado, profundamente compenetrado, diante das chapas de argila, sobre as quais estavam riscados muitos sinais e linhas que indicavam tudo o que ainda estava por fazer, para promover o bem-estar e a prosperidade do país. E parecia como se de dentro das chapas algo murmurasse:

"Ré não é mau; tu não compreendeste Ré. Vê o que ele te proporcionou em conhecimento e sabedoria, como ele te ajudou para que tu te tornasses, para teu povo, um legítimo soberano! O que tu sabes e podes, isso deves a ele!"

Será que realmente tinha sido injusto para com Ré? Nemare fixava os olhos nas chapas. Quanta coisa ele ainda tinha para fazer. Isso era bom, porquanto ele nem queria pensar mais em si. Como ele chegara a tomar essa resolução? Foi porque ele quis procurar a fonte da força. E nesse caminho encontrou-se novamente com Ré.

Seu coração contraiu-se dolorosamente. Novamente Ré! Novamente o astuto trilhara um caminho até ele. Nesse caso seu pensar estava errado, senão isso não poderia ter sido possível. Como era difícil evitar caminhos errados!

Ele foi tomado de asco, ira e desespero. Pegou as chapas murmurantes e jogou-as contra a parede, de sorte que elas caíram despedaçadas ao chão, e ali jaziam em cacos todos os seus projetos profundamente meditados; mas mil vezes melhor começar de novo do que ter de agradecer alguma coisa a Ré! Entretanto, como ele chegara a tomar o caminho errado! Queria viver para os outros. Pois isso era bom e certo. Mas por que ele tinha a intenção de fazê-lo? Para servir exclusivamente aos outros?

Nemare, sê sincero! Tu querias pesquisar de onde te afluía a força. Por isso quiseste excluir-te por um tempo. O que diria El-Ar para isso?

"Oh! El-Ar, por que estás tão distante? Por que me deixas combater e lutar assim, sem nenhum auxílio? Não é suficientemente grave que eu tenha de me defender cem vezes por dia contra Ré? E agora que eu queria saber onde poderia encontrar a força, caio de novo nos laços de Ré."

Ao andar desassossegadamente de um lado para outro, o faraó bateu com o pé nos cacos que jaziam no chão.

A sua ira tinha cabimento? Certamente que não! Porém, agora a rápida ação não podia mais ser desfeita. E era mais fácil esboçar novos planos do que achar o caminho para o luminoso.

O que El-Ar aconselharia? Provavelmente ele diria:

"Ao perceberes a força, tenta permanecer no estado íntimo que a atraiu. Recebe-a com gratidão; tu nunca agradeceste pela mesma."

Não, realmente, isso Nemare nunca tinha feito! Regozijava-se quando podia percebê-la, mas nunca se lembrara de que deveria agradecer por isso. Fervorosamente irrompeu do seu íntimo:

"Tu, fonte desconhecida, da qual procede a força extraterrena, que ajudou inúmeras vezes a mim e a outros. Agradeço-te, agradeço-te do fundo do coração!"

E, enquanto ele ainda meditava, circunfluía-lhe a claridade que ele não mais tinha visto desde o falecimento de seu pai. Juntamente com a luminosidade afluía-lhe força, força que o tornou alegre e forte. E ele ouviu uma voz:

"Se vós me procurardes de todo o coração, então eu me deixarei encontrar por vós."

"Senhor, desconhecido soberano, eu te procuro!", exclamou Nemare, enquanto se ajoelhava. "Eu te procuro, eu te prometo ser teu servo durante toda a minha vida, pois tu és a Luz e a força."

"Amém!", ressoou a voz, e vagarosamente a Luz se esvaecia.

A força, no entanto, permaneceu dessa vez em Nemare durante dias. E nela ele via nitidamente o seu caminho, o caminho que o tornaria o pai de seu povo, e que lhe proporcionaria a paz. Enquanto a força permanecia nele, ele não precisaria temer mais nenhuma investida de Ré. Alegremente, ele pôde dedicar-se à elaboração de novos projetos; sempre lhe afluíam novos pensamentos.

Assim, certo dia, ele estava sentado pensativo e contemplava a amplidão. Ponderava que estradas deveria mandar construir para que se pudesse alcançar mais facilmente os férteis oásis. E com esses pensamentos sobre estradas e trilhas, lembrou-se de como a vereda do homem é, muitas vezes, enredada. Como o seu próprio caminho muitas vezes tinha tomado rumo errado!

Com efeito, se se quisesse erigir um monumento em memória de uma pessoa, então se deveria esboçar como os caminhos de sua vida tinham sido tortuosos. Isso deveria ser um alerta para os outros e seria melhor do que querer glorificar o falecido por causa de feitos realizados. Teve de sorrir um pouco sobre a sua idéia, mas o pensamento não se desprendeu mais dele.

Sobre o oásis de El-Fayam espraiava-se tremulante o brilho ardente do sol, no dia em que o faraó veio inspecionar as obras do lago, que haviam sido terminadas.

O povo chamava-o "Mer-Wer", benfeitor; Mer-Wer deveria ser denominado dali em diante o lago. No caminho, Nemare chamou Taré ao seu lado, para reviver com ele a recordação da cavalgada de anos antes.

— Quem poderia ter imaginado, ó faraó, disse Taré lisonjeando, que a nossa odisséia de outrora iria preparar a base para uma obra da qual o mundo ainda falará após milênios. O lago deveria trazer o teu nome, anunciando a tua fama.

Nemare encarou-o, meneando a cabeça.

— Não podes mesmo deixar de bajular, Taré. Já faz tanto tempo que me conheces e sabes que detesto todo e qualquer elogio. Tu deverias saber por que mandei sanear este oásis. O horror e o medo que nós suportamos outrora, eu queria eliminá-los para o futuro. Olha como é belo o lago.

Cintilante, a extensa superfície azul distinguia-se das margens. Pequenas ondas, impelidas pelo vento, encrespavam a água. O espesso matagal em volta desaparecera. O terreno encharcado foi drenado, e onde antes insetos venenosos colocavam em perigo a vida das pessoas, balanceavam-se lindas borboletas sobre o verdejante chão.

— Como é belo! disse também Taré e através de suas palavras vibrava um tom de verdadeiro sentimento. Como Men-Ken ficaria admirado, se ele pudesse ver isto. Naquela ocasião ele estava mais abalado do que eu.

— Talvez ele esteja vendo isto, externou Nemare os seus pensamentos. Nós não podemos saber se é dado aos nossos espíritos contemplar do Além a Terra, para a qual eles mais tarde hão de voltar. Taré, em que acreditas? Acreditas em Ré?

Essa pergunta soou insistente, de maneira que ela sacudiu a alma de Taré. Este não pôde responder com rodeios, como provavelmente teria feito em outras ocasiões.

— Em que eu creio, meu soberano? A ninguém, senão a ti, eu responderia sinceramente a essa pergunta. Eu creio em nada! A vida ensinou-me que atrás de tudo que os sacerdotes dizem, escondem-se cálculos interesseiros, egoísmo e cobiça de poder. Um deus que se deixa explorar por tais coisas não pode ser um deus, senão ele interviria com raios de ira. Ré não é nenhum deus! Muito menos os outros.

Estupefato, o faraó escutava, porém antes que ele pudesse dizer alguma coisa, o outro continuou. Parecia como se correntezas, há muito tempo represadas, procurassem uma saída.

— Senhor, eu sei que aquilo que ousei pronunciar poderá prejudicar-me, mas eu não podia faltar com a verdade para contigo. A qualquer outra pessoa eu teria recusado a resposta, porém teus olhos vêem com clareza. Tu sabes que milhares pensam como eu e que estamos em via de perder toda a fé, porque reconhecemos que a nossa crença não pode ser a certa! Senhor, em tudo sabes ajudar e aconselhar; alivias todo o fardo do povo, presenteia-nos com a verdadeira crença!

— Taré, como eu poderia dar o que eu mesmo não tenho? Sou um pesquisador que ainda não encontrou.

— Mas tu deves saber que Ré é um embuste dos sacerdotes!

— Não é um embuste! foi a resposta inesperada. Sei que Ré existe realmente e que ele se tornou dominador de nosso país, em tempos remotos. Desde então ele foi auxiliador e conselheiro dos faraós. Meu pai, Amenemhet, aliás, já tentara livrar-se dele. Eu estou em luta com ele, porquanto ele sempre de novo experimenta iludir-me para tornar-me um instrumento a seu serviço.

Eu não quero, porém, pertencer a ele, eu quero libertar o país do seu domínio, assim que eu tiver achado um melhor. Esse eu procuro; o Verdadeiro, o Todo-Poderoso, a origem e o doador da força e da Luz. Sei que esse que eu procuro deve ser tudo isso. Encontrei tudo isso, mas Ele ainda não!

— Senhor, isso é atribuível ao fato de que tu és diferente de todas as pessoas? Se tu sabes que existe o Onipotente, por que Ele se oculta?

— Eu sei que Ele existe! disse Nemare cerimoniosamente. Todavia, não sei por que Ele não se revela. Talvez eu ainda não o tenha procurado com suficiente fervor! Talvez o nosso anseio deva se tornar maior e mais forte. Sim, assim deverá ser. Pensa, Taré, em tudo que nos seria proporcionado, se Ele se tornasse nosso Deus! Então seria como se o Além, onde Ele mora, tivesse vindo a nós, no Aquém, de sorte que não existiria mais nenhum abismo entre os dois. Por isso vale a pena exaurir-se na procura!

Ambos silenciaram. Taré, que era bem mais idoso, inclinou-se intimamente perante o seu faraó, ao qual ele demonstrara, até então, apenas submissão formal. Estava dominado pelo tom que soara através das palavras de Nemare.

Todavia, o faraó sentia uma ponte de sua alma para a do outro. Sempre estivera sozinho em suas reflexões e em suas pesquisas, que finalmente se haviam transformado num ardente anseio. Por fim achou alguém com anseio idêntico. Se ele pudesse inflamá-lo pelo mesmo caminho, então esse anseio transformar-se-ia numa chama que se elevaria ao céu, mostrando a Deus que almas humanas clamavam por Ele.

— Taré, quero contar-te um segredo: eu recebo forças do Deus que eu procuro! Portanto, Ele existe e se encontra próximo de mim, sabe de mim. Porém, eu ainda não sei como poderei aproximar-me Dele.

— Deixa-me ajudar-te a procurar, Nemare, exclamou Taré suplicante.

— Procura-me, então, hoje à noite, para continuarmos a nossa conversa. Agora devemos seguir para junto dos nossos companheiros.

Os dois trocaram um olhar de cordial compreensão. Em seguida, Nemare dirigiu-se ao grupo de cavaleiros. Ninguém poderia ter notado a sua comoção interna. Diferente foi com Taré. Nele abriram-se fontes, que deveriam borbulhar. Ele não pressentira quão pesadamente lhe oprimia o fato de não ter crença nenhuma.

A esperança de encontrar o saber sobre o verdadeiro Deus alentava-o completamente. Tornou-se-lhe impossível, nesse instante, prestar o seu serviço e falar com os outros sobre coisas triviais. Ele quis desculpar-se, pretextando mal-estar, mas nesse momento o olhar do faraó voltou-se para ele.

— Taré, queres fazer-me um favor? Regressa a Mênfis e ocupa-te com o assunto sobre o qual acabamos de falar, para que estejas apto a dizer mais alguma coisa sobre isso, hoje à noite.

Nemare era sempre assim: em todas as ocasiões ele percebia o que os outros necessitavam; ajudava sempre com toda a naturalidade e sem dar demonstração aos demais. E na alma de Taré a esperança tornou-se uma certeza: se Deus se deixasse encontrar, então Ele se revelaria a Nemare!

P ara ambos que estavam à procura de Deus, a noite tornou-se maravilhosa, no verdadeiro sentido da palavra, e repleta de prodígios! Inicialmente hesitante, e depois cada vez mais eloqüente, o faraó contava de suas vivências. Percebeu que nessa ocasião ele podia abrir-se sem reservas. Receptivo, o outro demonstrava sua compreensão. No final da conversa, o faraó prostrou-se de joelhos, não podia agir diferentemente. Estendendo as mãos ao céu, ele exclamou:

"Deus, todo-poderoso e eterno Deus, que Tu deves ser, porquanto eu te percebo, revela-te a mim, fala a mim. Tu prometeste: 'Se vós me procurardes de todo o coração, então Eu me deixarei encontrar por vós'. Nós te procuramos. Nós imploramos a ti!"

Nesse momento surgiu em volta de ambos uma clara Luz, porém, parecia como se a claridade viesse de fora e afluísse para dentro, em forma de ondas. O faraó levantou-se rapidamente e correu apressadamente ao terraço, enquanto puxava Taré consigo. Não perguntou se o seu companheiro também via a luminosidade. Ele apenas se preocupava em descobrir a fonte da Luz e, concomitantemente, da força.

Num azul profundo abobadava-se sobre eles o céu, onde cintilavam inúmeras estrelas, grandes e pequenas, o qual estava dividido ao meio por uma larga faixa de um fulgor extraterrenal. Nemare teve de fechar os olhos, porque estavam ofuscados pelo resplendor. Devagar, porém, eles se adaptavam. Ele queria ver, e a sua vontade ajudava-o.

Bem no alto, onde as irradiações pareciam traspassar a abóbada do céu, flutuava algo, de uma alvura nunca vista. Era parecido com um pássaro maravilhoso, mas diferente dos pássaros do Egito. Agora ele se movia; então novamente parecia como se repousasse de asas abertas no éter.

"Pássaro maravilhoso, és tu a origem de toda a Luz?", cochichava Nemare e não percebia como as lágrimas de emoção lhe escorriam pelas faces.

Nesse momento ele julgava escutar novamente a voz que já lhe falara uma vez:

"A pomba é o símbolo do Meu Espírito, o símbolo da pureza. Haure em ti Luz e força, e estas te conduzirão a mim!"

Novamente o faraó ajoelhou-se, ele que estava habituado que outros se ajoelhassem à sua frente. Levantou as mãos e agradeceu a Deus, a quem pressentia. E ele percebeu que lhe afluía força, e uma alegre e firme esperança embeveceu seu coração.

Quanto tempo os dois contemplaram meditativos, disso eles não ficaram cientes. O resplendor desapareceu aos poucos. Entretanto, não dava a impressão de como se os astros cintilassem mais imponentes do que antes?

Ao alvorecer, os homens separaram-se; cada um sentia a necessidade de meditar ainda a sós sobre os prodígios da noite.

Taré vivenciava uma segunda juventude. Seus olhos irradiavam alegria, seus passos tornaram-se mais firmes e seu porte tornou-se novamente ereto. As bajulações, que tanto desagradavam a Nemare, cessaram. O novo Taré pronunciava concisamente aquilo que era sua convicção íntima.

O faraó, porém, que percebia como a força de cima aumentava nele, sentia-se fortemente impulsionado para a ação. Se ele quisesse acabar com a pobreza e a miséria do povo, então deveria tratar de proporcionar novas oportunidades de trabalho. As obras consideradas de maior importância já tinham sido construídas e instaladas. Nisso se lembrou da idéia que lhe ocupara a mente durante alguns meses: queria mandar erigir um monumento em sua memória, que deveria narrar, após a sua morte, os caminhos enredados de sua vida.

— Estás vendo, disse a Taré, que mais e mais se tornava seu confidente, eu desejo demonstrar como se pode seguir por caminhos aparentemente retos, mas não obstante tortuosos, e por caminhos que nos parecem ásperos e confusos e que, apesar disso, conduzem à meta.

— Como pretendes fazer isso, meu faraó? indagou Taré admirado. Isso não poderia ser cinzelado numa pedra.

— Sim, isso pode ser construído, sorria Nemare e mostrava projetos que ele havia elaborado fazia muito tempo.

Ali estavam eles, os caminhos, dos quais ele falara; seguiam a torto e a direito, e depois novamente retos e aparentemente planos.

— Segue uma vez com o dedo o curso desses emaranhados, pediu Nemare ao seu confidente, e vê se consegues alcançar a meta.

Taré fez como lhe fora solicitado; entretanto, repetidas vezes ele se deixava persuadir a abandonar o caminho certo ou se defrontava com um muro que impedia o prosseguimento, ou o caminho escolhido convergia, retrocedendo, para o já percorrido. Sorridente, o faraó ajudou-o, até que atingiram, finalmente, o alvo.

— E no que consiste esse alvo? interrogou Taré.

— Qual é a meta de tudo que vive aqui na Terra? perguntou Nemare em resposta. Não é a morte? Mandarei construir minha pirâmide no meio desses caminhos emaranhados. Quem tiver a "chave" para essa peripécia poderá chegar até lá onde começa a verdadeira vida. Compreendes isso, Taré? Quem recebe Luz e força de cima poderá passar através da confusão da vida humana e de todas as tentações. Para esse a morte não significará nenhuma destruição, e sim ascensão a um reino no qual existirá ainda mais Luz e força. Oh! como me alegro ao pensar nesse reino!

O faraó olhava saudoso para a amplidão. Taré interrompeu seu cismar:

— Não é bom, faraó, que tu mandes construir tua sepultura enquanto ainda vives. Nesse caso tu pensas demais no teu trespasse, e para nós todos seria uma infelicidade caso tu falecesses prematuramente.

— Se eu pensar na minha morte, não morrerei por isso nem um dia antes do determinado pelo meu destino. Não, não me contestes isso, Taré. Meu pensamento agrada-me. Esse monumento mandarei erigir em minha memória. Isso proporcionará trabalho para os pobres por alguns anos, porquanto os muros não deverão ficar toscos. Mandarei plantar um bosque; árvores e arbustos deverão formar ângulos e dissimular, para a vista, os desvios. E os muros, que aliás não deverão ficar altos, por sua vez, mandarei adornar com pinturas. Vês, portanto, que haverá trabalho suficiente para outros e passatempo para mim.

Logo nos dias seguintes, o faraó mandou vir construtores, aos quais confiou os projetos. Eles menearam a cabeça, mas deram início às obras, interessados em ver qual seria o aspecto da construção. As medições tinham grandes proporções. Tinha de ser drenado o fundo; os trabalhos prosseguiam vagarosamente.

Para o entusiasmo do faraó, eles teriam prosseguido lentamente demais, se o seu ativo espírito não se tivesse ocupado com outras coisas.

De um país distante, haviam chegado uns comerciantes, eram homens cultos, com trajes distintos. A cor de sua tez era mais clara do que a dos egípcios, seus cabelos eram ondulados e tinham estatura baixa. Ninguém entendia a língua que eles falavam e também eles não compreendiam o que lhes era dito. Contudo, eles eram vivazes e inteligentes. Percebiam, sem dificuldade, quais as mercadorias que os egípcios poderiam precisar e, mais rápido ainda, descobriam os produtos egípcios que tinham interesse em levar para a pátria deles.

Após algumas semanas, eles tinham aprendido tanto da língua egípcia, que puderam negociar as mercadorias. O faraó gostou disso, pois estava interessado em saber alguma coisa a respeito da terra deles. De boa vontade, deu aos estranhos o que eles desejavam. Depois, porém, ele solicitou que levassem consigo três jovens egípcios, até que viessem novamente no próximo ano. Os jovens deveriam aprender o idioma estranho e adaptar-se aos hábitos e costumes. Isso só poderia ser proveitoso para um povo que durante séculos sempre apenas se limitara a sua própria condição, ou mantivera relações com os vizinhos mais próximos de idêntica espécie.

Nemare escolheu os jovens mais inteligentes, proveu-os com o necessário e mandou-os, junto com os estranhos, para o país cujo nome ele nem sequer pôde entender direito. Soava-lhe como "Creta", e assim ele o denominava quando o mencionava. Antes da partida do navio que os conduziria, ele impôs aos jovens, como obrigação, que sondassem, em toda parte onde chegassem, sobre o príncipe El-Ar. Preponderantemente, ele sentia o desejo de obter alguma notícia do hóspede de outrora, ou, se possível, vê-lo pessoalmente.

O ano passara rapidamente, todavia decorreu mais um, até que os navios estranhos, vindos do mar, aparecessem novamente no Nilo. Enfim, traziam de volta os jovens, sãos e salvos. Os jovens egípcios elogiavam a hospitalidade dos cretenses, pois o país distante chamava-se realmente Creta, e manifestavam sua admiração sobre o fértil e próspero país, onde amadureciam frutas magníficas e a arte e a beleza floresciam. Lá o sol não brilhava tão ardentemente como no Egito.

— Até os deuses lá não são tão sombrios como Ré e Amon. Alegres são os cultos e alegres os deuses se mostram entre os homens.

— Os deuses? perguntou Nemare desiludido.

Ele pensava que um país tão maravilhoso deveria ter notícia do único e verdadeiro Deus.

— Eles de fato têm muitos deuses? Não reina um sobre todos?

— Sim, meu faraó, um reina: Zeus, o poderoso, com cabelos ondulados.

Então Nemare procurou saber mais alguma coisa sobre Zeus, junto aos comerciantes que tinham retornado. Todavia, quanto mais soube a respeito dele, tanto menos ele parecia enquadrar-se na concepção que a alma do faraó formara sobre Deus.

— Não soubestes nada acerca de El-Ar? interrogou ele os jovens. Eles, porém, tiveram que responder negativamente.

O faraó esperava que os cretenses, de sua parte, enviassem também jovens para o Egito, visto que havia muita coisa a aprender na terra dirigida pela inteligência de Ré. Contudo não viera ninguém nos navios que tivesse a intenção de ficar.

Quando a permanência dos mercadores chegou ao fim, um dos jovens egípcios pediu permissão para voltar a Creta. Ele pretendia fixar domicílio lá. Iria desposar uma moça. Não pôde decidir-se a fazê-la abandonar a sua bela terra. Nemare deu a sua anuência, porém aproveitou a ocasião para perguntar aos cretenses por que nenhum dos seus tinha vindo para aprender com eles.

— Pela mesma razão que induziu o jovem Men-Ur a não trazer a sua esposa para cá. Quem está habituado à beleza e à jovialidade, não vai por livre vontade a um país onde a beleza é sombria e o rir desconhecido.

Isso foi acertado. Nemare lembrou-se de como outrora lhe impressionara o riso espontâneo de El-Ar. Por que eles não conheciam isso? Dominou o orgulho e continuou a sondar:

— Dize-me, estranho, por que tachas nossa beleza de sombria? O que queres dizer com isso?

O comerciante refletia.

— Dificilmente eu poderia expressar em palavras aquilo que eu percebo intuitivamente; mais difícil ainda se tornaria para mim fazer isso no vosso idioma. No entanto, farei uma tentativa. Vê, faraó, vossos deuses se me afiguram como senhores de escravos. Obrigam a trabalhar, velam pelo cumprimento dos seus mandamentos e castigam. Outra coisa não soube aqui, quando perguntei a respeito dos vossos deuses. Os nossos nos trazem Luz de um outro mundo, eles gracejam e brincam conosco. Eles são, para nós, os modelos daquilo que os nossos artistas moldam em mármore ou barro.

O faraó interrompeu-o:

— Um deus gracejador poderá ajudar a tua alma para que ela viva eternamente?

— Isso eu não sei, foi a resposta despreocupada. Tais perguntas nós deixamos a cargo dos nossos filósofos. Nós somos felizes; teu povo não conhece a felicidade.

— Acho que existem duas maneiras de conceber a felicidade. Não considero o meu povo infeliz.

— Mas não pode rir!

— Sim, estranho, nós não podemos rir, nem sabemos o que é isso.

— Coitados, redargüiu o estranho involuntariamente.

Ele assustou-se das suas próprias palavras.

— Perdoa-me, ó faraó! Apenas me parece tão entristecedor o fato de não conhecerdes o bom humor. Vossas crianças também não riem? Nunca viste uma criança rir?

O faraó meneava a cabeça lentamente.

— Creio que não; aliás, não estou familiarizado com crianças.

— Nesse caso deves interrogar as mães que têm muitos filhos. Um riso límpido denota que a alma conservou algo de sua infantilidade. Aquele que pode rir assim é puro, é bom e feliz.

Isso foi tudo o que o faraó soube; contudo, por enquanto, isso lhe bastava. O riso de El-Ar surgiu na sua memória. Se ele pudesse ouvir novamente aquele som! Os cretenses também riam, porém seu riso era diferente. Soava alegre, mas faltava o som de sino que vibrava no riso de El-Ar.

O monumento dos caminhos sinuosos estava em via de ser concluído. O que ali tinha sido realizado, segundo a idéia de Nemare, era digno de admiração. A altura do muro atingia até os ombros de um homem de estatura alta. Isoladamente, em alguns lugares, sobre os caminhos, foram erigidas coberturas em forma de cúpula. Todavia, os caminhos, em sua maior parte, jaziam descobertos; mais tarde as copas das árvores os ensombrariam.

Num lugar, o caminho declinava repentinamente sobre numerosos degraus e conduzia por um longo corredor ao subterrâneo. No fim desse corredor encontrava-se um abismo, que se abria de chofre. Para esse fim fora aproveitada habilmente uma cova, na qual se juntava água nas temporadas de chuva. Ela jazia sob céu aberto, de sorte que o peregrino que tivesse se perdido no corredor a enxergaria logo e não precisaria cair nela.

À pergunta de Taré sobre a significação dessa disposição, o faraó explicou:

— Nunca percebeste, Taré, como pelo pensar e agir errado, nosso caminho conduz para baixo, em profundidades escuras e afastadas de Deus? Se, não obstante, seguirmos adiante, então chegaremos a um ponto onde teremos de cair irremediavelmente, se a Luz do céu não nos iluminar. Foi isso que eu quis demonstrar.

"Os homens não compreenderão isso", pensava Taré, mas não o pronunciou.

Agora também estava terminada a última parte das obras: a grande pirâmide sepulcral, pelo menos como um grande todo. As câmaras mortuárias deveriam ser acabadas e adornadas conforme as necessidades.

— Quem será o primeiro a repousar nela? perguntou o faraó, quando à noite passeava em companhia de Taré nas margens do Nilo, para gozar a brisa e deixar extravasar todos os sentimentos que as festividades dos últimos dias haviam despertado nele.

Ousara, pela primeira vez, falar de Deus, assim como ele o intuía, aos dignitários e àqueles do povo que tinham tido permissão para assistir à solene inauguração. Sabia que fora um risco, porém ele sentira o desejo de anunciar aos outros aquilo que lhe proporcionava força e alegria.

Coisa singular: enquanto falava, do pedestal da pirâmide, à multidão constituída de milhares de pessoas, ele sentia como lhe circunfluíam correntezas calorosas, que denotavam o anseio de inúmeros corações humanos e animavam-no a dar mais daquilo que ele possuía.

E vieram correntezas frias, que penetravam, quais agulhas aguçadas e gélidas, no seu coração. Eram o ódio e a inimizade, que eferversciam sob o efeito de suas palavras. E correntezas trêmulas aproximavam-se; medo por causa de sua liberalidade, medo das consequências que suas palavras poderiam provocar. Ele sentiu tudo isso, mas não se perturbou. Sobre todas essas correntezas ele percebia as afluências do Alto. Força perfluía-o, Luz estava em volta dele e nele.

A pergunta de Nemare ficou sem resposta. Somente nesse momento, em que concentrava novamente os pensamentos, ele apercebeu-se disso. Taré estava tão silencioso!

— Que estás pensando, meu amigo? inquiriu ele amavelmente. A solenidade não te proporcionou aquilo que esperavas?

— Como podes perguntar assim, Nemare, disse o outro baixinho. Vivenciei tanta coisa, que não acho palavras para aquilo que eu desejava dizer. Todavia, há algumas horas também, vejo outra coisa: um pesadume que quer aproximar-se de ti. E isso me oprime o coração. Falaste diferentemente do que é hábito no Egito. Isso desagrada aos sacerdotes. Eles sentem as ameaças contra o seu domínio. Acautela-te, eu te peço, Nemare! Tenho receio por ti.

Ante as últimas palavras, os amigos ficaram parados na beira do rio. Nemare dirigia seu olhar sobre as águas, para longe, na distância. Doía-lhe que Taré pudesse nessa hora pensar em perigos terrenos. Não estava ele, Nemare, protegido pela Luz e pela força que lhe afluíam de cima? Contudo, ele também sabia que fora apenas o grande amor que despertara essa preocupação em Taré. Não, não deveria repreendê-lo. Queria aceitar o amor do amigo, assim como ele se manifestava, porém deveria fortificar em Taré a confiança e a fé em Deus.

Cordialmente, voltou-se para o companheiro. Nesse instante, seus olhos arregalaram-se horrorizados; um grito áspero e instintivamente forçado passou-lhe pela boca:

— Taré, recua!

Simultaneamente ele saltou para a frente e procurava agarrar o amigo, mas a coisa horrível, que espreitava lá embaixo, sem ser notada pelos dois, foi mais veloz que ele. Uma bocarra terrível abria-se e fechava-se; dentes brancos enterravam-se na perna de Taré. Um grito de dor! E já o monstro submergia com sua presa no lodo do Nilo.

Nemare, que não pôde ajudar o companheiro, caiu de bruços, com tal violência, que perdeu os sentidos. Esse desmaio, que o reteve, foi uma graça, pois nesse momento ele não viu como a água sobre o lodo se avermelhava e como a cabeça nojenta do animal voraz emergia de vez em quando.

Ao tornar a si, procurando o amigo, sobreveio à sua alma o horror com toda a impetuosidade. Pavoroso acontecimento! Um presenciar assombroso! Chorando, ele ajoelhou-se, quis clamar a Deus, não pôde. Um deus poderia admitir isso? E, entre todos os homens, tinha de ser justamente Taré, o qual lhe foi tirado de uma maneira tão horrorosa! O único amigo que ele tinha!

Somente quando se aproximavam servos com tochas, pois a demorada ausência do soberano causara-lhes preocupação, ele cobrou ânimo. Ninguém deveria vê-lo fraco.

Procurou seus aposentos e passou a noite buscando clareza. A quem ele poderia perguntar? Quem poderia ajudá-lo na sua grande aflição? Não, isso era impossível, que Deus fosse assim como ele, Nemare, o intuía. Um tal Deus teria protegido Taré. E justamente hoje, que Nemare o anunciara com ânimo jubilante, tinham de sobrevir dúvidas ao coração do faraó, com tal impetuosidade, como se o mesmo também tivesse sido dilacerado com os dentes de um animal feroz.

Gemendo, o soberano ocultava o semblante com as mãos. Quis afastar de si o horroroso quadro que ele vira na beira do Nilo. Não o conseguiu. Fisicamente adoentado e psiquicamente perturbado, ele arrastou-se para a cama, recusando quase insensivelmente qualquer ajuda. Ninguém deveria entrar no seu aposento. Queria estar a sós, exteriormente isolado, do mesmo modo como interiormente.

Que fim terrível teve esse dia de alegria e elevação. Volta e meia sentia calafrios, como se estivesse com febre. O que, enfim, deveria fazer? Poderia passar sem o amigo, se tivesse de ser assim? Sim, isso ele poderia. Também suportaria dores físicas e doença. Porém a fé tão penosamente adquirida num Deus que era superior a todos os deuses, essa ele não poderia e nem queria abandonar! Não, por nada deste mundo!

Depois que os seus pensamentos confusos se coordenaram até esse ponto, sobreveio-lhe tranqüilidade e, com esta, clareza. Tinha ele de perder o saber sobre Deus, por causa desse terrível acontecimento? Se ele não se deixasse afastar de Deus, se se apegasse com todas as forças a Ele, então Ele continuaria a ajudá-lo. Por que, pois, estava ele tão desesperado?

"Deus, meu Senhor, ajuda-me, não me deixes afundar!"

Era um clamor, no qual vibrava toda a sua alma. E Deus mandou auxílio ao homem contrito. Novamente fluía Luz de cima, radiante Luz celestial. Com as mãos erguidas, o faraó levantou-se titubeante da cama, quase sem saber o que estava fazendo, e dirigiu-se ao terraço.

"Será que poderei contemplar novamente a aparição celestial?", perguntava sua alma.

Como resposta, flutuou diante de sua vista o maravilhoso pássaro branco. Este parecia descer um pouco e, enquanto uma força de uma intensidade nunca sentida perfluía o homem martirizado, ele ouviu novamente a voz:

"Crê e confia. Eu sou!"

"Sim, Senhor, eu creio!", cochichava Nemare profundamente comovido. "E agora também sei o Teu nome. Tu te chamas 'Eu sou'. Assim quero chamar-te durante toda a minha vida!"

Depois que o pássaro desapareceu e a claridade se apagou, Nemare procurou o seu leito; um homem revigorado e interiormente firme. E durante o sono a sua alma pôde contemplar aquilo que lhe decifrava o sentido do acontecido.

Via Ré em ação. Ré, que quis fazer a última tentativa de reconquistar a alma de Nemare. Ele havia atraído o monstruoso animal para ali e envolvera Taré de tal maneira em preocupações, que este não atentara naquilo que ocorria em sua volta. Quase conseguiu realizar o seu plano; no entanto, ao lado de Nemare achava-se uma figura luminosa, que não permitiu que Ré subjugasse a alma do faraó. E essa figura trazia os traços de El-Ar!

"El-Ar!", com essa palavra o faraó acordou, após um sono restaurador. Ele pranteava o amigo, mas o seu pranto não pôde tornar-se prejudicial a sua alma.

No lugar do acontecimento mandou erigir um monumento em memória do fiel. A conclusão do mesmo, porém, ele não mais pôde ver.

Como Taré pressentira, os sacerdotes estavam profundamente chocados com as palavras de Nemare e com tudo o que elas significavam. E Ré impelia e açulava; agitava as pequenas chamas de preocupação, até que elas se tornassem labaredas de medo e do conseqüente ódio. Chamejavam fortemente e produziam pensamentos venenosos.

"Devemos agir a tempo; o faraó não deverá falar mais uma vez assim!"

Aqueles que se manifestavam a favor de que se deveria falar calmamente com o soberano e solicitar que silenciasse no futuro sobre o seu modo de pensar, assim como o fizera até então, não foram mais admitidos nas confabulações.

Tornava-se cada vez mais estreito o círculo dos que se uniam fanaticamente para procurar uma solução e cujo objetivo era, desde o início, o assassínio do faraó. Seu irmão Sesostris suceder-lhe-ia no trono; um homem brando, facilmente influenciável e afeito a todos os gozos da vida. Através dele os sacerdotes poderiam arrogar-se o domínio.

O assassínio foi decidido e executado.

Na escuridão da noite, o assassino subiu ao terraço, entrou furtivamente no aposento do faraó e afundou o aguçado punhal no seu peito. O malfeitor julgou ter acertado o coração, porém a punhalada apenas passou rente a este. A ferida não fora instantaneamente mortal.

Nemare acordou com uma violenta dor e viu a figura disfarçada sair furtivamente do aposento. Quis chamar, porém a voz falhou.

Novamente sentiu uma violenta dor, mas só por um instante; então estendeu-se um indizível alívio sobre o seu corpo martirizado, como se fosse uma leve mão que lhe tirasse toda a dor. Diante dele estava El-Ar, envolto pela Luz.

"El-Ar", balbuciou o faraó, e sua alma estava tomada de júbilo. "El-Ar, meu príncipe, meu amigo! Vieste finalmente?"

"Eu estive sempre contigo, Nemare, sempre que me chamaste e sempre que procuraste Deus. Não tive permissão, porém, de mostrar-me a ti. Eu era o mensageiro de Deus, escolhido para amparar-te na procura de Deus e para fortalecer-te na luta contra Ré e contigo mesmo. Logo mais te encontrarás no lugar onde poderás saber mais sobre Deus. Logo poderás ascender às alturas luminosas. Nemare, escuta:

Deus abençoou tua aspiração. Ele reconheceu teu querer sincero. Se agora podes entrar no reino espiritual, então isso não será para sempre. Foste escolhido para servir a Deus através de Seu Filho. Deverás atuar ao seu lado com as experiências que colheste como soberano do teu grande reino. Sejas abençoado, Nemare!"

A Luz tornava-se cada vez mais etérea e sons maravilhosos vibravam no aposento. E El-Ar desligou a alma de Nemare do corpo, e levou-a consigo para as alturas.

OS FARAÓS

Amenophis, o terceiro faraó deste nome, reinava no Egito. Rei poderoso, dirigindo com energia seu país, era ele sábio e justo em seus regulamentos e leis.

Amava a paz, que garantia o bem-estar do reino. Por isso procurava manter amizade com os reis vizinhos, promovendo um intercâmbio de mercadorias com a Babilônia, Assíria e Mitani. O que ele iniciava, levava a bom termo; o que planejava, resultava em bem-estar e florescimento para o país.

Reinava autocraticamente e nenhum dos seus conselheiros chegava a ser verdadeiramente conselheiro. Era ele, como seus antepassados, não somente faraó, como também sumo sacerdote de Ré, sendo que este lhe guiava os pensamentos. Não via nem o ouvia terrenamente, mas era ligado a ele em espírito, havendo inteligência, desmesurada inteligência em tudo o que Ré aconselhava.

E como Amenophis era sábio, compreendia ele as fraudes dos sacerdotes, mas achava melhor deixá-los continuarem com suas maquinações.

Fácil para ele seria romper as teias de mentiras com as quais a casta dos sacerdotes envolvia as verdades originais. Mas depois? Que poderia ele oferecer ao povo como substitutivo? Destituindo ele Amon, quem ele colocaria em seu lugar?

Quando Amenophis era moço, pensava muito nesse assunto, durante as iniciações para sumo sacerdote, quando prestava votos. Não encontrou saída alguma, e Ré, a quem se dirigia confidente, zombava dele.

"Não permitas, Ré, que os sacerdotes te representem na matéria, forjado por mãos humanas, eles que nem em espírito podem reconhecer-te."

"Por que devo reagir?", perguntou Ré em tom de mofa. "Os seres humanos querem ser enganados. Querem ver com seus olhos humanos, querem ouvir com os ouvidos humanos, do contrário não acreditam. Os truques dos sacerdotes são bons e úteis para eles, recebem o que necessitam e merecem."

"E eu, Ré?"

"Tu, Amenophis? Também tu és apenas um ser humano. Contenta-te em poder sentir-me, pois eu te apareço da maneira como tu me podes reconhecer. Olho humano algum, nem o espiritual, é capaz de ver-me assim como realmente sou. Antigamente, sim, quando vós, seres humanos, ainda éreis mais intuitivos, naquela época os escolhidos podiam ver-me. Mas isso já passou, agora não mais me suportaríeis."

"Ré, quem está acima de ti?", perguntara, trêmulo, o faraó, pois o medo o dominava. "Disseste tantas vezes: 'Isso ou aquilo não me é permitido'. Quem é o grande que o proíbe? Quem é teu Senhor?"

"Meu Senhor? Não me perguntes. Sou minha própria lei. Eu me proíbo ou me permito o que fazer."

Com o decorrer dos anos, Amenophis esqueceu tudo na satisfação que encontrava nos progressos terrenos, na alegria da execução dos seus planos. Vangloriava-se de sua sabedoria e de suas obras. Tornara-se poderoso. Para que se preocupar com os sacerdotes que enganavam o povo? Somente quando eliminavam alguém que procurava a Verdade, tornando-se incômodo, então ainda sentia ele algum remorso, mas logo procurava tornar-se insensível também a isso.

"Os seres humanos querem ser enganados", havia dito Ré. E tudo o que Ré dizia confirmava-se. Por que haveria dúvida justamente nesse ponto?

Amenophis mudou então seu nome para Amon-Hotep, que queria dizer: Amon está satisfeito, satisfeito com o servo Amenophis. Amon era o guia de todos os deuses sujeitos ao rei do Sol, que era Ré, portanto, o segundo depois de Ré. Amon dirigia as águas, os ventos, a areia e os seres que trabalhavam incessantemente a terra. Era de cor azul, mas não igual ao azul que os seres humanos pintam, mas um azul transparente, como o céu ou como a água sob os raios solares.

Suas asas localizavam-se na cabeça, motivo pelo qual os sacerdotes pintavam-no com duas penas nela. Era belo e esbelto. Sua esposa era Mut, que possuía cabeça de abutre. O reino dela eram as formas que, invisíveis, rodeavam os seres humanos: o querer que se manifesta no coração humano, os pensamentos e os desejos oriundos das almas.

Tinha ela dois reinos: um luminoso, onde reunia as formas claras, e outro escuro, onde se comprimiam as outras, que eram muito mais numerosas. Pairava em volta dos seres humanos fortificando seus pensamentos, desejos e seu querer, mandando formas para ajudá-los, algumas vezes do reino luminoso, outras vezes do reino das trevas.

Seu poder sobre as almas era grande. O filho de ambos era Chons, o deus da Lua, a quem era consagrado o carneiro. Mostrava-se triste, pois em seu reino ele deveria juntar as almas luminosas, que estavam escasseando cada vez mais. Por isso só raras vezes mostrava à Terra o semblante todo, sendo que geralmente o escondia em parte e, quando estava irritado, ocultava-o todo.

De uma ou de outra maneira, naqueles tempos o nome de Amon estava ligado aos nomes dos faraós. Isso proporcionava sorte e prestígio perante os seres humanos.

Tebas, a capital do reino, florescia durante o reinado de Amon-Hotep. Fora construída às margens do abençoado Nilo de tal maneira, que as inundações e as areias não podiam prejudicá-la. De longe foram trazidas as pedras para os fundamentos. Esse serviço já tinha sido feito séculos antes.

Amon-Hotep mandou construir uma muralha bastante firme em redor de Tebas, suficientemente distanciada para dar lugar ao crescimento; mas não tão afastada, a fim de protegê-la contra as areias do deserto. Até certa altura era feita de pedras naturais, depois continuava com tijolos feitos de areia do deserto misturada com lama do Nilo, e secados ao sol. Mais tarde descobriram que os tijolos ficavam mais firmes quando cozidos ao fogo. Com essas pedras artificiais erigiram a muralha, construíram casas e calçaram ruas e caminhos.

Havia inúmeros portais na muralha, originando-se assim o nome de Tebas, a cidade dos cem portais. Cada portal era artisticamente ornamentado: em uns havia esfinges guardando a passagem, em outros obeliscos esguios, os indicadores para a eternidade; significado que os homens atuais não mais compreendem. Em outros havia imagens das divindades ou os seus símbolos.

No centro da cidade situava-se o gigantesco templo de Amon, começado por Amon-Hotep, mas terminado somente muitos séculos depois. Grandes fileiras de colunas, erigidas com pedras artificiais, suportavam o telhado, também de pedra.

Eram maciças e altas essas colunas, mas estavam dispostas de maneira que deixavam passar luz e incenso para a devoção. Essas colunas, assim como as paredes, eram cobertas de hieróglifos e quadros em honra ao deus Amon e também havia os que elogiavam as obras dos faraós, querendo imortalizá-los com isso.

Ao redor da muralha de Tebas havia um cinturão verde, formado de magníficos jardins e oásis frutíferos. Cada vez que o Nilo transbordava, fertilizava os campos com a riqueza de seu lodo, onde sempre brotava vida nova.

Na corte de Amon-Hotep crescia seu único filho, também chamado Amenophis; para distingui-lo do pai, deram-lhe o apelido de Amenothes. Era um menino impulsivo e inteligente, que tudo queria saber. Pensava que não havia limites para o saber humano, desde que procurasse sempre com afinco.

Era muito jovem ainda, quando compreendeu horrorizado o grande logro que havia no culto praticado pelos sacerdotes. Compreendeu que isso já não era para servir aos deuses, pois essas devoções só serviam para firmar o poder dos sacerdotes, abusando estes dos nomes dos deuses. O que viu, praticado por alguns, o rapaz estendeu a todos. Era ainda inexperiente para distinguir o legítimo do falso. Parecia-lhe agora tudo fraude, enganando grosseiramente as massas confiantes.

E seu pai? Era o sumo sacerdote. Seria como os outros? Desconfiado, o pequeno Amenophis observava todos os atos do pai. O que via era verdade e sabedoria. O que ele via, mas, como seria o estado de sua alma? Dúvidas assoberbavam o rapazinho, até que um dia, desrespeitando as barreiras dos costumes da corte, invadiu o recinto reservado para o retiro do faraó, onde se prostrou a seus pés.

Amon-Hotep assustou-se. Como num espelho ele via nesse menino a reprodução de sua própria adolescência. Será que agora as lutas íntimas pelas quais ele próprio passara repetir-se-iam? Eis que ouve a voz de Ré:

"Não transijas com ele, mostra-lhe toda a severidade, senão criarás um rebelde. Domina-o agora, que ainda é tempo."

As feições do faraó anuviaram-se e ele olhava com severidade para o filho:

— Que desejas tu, meu filho, esquecendo todos os costumes, abordando-me quando estou em colóquio com os deuses?

A resposta fora inesperada:

— Procuro o pai!

— O pai? Não podes encontrá-lo em toda a parte onde te é permitido aproximar-te dele?

— Nesses lugares só encontro a figura e a roupa do pai; agora procuro seu coração, sua alma!

Era tudo tão diferente do que Amon-Hotep esperava, que, de tanta surpresa, esquecera a advertência de Ré.

— E que o filho procura na alma do pai? perguntava ele com tanta bondade, que desapareceu o receio do rapazinho. Este, elevando os olhos claros, respondeu com voz esperançosa:

— A Verdade!

— Procuras, tão jovem ainda, a Verdade; o que restará para tua velhice? assim Amon-Hotep procurava desviar-se do assunto, mas o rapaz não cedeu.

— Pai, tu sabes que todo nosso culto aos deuses é farsa, é truque...

— De onde sabes isso? interrompeu o faraó, bastante assustado. Quem infundiu tais pensamentos em ti?

— Ninguém. Não sei de ninguém que me tivesse dito isso. Mas tenho olhos para enxergar, e vi que os deuses que os sacerdotes fazem aparecer são imagens guardadas em lugares secretos. Constatei que, quando essas estátuas de deuses falam no templo, as vozes pertencem aos sacerdotes, escondidos no interior dessas estátuas. Eu mesmo já penetrei numa dessas estátuas, para ver como são de fato ocas. Descobri as frestas secretas pelas quais os sacerdotes podem espiar para fora e ver o que se passa; ver os sinais que os colegas do lado de fora lhes fazem. Descobri os degraus que saem dessas estátuas e colunas, seguindo para os subterrâneos; descobri...

— Chega, filho, interrompeu Amon-Hotep, profundamente abalado. Isso não esperara. Que idade tinha agora o moço? Catorze incompletos, e já tinha pensamentos próprios; mantinha vida individual no meio do lar tão bem cuidado. Que faziam os preceptores que deveriam mantê-lo ocupado e vigiá-lo?

— Sabes, meu filho, que é perigoso o que acabas de confessar impensadamente, na tua irresponsabilidade juvenil? Se fosse algum outro, teria de mandar matá-lo.

Amenothes sentiu calafrios.

— Matar-me, pai, só porque disse a verdade?

— Matar-te, sim, porque viste a verdade e ousaste emprestar-lhe palavras. Não convém ao ser humano tirar os últimos véus das coisas. A verdade mata. Os seres humanos não a suportam. Olha-te! O que conseguiste? Inquietação e sofrimento.

O rapazinho concordou, enquanto o faraó prosseguiu:

— Duvidas dos sacerdotes que deves considerar como sagrados, desconfias até do próprio pai... Talvez duvides até dos deuses?

Estas últimas palavras foram uma pergunta. Amenothes baixou a cabeça.

— Estou preocupado contigo, meu filho. Realmente, eu deveria mandar matar-te, para que de tua procura pela Verdade não advenha o mal.

— Como pode originar-se desgraça da Verdade? retrucou impaciente o jovem. Amon-Hotep não ligou à réplica e continuou:

— Como és meu único filho, devendo suceder-me como faraó e sumo sacerdote, quero auxiliar-te. Não irás sem resposta. Mas promete-me abandonar todos os pensamentos próprios e acolher bem minhas palavras. Só assim posso esclarecer-te neste assunto que te parece insolúvel.

Começou então a relatar suas próprias dúvidas, a ajuda de Ré e como se acalmou finalmente com os triunfos da vida.

Repetiu diversas vezes a sentença de Ré, de que os seres humanos querem ser enganados. Procurou provar ao filho que era suficiente que os reis e os sacerdotes soubessem o que havia atrás de todo o culto. Os seres humanos precisavam ter algo em que acreditar, algo que pudessem sentir com os próprios sentidos, alguém a quem ofertar sacrifícios.

— Acredita-me, terminou o pai, assim como nós guiamos as pessoas, elas sentem-se mais felizes e satisfeitas do que se soubessem que a divindade está lá nas alturas, aproximando-se raras vezes de algum de nós. O ser humano precisa ter algo em que acreditar com toda a alma, para salvá-lo da loucura e da perdição.

— Mas temos os deuses nos quais acreditamos. Por que não podemos adorá-los sem essa farsa dos sacerdotes?

— Porque restaria muito pouco dos deuses, sem a tal magia, respondeu o pai amargamente. Um deus que não faz milagres não é um deus em que os homens acreditam.

— Pai, então não acreditas nos deuses? perguntou o rapazinho horrorizado. Não vês os deuses, como costumavas dizer?

— Certamente os vejo, rapaz, mas não creio neles. São impotentes como nós. Não creio nos deuses, creio naquele deus que é Ré!

O recinto fora inundado por uma claridade incômoda, fazendo com que o rapaz fechasse os olhos, ofuscado. Havia como que uma gargalhada de mofa no ar, que fez o rapaz estremecer.

— Por que crês em Ré? Não é um deus como os outros?

— Não, está acima dos outros. É o único onde se encontra toda a sabedoria e toda a luz do intelecto. Quando ele nos guia, não erramos. Seguindo seu conselho, torno o povo feliz. Futuramente todo o meu esforço será no sentido de abrir tua alma e guiar-te em direção a ele, para que sejas de verdade meu sucessor. Deves aprender a sentir Ré, compreendê-lo, então todas as dúvidas desvanecer-se-ão.

O pai falou com bondade, mas parecia que cada palavra distanciava mais e mais os seus corações. Quando ia ao magnífico templo de Ré, situado no outro lado do Nilo, Amenothes tremia ao entrar nele.

Os anos passavam, e aproximava-se o tempo em que o filho do faraó deveria ser iniciado nos sagrados mistérios. O pai protelou o início tanto quanto possível, pois bem sabia que não apagara as dúvidas na alma do moço. Agora certamente iriam manifestar-se com toda a força. Inquietações por causa do filho enchiam o coração de Amon-Hotep. Maior ainda era a inquietação de Amenothes, o que fazia com que procurasse os pontos mais afastados dos grandes jardins.

Num certo dia, quando os pensamentos em ebulição tomaram conta dele, jogou-se sobre a relva escondendo o rosto em brasa na refrescante folhagem, rogando do âmago de sua alma:

"Tu que estás acima de nós, Deus estranho e misterioso, a quem pressinto, mas de quem nada sei, ajuda-me na minha dificuldade."

Como se as palavras, proferidas em sua angústia de alma, já por si tivessem a força suficiente para acalmar a tempestade em seu íntimo, a paz estabeleceu-se ao redor dele e em seu interior. Parecia-lhe como se uma mão deslizasse suavemente sobre sua cabeça, depois sentiu que lhe pegavam a própria mão, e então elevou o olhar. A seu lado estava um ser luminoso, como nunca havia visto, envolto numa vestimenta branca que chegava até os pés, emitindo uma luminosidade.

"Amenothes", ouvia ele dizer, "segue-me".

Era esquisito; seu corpo continuou deitado, entretanto ele, Amenothes, seguia essa figura estranha. Como explicar isso? Seguiria sua alma sem o corpo, acompanhando o guia? Assim deveria ser. O jovem abandonou-se confiante à direção do guia, e pouco depois se encontrava num recinto vivamente iluminado, diferente dos templos que conhecia. Havia no centro um altar, onde se elevava uma chama.

"Adoração!", jubilava a alma de Amenothes, enquanto soavam vozes:

"Santo, santo, santo é somente Deus, o Eterno!"

A alma do futuro faraó olhava interrogativamente para seu guia, enquanto uma paz profunda tomava posse dele. De novo as vozes maravilhosas soaram:

"Deus é invisível. Não mora em templos feitos por mãos humanas. É o único, é a eterna Verdade e é imutável. Só a Ele devem ser dirigidos gratidão e louvor por toda a eternidade!"

Silenciosamente a alma e o guia deslizaram para fora do recinto, e Amenothes se encontrava de novo no jardim, dando um profundo suspiro. O ente luminoso estava a seu lado.

"Agora eu sei que há um Deus", jubilava o moço. "Graças a ti, guia bondoso, que me deixaste experimentar esse acontecimento. Quem és tu? Queres me contar mais ainda de Deus?"

"Eu sou um enviado de Deus para ajudar-te. Tu foste escolhido para levar a teu povo o saber do Deus-Único. Foi-me permitido proporcionar-te auxílio e ser teu guia. Toda a vez que ansiares do fundo da alma por Deus, podes chamar-me que eu estarei junto de ti."

A aparição desvaneceu-se.

Ainda tomado pela emoção provocada pelo que havia visto, Amenothes entrou no palácio real. Encontrou-se com um servo que estava a sua procura. O faraó desejava falar-lhe. Quando Amenothes entrou na sala de recepção do rei, encontrou lá um dos sacerdotes mais antigos, em atitude humilde, esperando as ordens do soberano.

— Amenophis, meu filho! Amon-Hotep dirigiu-lhe a palavra. O filho, sendo chamado pelo nome oficial, em vez do apelido de infância, logo notou tratar-se de algo importante. Amenophis, chegou a época em que deves ser iniciado nos mistérios que compõem o nosso sagrado culto. Determinei que ainda hoje acompanhes Hapu, o sacerdote de Ré, ao grande templo, para passar lá o tempo de preparação em oração e vigílias. Eu mesmo te ensinei até hoje; vais, pois, bem preparado para a nova escola.

O pai falou com muita pressa, como se não quisesse deixar tempo ao filho para responder. Mas a alma deste estava ocupada com aquilo que tinha vivenciado, e as palavras do pai mal o tocaram. Mecanicamente respondeu:

— Será feito como meu pai, o faraó, mandar.

Já se virava para ir. Amon-Hotep suspirou. Essa solicitude não esperava. Queria dizer ainda alguma palavra amável ao filho. Dirigiu-se novamente a este, fazendo um sinal ao sacerdote para se retirar.

— Muita coisa parecer-te-á difícil, meu filho. Reaparecerão antigas dúvidas e perguntas mal dominadas. Lembra-te então do que te disse. Procura abrir o coração e a alma a Ré. Tu o sentirás, deves senti-lo, deves entrar em contato com ele.

Surgiu no moço um pensamento repentino. Será que já tinha visto Ré? O ente da aparição celeste que se oferecera como guia, era ele talvez Ré? perguntou então com voz jubilosa:

— Pai, que aparência tem Ré? É jovem e belo? Veste uma roupa comprida e branca? Fala com voz suave e sonora?

Amon-Hotep fitou admirado o filho transformado. Será que Ré finalmente tomara posse da alma do jovem?

— Onde o viste e onde falaste com ele? perguntou, sem responder às perguntas do filho.

Amenothes, feliz, já queria contar tudo, quando percebeu que uma mão delicada, porém firme, lhe fechava a boca. Deveria, pois, tomar cuidado.

— Parece-me que, no jardim, estive em comunicação com ele. Irei de boa vontade a seu templo, para conhecê-lo ainda melhor.

— Então vai, e que Ré esteja contigo e te ilumine, para encontrares a verdadeira sabedoria.

Passaram-se alguns dias. Amenophis, como era chamado agora, estava de vigília no templo de Ré. Ainda há pouco examinara os incensórios, para ver se estavam cheios de óleo e incenso, e agora se prostrava nos degraus diante do altar, para orar.

No entanto, em vez de proferir as orações prescritas e decoradas, pedindo a Ré inspiração e sabedoria, ele deixou-se enlevar com as palavras seguintes:

"Deus poderoso e único, deixa-me saber se Tu és Ré ou algum outro!"

Houve profundo silêncio! A alma do moço tornou-se apreensiva. Onde estava o guia prometido? Novamente lhe brotavam dos lábios palavras provindas do fundo da alma:

"Deus, que és o único sagrado, eu sei que estás acima de todos, acima de Ré. Envia-me auxílio para que eu possa aprender a reconhecer-te."

O medo passou, dando lugar à paz: o guia apresentou-se diante do jovem.

"Quem és?", perguntou este, ainda um tanto tímido.

"Sou um enviado do Altíssimo, e vim para auxiliar-te", respondeu o anjo, usando quase as mesmas palavras que na primeira aparição. "Amenophis, é sincera a tua vontade? Queres deveras reconhecer o único e verdadeiro Deus?"

O jovem confirmou com alegria.

"Sendo assim, posso procurar-te em cada uma das tuas vigílias noturnas para ensinar-te. Começaremos hoje mesmo. Antes, contudo, saibas que não estás pela primeira vez nesta Terra.

Aquele povo onde estiveste encarnado outrora sabia de Deus, o único, eterno e todo-poderoso. Esse saber está latente em ti, só precisas despertá-lo. Foste escolhido para levar ao povo egípcio a notícia de Deus e para aproximá-lo de Deus. Por isso te assaltaram as dúvidas já na infância, e os teus olhos foram abertos para reconhecer as falsidades de vossos sacerdotes."

Amenophis ouvia emocionado. Depois o anjo falou de Deus e cada palavra calava fundo, como um grão de semente na alma bem preparada do jovem, encontrando ressonância que lhe produzia alegria inefável. Era curta a noite.

Ré observava de longe e meneava negativamente a cabeça. Será que lhe queriam tirar seu povo?

Todas as noites vinha o anjo. Durante o dia Amenophis estava disposto como nunca, como se não lhe fizesse falta o sono perdido. Os sacerdotes, admirados, respondendo às perguntas do faraó, haviam lhe dado conta da transformação do jovem.

— Poderemos, então, abreviar o tempo de preparação, ponderou Amon-Hotep. Ele terá maturidade suficiente para penetrar e compreender os mistérios.

Amenophis foi então transferido para outra seção do grande templo e podia, escondido num pilar, assistir a uma solenidade. O que então via não lhe era mais novidade, mas fora tomado novamente de repugnância por tanta mentira intencional e tamanha fraude praticada contra almas infantis.

De noite agora podia dormir, mas desprezava procurar a cama. Logo que o sacerdote o abandonava, ele se aprofundava na oração, e muitas vezes, mesmo antes de terminar, o guia já se encontrava junto dele. Queixava-se então por ter agora de passar por todas essas iniciações.

Por sua vez, diria imediatamente aos sacerdotes que já lhes reconhecera as falcatruas e que não se conformava com o prosseguimento dos embustes para com o povo.

"Quem és tu, para determinares algo sobre o povo? Enquanto teu pai estiver vivo, é ele o faraó. Domina tua impaciência, com a qual podes pôr tudo a perder. Ainda não é chegado o tempo de falar ao povo sobre Deus. Primeiro deves permitir o término de tua iniciação, para que ninguém possa dizer: 'Desconheces o que condenas'. Somente quando fores faraó e sumo sacerdote, poderás, aos poucos, levar ao povo a nova Verdade. A espera e o lento progresso serão para ti o mais difícil."

Em outra ocasião, Amenophis perguntou a seu guia:

"Podes dizer-me quem é Ré?"

"Ainda és muito jovem para tal conhecimento. Quando for oportuno, sabê-lo-ás. Tem calma."

Um terrível dia, então, surgiu para Amenophis. Os sacerdotes, sem restrições, tinham-no como um dos seus, porque notavam que estavam a descoberto perante o jovem. Como, porém, Amenophis nada empreendesse contra eles, deixavam cair, cada vez mais, a máscara da hipocrisia em sua presença. Compartilhava com eles agora as refeições, porém isto lhe causava asco. Entretanto, seu guia assim lhe aconselhara, para que se inteirasse de todas as facetas dos sacerdotes.

À mesa, então, haviam comentado sobre um sacerdote que durante vinte anos vinha prestando serviços no templo de Amon e de um momento para outro se negava a continuar nesse mister. Perguntado sobre os motivos da desistência, alegou que a mentira o enojava e que não conseguia mais dela participar. Horror sobreveio a este relato, as falas entrecruzaram-se desordenadamente. Da confusão, Amenophis concluiu que os sacerdotes temiam que o apóstata fosse causar-lhes a ruína, ao deixar o sacerdócio.

— Como poderemos obrigá-lo a silenciar, suspirou Hapu.

— Pretendeis prendê-lo contra sua vontade no templo? perguntou Amenophis inocentemente. Um sorriso vago e feio deslizou pelas bem nutridas faces dos sacerdotes.

— Também há outros meios, príncipe, para fazer calar uma língua.

O moço lembrou-se das palavras do pai: A verdade mata! Levantou-se horrorizado:

— Quereis assassiná-lo?

— Não, príncipe Amenophis, falou rindo Hapu, não queremos assassiná-lo. Quem usaria uma palavra tão feia? Apenas queremos impedir que anuncie o que queremos conservar em segredo. É um homem velho. Abandonando as ocupações costumeiras no templo, ele acabará envelhecendo de uma vez, e os deuses chamarão seu servo para que regresse à pátria. Acredita-me, príncipe, será um benefício para ele o que lhe proporcionaremos.

Tomado de um calafrio, o jovem mal podia engolir o que tinha na boca. Não poderia ficar aqui entre esses homens desumanos. Queria fugir, mas uma mão tocou-o de leve, fazendo-o sentar-se de novo, e intimamente ouvia baixinho as palavras:

"Por que esse arrebatamento? Com impaciência estragar-se-á tudo!"

Amenophis ficou e dominou-se para continuar ouvindo as conversas dos sacerdotes, sem manifestar suas emoções.

As cerimônias de consagração realizaram-se, e Amenophis voltou depois ao palácio dos faraós. Seu guia aconselhara-o a pedir ao pai, na primeira ocasião, que lhe desse permissão para viajar com a finalidade de conhecer o país.

Essa ocasião logo se apresentou. Amon-Hotep compreendeu muito bem o sacrifício por que passara o filho nas iniciações. Queria proporcionar-lhe a possibilidade de acalmar a inquietação íntima. Por isso perguntou:

— Que pensas a respeito de tua vida no futuro próximo? Queres ter alegres festas para compensar a monotonia dos últimos meses?

— Permite que eu vá conhecer o nosso reino, pediu o filho. Quero ver como é constituído, ver o que lhe falta, sentir como são os homens em outras paragens do Egito.

O pedido agradou ao pai, que até gostaria de acompanhar o filho. Escolheu homens de toda a confiança, servos fiéis, para acompanhar o jovem príncipe, deixando-o então partir e recomendando-o à proteção de Ré.

Enquanto isso, ele próprio tinha muito que fazer. Mandava erigir obras que eram como marcos na estrada de sua longa vida. Para isso contratou muitos artistas. Um deles propôs que Amon-Hotep mandasse erigir uma estátua representando ele mesmo. Deveria ser transmitida à posteridade a imagem fiel de um monarca tão sábio.

O faraó sentiu-se lisonjeado com esse pensamento. Estátuas dos deuses já havia em profusão, dentro e em redor de Tebas, nos templos e ao ar livre. Por que não deveria ser ele também eternizado?

Depois de longas deliberações, ficou resolvido que seria erigida perto de Tebas, à margem do Nilo, uma gigantesca estátua representando Amon-Hotep sentado no trono.

Deveria constituir um símbolo de Tebas; portanto, tinha de ser de proporções enormes e visível a longa distância. Foram encarregados dois artistas, mas será que entenderam mal o faraó ou foi iniciativa própria? Não fizeram um, mas sim dois monumentos, um em frente do outro. Ambos eram artisticamente perfeitos, de modo que o faraó não pôde se resolver a destruir um deles. Então que os dois monumentos testemunhassem a respeito do grande sábio, o sumo sacerdote e amigo de Ré. Logo após estarem terminados os monumentos, Amenophis voltava de sua viagem. Transformou-se em homem nesses quase três anos. Ficou belo, alto e forte. O mais belo eram os seus olhos radiantes, abaixo duma testa larga.

Tratava o pai com respeito e procurava fazer-lhe todas as vontades. Também cedeu logo quando o pai desejou que se casasse com uma princesa da Babilônia, que pareceu ao pai mais apropriada do que a nobre moça egípcia que Amenophis escolhera em segredo. Sua vida parecia-lhe como uma espera pelo tempo em que pudesse dar testemunho acerca de Deus, livre e publicamente.

O pai logo notou a transformação do filho, e cuidadosamente procurou saber a causa dessa mudança. Amenophis então não se conteve mais. Começou a contar a respeito de Deus, o Todo-Poderoso, e o pai escutava com muito interesse.

Amenophis não esperava isso. Feliz, ele encontrava sempre novas palavras para infundir na alma do outro o seu novo saber. Penetrou de fato, e ainda na última hora o grande e sábio faraó apercebeu-se de que sua sabedoria e inteligência pertencera só a este mundo. Diversas vezes exclamou:

— Ai de mim, ai de nosso país, pois não reconheci a tempo a verdadeira face de Ré.

Foi então que começou a mostrar ao filho a maneira de ensinar o povo. Não deveria aparecer de súbito com sua nova doutrina, senão os sacerdotes saberiam liquidá-lo, mesmo antes de ter dado um começo real a sua grandiosa missão. Deveria, sim, tomar como ponto de partida coisas já aceitas, conhecidas, infundindo aos poucos as novidades nas concepções tradicionais.

— Isso demoraria demasiadamente, respondeu em voz alta Amenophis.

— Meu filho, acredita-me que nada de grande se consegue com impaciência!

— Falas como meu guia, portanto, ambos deveis ter razão.

Foi a última conversa entre pai e filho. Na manhã seguinte, os raios solares atingiram singularmente escaldantes os dois monumentos à margem do Nilo, nos quais ainda restava o orvalho frio da noite. Um deles partiu-se, não totalmente, mas ficou uma fenda esquisita que passava pela cabeça, no lugar do cérebro, e pelo corpo, no lugar do coração.

— Ré está irado, exclamaram os sacerdotes.

Quando quiseram transmitir a notícia ao faraó, encontraram-no dormindo em seu leito, com a mão sobre o coração. Foi dormindo que deixou esta vida. O semblante demonstrava pura paz, e Amenophis ficou satisfeito por ter podido levar-lhe o saber acerca de Deus.

Duraram meses as comemorações fúnebres de Amon-Hotep, o sábio. Com grande pompa fora embalsamado o cadáver e depois colocado na câmara dos mortos na pirâmide.

O luto do povo era profundo e sincero. Reverenciavam-no e admiravam-no, pois tinham sido felizes sob seu cetro.

Os sacerdotes faziam todo o possível para prolongar o tempo de luto. Sabiam que o novo faraó não agiria enquanto preponderassem pensamentos a respeito do morto. Eles temiam este "novo". Quem poderia afirmar ser seu confidente? Quem sabia o que ele pensava e pretendia fazer? Não era nenhum tolo, isso já sentiram quando o tinham à mesa, nas refeições, mas agora parecia isolado do mundo.

Talvez só fosse necessário um golpe rápido para conseguir tê-lo na mão, dispondo assim também da direção suprema do Egito, influência essa tão desejada, mas perdida sob o reinado de Amon-Hotep. Agora queriam mais do que uma paciente condescendência.

No dia em que foi fechada a pirâmide, apareceu Hapu na presença de Amenophis, e este, cônscio do alcance da conferência, pediu a seu guia para estar presente.

Era uma esquisita mistura de servilismo e presunção com que o sacerdote se apresentou ao faraó. Quase parecia como se ele, Hapu, ainda visse no faraó o adepto a quem quisesse confiar benevolamente a dignidade da soberania.

Depois de feitas as cerimônias de introdução e proferidas as palavras de praxe, vazias, Hapu começou:

— Nobre faraó, tu que tomaste conta da investidura herdada de teus antepassados, adquiriste também o poder máximo que teu pai te legou: obtiveste ligação com Ré?

Por alguns momentos houve silêncio. Se fosse segundo sua própria vontade, Amenophis teria respondido imediatamente que em absoluto não pensava deixar-se guiar por Ré. Sabia, porém, que seu guia queria de outro modo e, enquanto este falava, Amenophis silenciava. Depois se aprumou e respondeu:

— Não sabes, Hapu, que a lei máxima dos iniciados é guardar segredo? Como poderia falar acerca do que se passa entre Ré e mim? Nas minhas obras reconhecereis quem me aconselha. Se não contasse com o conselho e a ajuda de Deus, nunca ousaria tomar conta da minha alta investidura.

Propositalmente não disse "do deus", mas isso o sacerdote nem notou, pasmado como estava a respeito da resposta. Esperava outra coisa. Pois então o novo faraó tinha mesmo ligação com Ré. Isso poderia destruir todos os arrojados planos da casta dos sacerdotes. Era preciso proceder de outro modo, e começou de novo:

— Ó faraó, queira desculpar ter esquecido que já não és mais meu discípulo, pois fui levado a isso por minha grande preocupação pelo país, cujo bem-estar se encontra em parte também em minhas mãos. Mas é preciso perguntar ainda outra coisa: pensas tu, ó faraó, em convocar um grupo de conselheiros, conforme o antigo costume dos soberanos, para que o ajude nos pesados encargos de governar, mas que também compartilhe das grandes responsabilidades, fazendo com que o alto cargo de faraó te seja menos insuportável? Quando pretendes nomear esse grupo de conselheiros?

De novo houve silêncio. Considerando o temperamento de seu antigo aluno, parecia estranha essa hesitação antes de dar uma resposta. Qual seria a causa disso?

Agora, porém, falava Amenophis, com palavras claras e serenas:

— Pretendo proceder neste ponto como meu honorável pai. Vós todos me asseverastes, em todas as ocasiões, que ele foi o faraó mais sábio, o melhor e maior de todos os que o Egito já teve. Por que hei de retroceder a costumes antigos, que meu pai já abandonara? Como ele, assim pretendo também eu assumir sozinho o governo e a responsabilidade, mas sob a direção de Deus!

O faraó inclinou-se benevolentemente e fez o sinal de despedida. Hapu tinha de retirar-se, ainda mais que já se aproximavam os lacaios para acompanhá-lo para fora.

Foi uma conferência agitada a que se realizou nos salões dos sacerdotes no templo de Amon. Ninguém sabia o que pensar a respeito da audiência. Todos, porém, sentiam que o "novo" era homem de dotes espirituais superiores. Com ele não se podia facilitar. Por enquanto era preciso esperar, mas com atenções dobradas. Não se podia desprezar a mínima vantagem, nem deixar de aproveitar qualquer fraqueza de Amenophis.

— Experimenta tu, Hapu, comunicar-te com Ré, para sabermos o que é que se passa com o faraó, aconselhou um dos sacerdotes.

Hapu hesitava. Depois disse:

— Tu não sabes quantas vezes experimentamos isso outrora. Ré não condescendia em falar conosco, e o faraó sempre notava e se zangava.

— Isso foi outrora, respondeu sorridente o sacerdote. Estou convicto de que Ré gosta mais de lidar com um dos nossos do que com essa jovem cabeça exaltada, pois sabemos muito bem que ele olha com desprezo sobre os deuses.

— É pena que não foste tu quem falou com ele, suspirou Hapu. Não imaginas a altivez demonstrada, e a reverência que traspassava suas palavras, quando me assegurou que esperava conselho e auxílio do deus.

Os sacerdotes riram-se. Hapu, velho e experimentado, ainda acreditava em reverência. O moço parecia um comediante hábil, e onde aprendera essa arte se não com eles, os sacerdotes? Se fosse autoritário e colérico, isso poderia tornar-se perigoso, mas crédulo? Isso não seria sincero e não duraria.

Com exceção de Hapu, todos os outros acreditavam no sucesso de seus planos audaciosos.

Enquanto isso se passava, Amenophis imperceptivelmente tomava posse do governo. O reino todo, em todas as suas ramificações, era dirigido com tanta firmeza, como se fosse ainda no tempo de Amon-Hotep. O faraó, porém, sofria. Gostaria de desfazer-se da dignidade de faraó e, tornando-se homem do povo, difundir o saber a respeito do verdadeiro Deus. Nisso, porém, seu guia não queria concordar.

"Deves esperar até que o povo acredite e confie em ti, então poderás usar toda a influência de que dispões como soberano. O respeito por teu poder servirá de alicerce às tuas palavras. Deixando, porém, de ser faraó, rir-se-iam de ti. Em vez de cumprires tua missão, esta ficaria em perigo, provavelmente até impossibilitada."

Amenophis compreendeu a sabedoria contida nessas palavras e dominou a impaciência, sua vontade de agir. Deveria, pois, esperar até que seu guia julgasse o tempo oportuno.

Um outro, porém, não queria esperar, e este era Ré. Quando notou que Amenophis ficara ligado cada vez mais intimamente a seu guia, que esse jovem faraó nem pensava em governar sem a ligação com Deus, então Ré passou a meditar em como poderia dar o golpe decisivo a fim de ter o país firmemente em suas mãos.

Deveria para isso se assegurar dos sacerdotes, o que seria fácil. Sentir-se-iam extremamente lisonjeados se Ré, o tão cortejado e sempre inacessível, entrasse em comunicação com eles, agora. Aproximou-se de Hapu, que, entregue como estava a pensamentos desolados sobre o futuro, estava disposto a aceitar tudo que pudesse consolá-lo. E Ré falou-lhe.

Hapu sentiu-se perpassado como que por um relâmpago, ele que tantas vezes simulava ouvir os deuses, nascendo as palavras de seu próprio íntimo, provindas de seus desejos e planos, ou mesmo inventadas com astúcia e esperteza. Mas agora era diferente, Hapu ouvia palavras em sua alma, que não provinham dele mesmo. Ré falava:

"Amon-Hotep foi às paragens das eternas alegrias, e o Egito se tornou órfão. O moço que julga ser faraó ainda precisa aprender a temer os deuses, antes que possa governar. Por isso eu quero revelar-me a ti, ó Hapu, como o mais antigo e sábio de todos os sacerdotes. Presta bem atenção às minhas palavras: obedecendo-me fiel e imediatamente, cada vez que te transmito minha vontade, tomarás conta do governo do país, e, se não for possível de outro modo, sê-lo-á à força. Em primeiro lugar deves convencer o povo de que Amenophis está afastado dos deuses. Para isso haverá boa ocasião. Quando Chons voltar a dirigir sua face à Terra, deverão ser realizadas as grandes solenidades em memória do falecido faraó. Amenophis é sumo sacerdote, mas recusará desincumbir-se do ofício. Provavelmente dirá que, como filho, não é suficientemente imparcial. Então deves tomar o lugar dele e simular que entendeste que ele te cedeu a honra de sumo sacerdote para sempre. Talvez fique irritado no começo, mas sentir-se-á certamente aliviado, pois eu sei como ele sofre com esse encargo. Nessa altura já seria fácil induzir o povo para que afaste o faraó. Jamais faraó algum deixou de ser simultaneamente sumo sacerdote."

Ré terminou e Hapu permaneceu só, aturdido. Parecia tudo tão simples; como é que ele mesmo não tivera essa idéia?

À noite reuniu os sacerdotes mais antigos e comunicou-lhes o que Ré exigira. O júbilo era grande porque o deus se pusera em comunicação com eles. Portanto, estava contra Amenophis. Assim não seria difícil afastar esse soberano.

Durante a noite, o guia luminoso convenceu o faraó de que deveria presidir a solenidade comemorativa, fossem quais fossem as circunstâncias. Demorou muito até que Amenophis compreendesse a sabedoria do conselho, pois julgava ser erro oficiar como sacerdote, enquanto sua alma detestava este culto.

Quando, porém, se convenceu de que era apenas uma boa alternativa para não deixar escapar as rédeas do governo, compreendendo que ele não desonrava a Deus ao oferecer obrigatoriamente sacrifícios aos deuses, então resolveu adiantar-se a Hapu.

Na manhã seguinte mandou chamar os sacerdotes mais antigos, aos quais lembrou de que era tempo de pensar nas solenidades. Aproximava-se a fase da lua cheia. Caberia a eles providenciar tudo que fosse necessário, pois ele mesmo cumpriria suas obrigações como sumo sacerdote.

Por todos os lados via faces pálidas, perturbadas, e quase não pôde esconder um sorriso. Hapu então esforçou-se para falar. Disse que bem sabia como seria difícil ao filho oficiar nas solenidades em memória do pai. Ele, Hapu, iria substituí-lo, tendo em vista os sentimentos filiais do faraó.

Amenophis agradeceu, declinando amavelmente a oferta.

— Não é costume no Egito que o faraó recuse oficiar como sumo sacerdote, seja qual for o pretexto. A melhor maneira de eu honrar a memória de Amon-Hotep será justamente oficiar esta solenidade, pela primeira vez como sumo sacerdote.

Assim ficou estabelecido. Amenophis tratou das suas funções com dignidade e altivez. Apesar do grande desejo dos sacerdotes de poderem indicar alguma falta, toda a sua vigilância permaneceu infrutífera.

Ré zangou-se.

"Sois tolos! Deveríeis ter-vos adiantado a ele com o pensamento da solenidade, antes que ele tivesse tido tempo para meditar sobre o assunto."

Ré bem sabia quem aconselhara o faraó, mas não queria que os sacerdotes o soubessem.

Estes, porém, não descansavam nem de dia, nem de noite, para se reconciliarem com Ré, fazendo tudo para desprestigiar Amenophis aos olhos do povo. Certa vez Hapu apareceu profundamente abalado perante o faraó.

— Nobre faraó, começou ele perturbado, aconteceu algo horrível. Ré está irritado com o povo egípcio! Quando seus raios atingem o monumento de Amon-Hotep, a pedra começa a se lamentar. Isso nunca aconteceu desde que existe o Egito. O faraó morto está lastimando seu povo!

Quase que o gordo Hapu também começava a chorar, tão emocionado que estava pelas próprias palavras, as quais tanto lhe custara inventar. O resultado na pessoa do faraó, porém, foi muito diferente do que esperava. Com um sorriso nos lábios, Amenophis falou:

— Acalma-te, Hapu, o faraó não está na pedra. Tu mesmo me asseguraste que ele está nas paragens das eternas alegrias. Acredito em ti. A pedra, porém, é morta. Há poucos dias, eu mesmo ouvi os sons que o vento matinal produz quando passa pelas duas fendas do monumento. Amanhã poderás acompanhar-me, quando eu for lá para fazer minha oração. Então saberás que tua alma foi assustada por um ignorante.

Também esse plano de perturbação da ordem fora desfeito. O faraó providenciou para que a história da pedra soante fosse interpretada de modo certo pelo povo. Este chegava em massa de manhã para ouvir o milagre, mas somente quando soprava o vento é que surgiam as lamentações originadas pelas pedras.

Fora disso, não havia som algum, mesmo se os raios de Ré caíssem queimando sobre as pedras.

Já se haviam passado dez anos desde que Amenophis tomara conta do legado do pai. O que são dez anos na imensidade do tempo? Para a impaciência do faraó, porém, pareciam um tempo infindável.

Dez anos, valioso e insubstituível tempo e, assim lhe parecia, nada feito para aproximá-lo da realização de sua missão.

No entanto, muitas coisas se haviam modificado no Egito, imperceptivelmente. O povo que venerava seu pai agora amava o novo faraó. Sentia-se muito unido com ele. Não havia assunto pequeno demais; para tudo tinha ouvidos, uma mão auxiliadora e um coração que compreendia.

Do exterior o reino estava fortemente defendido, e nenhum inimigo ousaria atacá-lo. No interior parecia unido, mas o faraó sabia que os sacerdotes, mais do que nunca, eram seus inimigos e que muito dariam para diminuir-lhe a influência junto ao povo.

Quando Amenophis, seguindo a vontade do pai, anos atrás, desposara a princesa da Babilônia, sabia que deveria desistir para sempre da felicidade terrena. Os cônjuges enfrentavam-se como estranhos, com frieza, e eram demasiadamente diferentes em todas as suas concepções.

A rainha satisfazia-se no luxo da vida na corte. Não acreditava nos deuses, nem nos da sua pátria de origem, nem naqueles cujo culto encontrou no Egito. O faraó não ousava falar-lhe do Deus-Único. Estava certo de que ela iria traí-lo aos sacerdotes, para assim conseguir mais poder sobre ele.

Ela não o amava, mas era-lhe difícil vê-lo a seu lado tão indiferente. Nunca conseguira destruir-lhe a serenidade, a ele que, em outras ocasiões, costumava ser tão rápido e impaciente nas resoluções e que só a muito custo se dominava.

Ele, porém, a compreendia completamente e tinha dó de seu mesquinho pensar. Isso lhe tornava fácil suportá-la.

Até agora lhe fora negado um filho e herdeiro. Um pouco antes nascera uma terceira filha, dando pouca satisfação ao pai, e sendo incômoda à mãe. Pouco ela se importava com as crianças que sabia estarem em boas mãos com as governantas. Quando alguma vez tinha vontade de mostrar-se em público com uma das filhas, então escolhia a segunda, chamada Amenema, que prometia tornar-se totalmente a sua imagem. Não tinha compreensão pela graça da mais velha, a princesa Nofretete, de quase dez anos, que por sua vez a evitava. Em compensação essa menina se ligava mais e mais ao pai, que de início permitia essa confiança infantil somente porque não costumava contrariar as emoções das almas de seus semelhantes. Com o tempo, porém, ficava cada vez mais ligado com essa menina, que se parecia com ele, tanto física como animicamente.

O faraó, agora, já privava com ela como se fosse uma pessoa adulta. Muitos assuntos que mais o interessavam podia partilhar com ela. Antes de tudo, porém, já começara a mostrar-lhe o único e verdadeiro Deus. Era grande sua alegria quando notava que toda palavra sua encontrava ressonância na alma de sua querida. Nofretete florescia na Luz que nela caía, provinda das alturas. O faraó notara que também à filha fora destacado um guia, à cuja influência ela se abria docilmente.

O sol brilhava através das coroas das delgadas palmeiras, caindo dentro dos cálices bem abertos das flores que eram a alegria de Nofretete. Também hoje estava ela, com os dedos unidos como numa prece, diante de uma porção de flores grandes, vermelhas, que, no meio da folhagem, formavam em seu conjunto os traços do nome de seu pai. Os jardineiros demonstraram muita habilidade nesse serviço.

O pai se aproximava, quando Nofretete, ao se virar, perguntou confidente:

— Estás contente com isso?

— Com que deveria estar contente, filha? perguntou Amenophis. Sorriu, vendo tanta seriedade nas feições da menina.

— Os jardineiros arranjaram-te um monumento com o material mais belo que há na Terra.

— Oh! filha, para que me serve um monumento, seja em flores ou em pedras, respondeu o pai quase triste. Nem mereço ser lembrado, antes de começar a missão de que Deus me incumbiu.

— Pai, não fiques triste. Continuando reservado, obedeces a teu guia e assim deve estar certo. Paizinho, em vez de continuares triste, faze antes alguma coisa que te deixe alegre!

— O que é que poderia deixar-me alegre? falou cansado, pois já havia esperado tanto tempo.

— Não gostaria de começar a construir o templo de Deus? Além de nós dois, ninguém precisará saber que será um templo dedicado a Deus e não aos deuses.

— Oh! menina! Este pensamento veio a ti, como uma dádiva das alturas! exclamou Amenophis jubiloso.

Imediatamente começaram a fazer planos. O faraó tinha agora algo que lhe tomasse todo o interesse da alma. A consciência de servir a Deus com alguma coisa elevava-lhe o íntimo acima de todas as dificuldades cotidianas.

Convocou construtores e artistas que deveriam planejar a forma do templo e o embelezamento do interior, mas sempre recusava os planos que traziam. Tudo lembrava o culto dos deuses, e era justamente isso que queria evitar.

Foi então que uma noite se lembrou do templo que havia visto outrora lá nas alturas. Assim, bem assim deveria ficar o templo de Deus, na Terra. Fez ao construtor uma descrição tão viva, que este pôde facilmente aprontar um desenho do mesmo. Tratava-se agora de encontrar o terreno para a construção.

Não deveria ser erigido em Tebas, pois esta parecia ao faraó muito profana pela adoração aos falsos deuses. Eis que numa viagem passou por El Amarna, localidade esta que sonhava inocente debaixo de palmeiras, como se tivesse saído naquele instante das mãos do Criador. Esse era o lugar certo para adoração a Deus!

Já no dia seguinte voltou para lá com Nofretete. Examinaram o oásis e encontraram um espaço que parecia especialmente criado para o construção de um templo. Num largo círculo havia palmeiras antigas e uma fonte borbulhante, havendo solo rochoso no local da construção.

O faraó, então, comunicou a todos que ia construir um templo, cuja magnificência suplantaria tudo o que se havia visto antes. Imediatamente apareceram os sacerdotes que queriam saber a que divindade seria dedicado o templo, pois tinham de zelar para que nenhuma fosse preterida.

— Construo o templo para cumprir uma promessa minha. As despesas serão cobertas com meus próprios meios e isso vos exime certamente da fiscalização. Além disso, sou eu o sumo sacerdote e tenho a responsabilidade perante os deuses, respondeu Amenophis altivamente. Sabia, porém, que com isso ainda não tinha liquidado o assunto.

Durante toda a noite meditou sobre o que iria responder quando os sacerdotes voltassem ao assunto. Não encontrou resposta.

Na manhã seguinte apareceu Nofretete e contou-lhe:

— A mãe perguntou-me a quem dedicarás o templo, meu pai.

— E o que foi que minha filha respondeu? perguntou Amenophis.

— Sim, pai, isso não foi fácil. Não queria mentir, mas dizer a verdade seria pior ainda. Foi então que meu guia ajudou-me: "Dize que será um templo do sol, assim não mentes". Foi o que respondi, terminou a jovem.

— Um templo do sol, pensou Amenophis. Não é Ré o deus do sol? Então seria um templo de Ré!

— Não, pai. Esqueces que Ré apenas arrogou a si o domínio sobre Aton, o sol. Meu guia muitas vezes me contou. Aton é o brilho que o Deus-Único espalha, visível e perceptivelmente sobre a Terra. Construindo o templo em louvor a Aton, o mesmo será assim consagrado a Deus, o único, eterno e verdadeiro.

— Filha, este é o caminho pelo qual posso aproximar meu povo de Deus. Por intermédio de Aton é que deverão tornar-se fiéis. A tua inocência descobriu o que me era difícil encontrar. Abençoada sejas tu, terminou emocionado o faraó.

Durante três dias e três noites, Amenophis meditou sobre o assunto, consultou o guia e ficou cada vez mais seguro do que deveria fazer. Finalmente, depois de tanto tempo, poderia agir.

Mandou chamar os mais antigos dos sacerdotes e comunicou-lhes que, em cumprimento a uma promessa, construiria um templo em El Amarna, devendo ser consagrado a Aton. Para confirmá-lo, a partir desse dia, trocava seu nome Amenophis por Chu-en-Aton, isto é, brilho do sol. Não descansaria até que o templo estivesse terminado. Mas usaria somente dinheiro próprio. Não seria permitido, para esse fim, lançar impostos ou contribuir com dinheiro dos templos.

— Quem será sacerdote nesse templo? perguntou Hapu intrigado.

— Para determinar isso ainda haverá muito tempo, retorquiu Chu-en-Aton com tal firmeza, que não permitiu mais nenhuma pergunta.

Os sacerdotes retiraram-se muito preocupados e depois se reuniram, cada qual mais pessimista do que o outro.

— Ele quer reconciliar-se com Ré, diziam uns. Ré não se incomodou mais conosco, desde que Hapu falhou no golpe planejado por ele.

— Não foi minha culpa, respondeu Hapu melindrado. Nenhum de vós poderia ter feito melhor.

— Nunca mais tentaste conseguir novas ligações com Ré? perguntaram a Hapu.

Este silenciou. Não queria confessar quantas vezes evocara em vão o deus, como se esforçara para ouvi-lo novamente, como outrora.

Alguns dias mais tarde, o velho sacerdote apareceu radiante de contentamento ante os outros.

— Ré apareceu-me, disse em saudação. Não quer permitir que o novo templo seja construído, pois Chu-en-Aton quer erigi-lo em honra de outro deus. Devemos fazer tudo o que estiver ao nosso alcance para evitar a construção.

De início estavam alegres por Ré ter reatado as relações com eles; depois houve silêncio embaraçador. Finalmente falou um dos sacerdotes mais antigos:

— Como poderemos evitar que o faraó construa o que deseja?

— Ré não explicou o que deveremos fazer? perguntou um outro. Hapu meneou a cabeça negativamente.

— Isso ele deixou a nosso critério e a nossa argúcia.

— Não temos nenhum motivo para proibir a construção do templo.

— Temos, sim, retorquiu um outro. Não precisamos permitir que seja erigido um templo num lugar completamente desconhecido e desabitado. Nossos regulamentos rezam que nunca se deve construir um templo num lugar ermo.

— Isso é verdade, concluiu um terceiro. El Amarna é totalmente impróprio para a construção de um templo. Hapu tem de procurar o faraó para induzi-lo a escolher outro lugar para o seu templo. Ele então só poderá determinar que a construção seja feita em Tebas, e assim ficará aos nossos cuidados. Quando então declararmos que em Tebas um novo templo seria somente um estorvo, ele teria que abandonar todo o plano.

Conferenciaram ainda por muito tempo, até que foi decidido que Hapu iria na manhã seguinte falar com o faraó, para dissuadi-lo do projeto do templo. Se quisesse cumprir uma promessa e oferecer um sacrifício com seus próprios bens, que mandasse fazer uma estátua de ouro representando Ré, para colocá-la em seu templo.

Muito a contragosto, Hapu foi procurar seu antigo aluno. Todas as vezes os resultados tinham sido diferentes do que ele e os outros esperavam, quando ele, cheio de esperanças, procurava Amenophis.

Foi encontrar Chu-en-Aton com um mestre construtor, debruçados sobre plantas.

— Chegaste em boa hora, Hapu, observou o faraó muito mais contente do que costumava estar. Vê estas plantas: este é o palácio real, estas serão as casas para os meus auxiliares mais eminentes. El Amarna florescerá quando o novo templo estiver pronto.

Hapu parecia estar perdendo a respiração e a fala. Seus olhos desmesuradamente abertos fixaram-se nos desenhos que Chu-en-Aton lhe passava. Pareciam-lhe inúmeros. Será que também aquele plano tão friamente urdido falharia? Ainda não dissera nenhuma palavra a respeito do templo ficar tão afastado, e o faraó antecedia-o com os planos para a construção de uma cidade!

Foi como se Chu-en-Aton tivesse adivinhado seus pensamentos, pois continuou:

— Parece que El Amarna ainda será a capital em lugar de Tebas, a qual está se tornando cada vez mais atrasada. A paisagem é maravilhosa, apropriada para a jóia que será o templo. Colocando belos palácios em redor do mesmo, poderemos passar nossa vida em adoração e beleza. Mas o que há contigo, Hapu? Estás tão pálido! Queres que os servos te conduzam para casa?

Hapu perdeu o equilíbrio, e antes que algum dos servos pudesse acudir, caiu ao chão. Um ataque cardíaco pôs fim a sua vida. Chu-en-Aton teve a impressão de ouvir por um momento a risada sarcástica, da qual se lembrava desde a sua juventude. Estremeceu, como acontecera quando era menino.

Era de se esperar que os sacerdotes ficassem muito assustados com essa morte repentina de Hapu, seu guia de tantos anos. Eles, porém, sentiram-se aliviados. A direção do "gordo", como o denominavam entre si, oprimia-os. Pensavam poder agora agir livremente e conseguir o domínio sobre o Egito. Oficialmente estavam de luto e não deixavam de dar a devida pompa às solenidades fúnebres.

Chu-en-Aton, como sempre, percebia essa conduta. Tornavam-se-lhe cada vez mais abomináveis. Assumindo a direção dos sacerdotes agora aparecia Tutmosis, o mais velho, homem fanático, intrigante e dominador. Exteriormente parecia justamente o contrário de Hapu.

Era alto e assustadoramente magro, com maxilar inferior saliente e olhos nos fundos das órbitas, que fulguravam sinistramente. Os cabelos já grisalhos, ele os tingia cuidadosamente, mas não podia evitar que rareassem cada vez mais. Odiava, do mais fundo de sua alma, o faraó, cuja gentileza e bondade para com todos os homens ele considerava como se fossem atos calculados e premeditados. Satisfazia-lhe o fato de o faraó não ter herdeiro, pois assim seria mais fácil executar o plano que ele, Tutmosis, tinha arquitetado havia muito tempo.

A estirpe dos faraós findava em linha reta com Chu-en-Aton. Ainda não fora determinado sucessor ao trono. Caso acontecesse algo ao faraó, os sacerdotes teriam de governar até que fosse eleito um novo. Uma vez, porém, com as rédeas do governo nas mãos, poder nenhum da Terra tirá-las-ia deles.

Não seria difícil eliminar o faraó. Passeava confiante, sem guarda-costas, sozinho ou com Nofretete. Ré deveria ajudar, e Tutmosis dirigia-se a ele, sempre de novo, mas em vão, pois nunca teve resposta do deus. Então agiria sozinho.

Tutmosis reuniu os sacerdotes e expôs-lhes seus pensamentos. Todos entenderam o que ele queria, sem tocar claramente no ponto principal. Ambicionavam o poder para haver alguma variação nas suas vidas monótonas, entre as colunas dos templos. A maioria, porém, receava afastar o faraó brutalmente.

— Os deuses jamais nos perdoariam o assassínio, objetava um dos mais novos.

Cumpriria agora agir. Tutmosis levantara-se e proferia:

— Escutai-me, irmãos! Também a mim apareceu Ré. Já teve muita paciência com vossa falta de decisão. Não devemos esperar até que Chu-en-Aton tenha construído o novo templo, a nova capital. Não compreendeis ainda que todo o seu cismar, todos os pensamentos dele só têm como objetivo nos afastar mais e mais e, com isso, os deuses. Se ele quiser, poderá dirigir o povo a seu bel-prazer, pois é seu ídolo. E o que será de nós, o que será de Ré? Deveremos agir por Ré! Ele nos auxiliará e nos protegerá. Tomaremos as resoluções necessárias imediatamente.

— Ré apareceu-lhe! Ré está do nosso lado! Ré deseja nossa ação!

Houve murmúrios por toda a parte, e os corações tornaram-se oprimidos, de forma que ninguém ousava falar em voz alta.

Onde havia dúvidas, Tutmosis desfazia-as. Onde manifestavam opinião contrária, Tutmosis combatia-a. Uma vez inventada a aparição de Ré, parecia-lhe já poder arriscar tudo. Os olhos cintilavam, apareceu um rubor em sua face macilenta, as mãos tremiam quando as levantava exortando. E agora ainda arriscava o pior:

— Vede lá, lá está Ré! Encontra-se em nosso meio. Executemos o que ele exige. Ele quer que o faraó morra! O que significa o faraó em confronto com Ré? Não hesitaremos em atendê-lo!

Todos os olhares dirigiram-se na direção apontada por Tutmosis. Ninguém ousava confessar que nada via naquele lugar.

— Ré! Ré! exclamavam. Nós obedeceremos e executaremos a tua ordem, e tudo em tua honra e glória!

Lá fora se desencadeava uma tempestade que realçava ainda mais o caráter lúgubre dessa reunião. No momento em que foram proferidas as últimas palavras, a sala foi iluminada por uma faísca. Parecia que Ré lhes queria dar um sinal.

Fora resolvido que o faraó teria de morrer. Agora se deliberava a execução. Considerando melhor, havia uma grande dificuldade para acercar-se do faraó, justamente porque ele passeava sem acompanhamento nos jardins. Pois se nem mesmo um dos confidentes costumava aproximar-se, como poderia aparecer um sacerdote ou algum outro nos jardins?

— Meu sobrinho, o escultor, freqüenta diariamente o palácio. Julgo que poderíamos induzi-lo a incumbir-se do caso, assim falou Tutmosis. É submisso a mim, por eu ter custeado seus estudos. Também é fiel aos deuses e arriscaria por Ré o que de outro modo rejeitaria.

Os outros acharam perigoso confiar o segredo a um estranho, mas compreenderam que em nenhum deles deveria recair suspeitas, caso o plano falhasse.

— Não deve falhar, foi o que afirmaram, mas quem poderia prever o que estava para acontecer?

— Ré concedeu-me a idéia, insistiu Tutmosis, chamaremos o jovem. Saberemos logo até que ponto poderemos contar com ele. Eu mesmo o interrogarei e de uma maneira que ele nada possa suspeitar, antes de conhecermos sua disposição.

Tutmosis, o mais moço, compareceu. Com exceção da grande estatura, em nada se assemelhava ao tio. Seus olhos alegres testemunhavam clareza de espírito e caráter gentil.

Depois de algumas palavras introdutivas, Tutmosis, o velho, começou:

— Mandamos chamar-te, sobrinho, porque és confidente do faraó. Estás diariamente em sua companhia e podes serenar nossos ânimos sobre algo que nos oprime.

O moço levantou o olhar, admirado. Viu então atrás do tio um ser luminoso que bem conhecia, com o dedo apertado sobre os lábios fechados. Certamente deveria tomar cuidado e silenciava modestamente. O velho continuou:

— Tivemos informações de que o faraó, logo depois de pronto o templo, quer destituir a nós, seus sacerdotes. Sabes algo a respeito?

— Sou um servo de Chu-en-Aton, respondeu o moço. O faraó encarrega-me de serviços, mas não me honra com informações sobre o governo.

— Suponhamos que o faraó tenha essas idéias, qual é a tua opinião a respeito, sobrinho? Não julgas que o bem-estar da nação exija que nos defendamos a tempo contra tais abusos?

— Sou um escultor e posso representar-vos todos no barro ou na pedra, mas não entendo de assuntos do governo.

— Mas o que farias se justamente tu fosses escolhido pelos deuses para um serviço importantíssimo em benefício de tua pátria?

— Eu ofereceria qualquer sacrifício aos deuses, mas ao mesmo tempo pediria que escolhessem um outro para servi-los.

— Acautela-te, rapaz! Ré está presente. Encontra-se junto àquela parede e ouve todas essas impensadas palavras; foi um dos sacerdotes novos que gritou isso cheio de impaciência, o qual estava achando muito moroso esse interrogatório.

— Vede, pois, honrados sacerdotes; quisestes dar vossa confiança a uma pessoa que não a merece. Eu não sou capaz de enxergar Ré.

Sobressaltaram-se horrorizados. Agora que um outro declarara o que não tinham coragem de manifestar, todos enxergaram imediatamente Ré. Queriam vê-lo e seus cérebros mostravam-lhes imagens daquele ao qual se entregavam sem o saber. Acreditaram poder servir Ré a seu bel-prazer. Ele era seu senhor, o qual os tinha, a todos, firmemente.

— Ele está blasfemando contra o deus, não deve mais viver! assim gritavam apaixonadamente.

Chamaram os guardas do templo. Tutmosis, o escultor, foi levado a um dos cubículos secretos, conhecidos somente pelos sacerdotes e seus servos. Ao lado dele andava, invisível aos outros, o ente luminoso, o guia do jovem.

Passaram-se alguns dias.

Chu-en-Aton com Nofretete e mais alguns confidentes encontravam-se no local da obra em El Amarna. O solo de granito provou ser tão firme e plano, que parecia que a própria natureza havia tomado providências para a construção do templo. Os homens já começavam a erguer colunas gigantescas, mas Tutmosis, o encarregado da ornamentação das mesmas, estava ausente ultimamente. Chu-en-Aton zangou-se.

— Já mandaram procurar esse faltoso? perguntou impaciente.

— Acaba de voltar nosso emissário que informou que o escultor não foi encontrado em nenhuma parte. Parece que desapareceu. Também o tio, o chefe dos sacerdotes, nada sabe a seu respeito.

— Isso não me agrada, disse Chu-en-Aton, meditando. Caso lhe tenha acontecido algo... ele é indispensável aqui na obra! Devemos procurar até encontrá-lo, vivo ou morto. Aton que o devolva a nós!

Nofretete aproximou-se.

— Onde está Tutmosis? Desejo mostrar-lhe o que vi esta noite em sonho. Vê, pai, o símbolo da vida.

Mostrou ao faraó uma cruz feita de barro, com braços iguais.

— Assim eu vi este símbolo, proferiu jubilosa, todos os entes luminosos tinham-no na mão ou na testa.

Quando soube que estava ausente o escultor, ficou pensativa. Repentinamente disse, como que inspirada:

— Os sacerdotes sumiram com ele.

— Mas, filha! Que interesse teriam os sacerdotes no desaparecimento de Tutmosis?

— Mas é assim mesmo, pai; sei disso com certeza. Tu conheces todos os cubículos secretos de presos! Manda procurar ali.

O faraó respondeu tristemente:

— Não conheço sequer metade de todas as catacumbas, filha. Ao futuro faraó só se mostra aquilo que julgam seguro. Mas tratemos de voltar, pois está se formando uma pesada tempestade. Nunca vi nuvens tão pretas e ameaçadoras.

Nessa noite desencadeou-se o temporal. Descargas seguiam-se a descargas, cada vez mais violentas. Muitas vezes os raios provocavam incêndios. Suplantando os trovões, houve um terremoto com três movimentos sísmicos seguidos, depois tudo pareceu acalmar-se.

Ninguém em Tebas se recolheu, pois em todas as casas velavam e oravam com os corações angustiados.

Também o faraó ainda velava. Estava defronte à janela de seu aposento e observava a trovoada. Eis que apareceu um servo de sua confiança, anunciando:

— Acabam de chegar notícias de que o Templo de Amon foi atingido por um raio. Uma parte já está em chamas e o vento furioso impede a extinção do fogo.

— Tratai de proteger os prédios vizinhos, para que o prejuízo em Tebas seja limitado. O templo deverá ser abandonado ao fogo, respondeu o monarca com serenidade.

Aconteceu então que a porta foi aberta com violência, e o jovem Tutmosis entrou.

— Meu faraó, querido e nobre monarca, toma cuidado. Os sacerdotes querem tirar-te a vida.

— Tutmosis, que aparência tens! Estás doente. Onde estiveste tanto tempo? essa foi a única resposta ao aviso.

— A mim ajudou Deus, o único e eterno, a quem agradeço. Agora não se trata de mim, mas de tua vida, faraó. Providencia para que ninguém chegue perto de ti hoje, a não ser teus servos mais fiéis.

— Deus ajudou-te, e saberá proteger também a mim, caso a minha vida na Terra ainda lhe possa ser útil, Tutmosis, falou Chu-en-Aton com serenidade. Quem deveria chegar ainda hoje até mim?

Enquanto ainda falava, Tutmosis gritou:

— Cuidado, faraó!

Um dos últimos relâmpagos iluminou repentinamente a sala, e podia ser visto, então, um vulto envolto num manto, avançando com um punhal levantado para matar Chu-en-Aton. Antes que o faraó pudesse esboçar alguma defesa, o braço com o punhal caiu sem forças e o criminoso caiu de joelhos.

Aos gritos do escultor, vieram os servos com archotes e armas. Quando avistaram a figura ajoelhada, avançaram sobre a mesma, arrancando-lhe os panos que lhe envolviam a cabeça. Viram então a face pálida do sacerdote Tutmosis. Num instante o faraó compreendeu a situação. Não queria que o chefe dos sacerdotes fosse acusado de covarde tentativa de assassínio.

— Dei-vos ordens, ó servos? perguntou serenamente. O Templo de Amon está em chamas. Tutmosis chama a mim, o sumo sacerdote, para rezarmos todos juntos pela salvação do santuário. Vosso zelo pelo meu bem-estar fez com que avançásseis demais. Espero que Tutmosis perdoe vossos desatinos.

Com essas palavras, o faraó dirigiu-se ao trêmulo sacerdote:

— Estou pronto para ir contigo a fim de vermos o que talvez ainda possa ser salvo.

— Não, fica, nada mais há para salvar, dizia baixinho, com lábios que tremiam.

Tutmosis virou-se para ir embora.

— Fica ainda, Tutmosis, para decidirmos o caso. Com esses sobressaltos ficaste impossibilitado de andar. Toma antes algum vinho fortificante e descansa um pouco.

Depois que os servos serviram a bebida e se retiraram, Chu-en-Aton recomeçou:

— Tutmosis, o que te fiz para quereres tirar-me a vida?

Em vez de responder Tutmosis balbuciou:

— Este aí, como chegou até aqui? e apontou para o seu sobrinho. Depois, continuou baixinho: Além disso, quem é aquele, aquele alto, branco, que brilha tanto?

Chu-en-Aton virou-se e viu seu guia, luminoso como sempre.

— Senta-te, Tutmosis. Não queres responder a minhas perguntas, então eu tentarei esclarecer às tuas. Quanto ao meu escultor, porém, ele mesmo precisa explicar como veio ter aqui. Isso também eu ignoro.

— Estive no mais horrível calabouço que a mente humana possa imaginar, começou Tutmosis incerto. Deve situar-se em qualquer parte debaixo do Nilo. Ouve-se dia e noite o marulhar das águas. Pingos caem das paredes lisas e asquerosas. Toda a sorte de vermes sobe nos pés daquele que for condenado a morrer ali lentamente. A escuridão é total nesse buraco malcheiroso. O que deverá sentir alguém que ali feneça por causa de uma culpa! Longe da luz e de qualquer ajuda.

Tutmosis arrepiava-se com essa lembrança, e também o faraó ficou horrorizado. O sacerdote gemia, escondendo o rosto no pano que lhe envolvia a cabeça.

— Eu tive melhor sorte do que milhares de outros. Já quando os soldados me conduziram para lá, apercebi-me de que eu estava acompanhado de meu guia. No calabouço, as paredes e todos os vermes perigosos eram iluminados pelo brilho que dele emanava. Mediante essa claridade pude também encontrar o caminho pelo qual fui introduzido. A entrada, como era de se esperar, estava fechada com uma grande pedra, mas eu contava poder removê-la, uma vez que não me faltassem as forças necessárias.

Eu recebia força pela oração. Mal eu tinha deslocado a pedra a ponto de poder introduzir um dedo na fresta aberta, eis que tremeu a terra. Cada abalo sísmico me ajudava no deslocamento da pesada pedra, até que na terceira vez ela caiu. Além de abrir o caminho, a pedra também matou o guarda que devia estar sentado diante da mesma. Mal me vi liberto, corri para cá. O resto tu sabes, meu faraó.

No silêncio que se seguiu, os três tinham emoções bem diversas. O faraó admirava o auxílio divino, a alma de Tutmosis estava cheia de fervorosa gratidão, enquanto que o mais velho se sentia oscilar intimamente de um lado para outro. Estava tomado de vergonha porque todas as suas nefastas tramas foram descobertas. Queria prostrar-se diante do faraó e pedir-lhe perdão, mas começaram então a fazer-se ouvir vozes em torno dele, como a insuflar-lhe:

"Não desistas, sê duro! Estão te iludindo. Foi um acaso a libertação do moço!"

Foi então que Chu-en-Aton começou a falar pausadamente:

— Ouviste, sacerdote Tutmosis, o relato do moço! Fugiu de um de vossos calabouços secretos, de onde talvez nunca alguém retornou à vida. Quem é que, a teu ver, pode ter possibilitado essa fuga?

Tutmosis, atormentado, levantou a vista: lá, de novo, estava a figura luminosa que pouco antes paralisara seu braço. De novo também perguntou, em vez de dar resposta:

— Quem é esse luminoso?

— Ele te é visível, Tutmosis? perguntou por sua vez Chu-en-Aton. Isso me alegra, pois demonstras que não estás ainda tão endurecido, nem caíste tanto no abismo ao qual te diriges tão desvairadamente. Quem é esse? É o bom espírito que Deus mandou para acompanhar-me, para que não me faltem sabedoria e proteção.

— Quem é esse Deus de quem falas, ó faraó?

— Só há um Deus, o único e eterno, o qual se revelou a mim para que eu testemunhe por Ele na Terra.

Chu-en-Aton falou solenemente e havia profunda paz em seu semblante. O sacerdote olhou e suspirou:

— Assim se confirma que tu desprezas os deuses, que queres destituir Ré, o qual governa o Egito desde que se revelou a nossos antepassados. Tolo! Pensas poder confundir-nos com prestidigitações? Enquanto eu ainda pensava ver em ti um representante de Ré, estava tolhido pelo respeito. Mas que valor têm para mim os enviados de teu falso deus! Mesmo que fossem dez vezes mais numerosos, mesmo assim tens de morrer!

Despercebido pelos outros dois, enquanto falava, ele retomou seu punhal e avançou contra o faraó que estava em sua frente, só e aparentemente desprotegido.

Incontinenti o ser luminoso postou-se diante de Chu-en-Aton; Tutmosis gritou ofuscado. Caindo, enterrou na queda a arma na coxa esquerda, de modo que o sangue jorrava. O escultor acudiu logo, mas quando queria retirar o punhal da ferida, meneou a cabeça negativamente.

— Parece-me inútil qualquer tentativa de salvação. Atingiu uma artéria importante. A vida desaparecerá antes que Aton nos torne a saudar.

Chamou os servos, que, sem perguntar, logo carregaram o ferido para fora. Por ordem do faraó seria tratado pelos médicos, cuja habilidade, porém, nada mais poderia conseguir.

Era a segunda vez, em um curto lapso de tempo, que os sacerdotes perdiam seu guia. Era estranho que ambos morressem na presença do faraó. Essa circunstância deveria ser aproveitada para prejudicar Chu-en-Aton. Os sacerdotes espalhavam boatos pelo povo, mas em vão. O Egito confiava em seu faraó.

A construção do templo tomava incremento e já se erguiam os vastos salões das colunatas, cuja beleza era desconhecida anteriormente no Egito.

Entre três colunas altas erguia-se um altar, de maneira que havia duas colunas na frente, uma à esquerda e a outra à direita, sendo que a terceira ficava no meio, atrás do altar; tudo isso, porém, com tanto espaço que se podia circundar comodamente o altar. Essas colunas eram as mais belas e tinham sido ornamentadas por Tutmosis com especial carinho.

E, encostados nessas colunas, havia seres que, em tamanho, ultrapassavam um homem bem alto. Esses seres tinham longas túnicas e asas que chegavam até os pés. Acima deles foram entalhadas cruzes semelhantes à que Nofretete havia visto em sonho, a cruz com braços iguais, parecendo como se o sol estivesse atrás delas. Seus raios avançavam por entre os braços, como se fosse uma coroa em redor da cruz. Essas colunas internas foram esculpidas em pedra branca e lisa.

Na seqüência, estavam cinco colunas coloridas artisticamente pintadas, colocadas simetricamente e de tal forma, que formavam um conjunto harmônico com as três colunas internas, deixando, porém, livre o acesso ao altar, pela frente do mesmo.

As imagens nas colunas glorificavam a Criação de Deus. Sobre a primeira, em esplendoroso brilho, estava Aton, cercado por folhagens variadas. Na segunda viam-se pássaros voando pelos ares, enquanto, na base, íbis e outros pássaros de pernas longas apareciam postados à beira da água. A terceira coluna estava adornada com reproduções de plantas: palmeiras e flores que, a pedido da princesa, haviam sido reproduzidas o mais fielmente possível. Davam vida à quarta coluna diversos quadrúpedes, enquanto na quinta e última, estavam esculpidos espécimes da fauna aquática: peixes e crocodilos.

Cercavam essas colunas, num maior intervalo, sete colunas brancas que lembravam troncos de palmeiras cujas copas apresentavam larga coroa de folhas. Essas folhas espraiavam-se pelo teto. A distância entre as sete colunas e as cinco anteriores era duas vezes maior que a distância entre as três colunas internas e as cinco seguintes.

Após o círculo das sete colunas, seguia-se, em distância maior, outro círculo de doze colunas pintadas, que fechavam o todo. Nada foi murado, e mesmo assim o templo dava a impressão de um conjunto fechado, pois haviam plantado palmeiras em toda a volta.

A muito custo haviam conseguido, no terreno pedregoso, uma larga vala para o plantio das palmeiras. Esse retoque foi executado a pedido de Nofretete. Em Tutmosis ela encontrara convincente apoio a sua idéia, pois a princípio o faraó nada quisera ouvir sobre palmeiras. O templo dos seus sonhos elevava-se livre, sem ser cercado pelo verde; bem assim queria edificado o templo de Deus na Terra.

Terminou por concordar com os argumentos da princesa, porque esta convenceu-o de que, sendo o templo totalmente aberto, poderia ser invadido pelos animais. Acabou por agradar-lhe a solução encontrada e deixou-se convencer ainda do plantio de coloridas trepadeiras floríferas junto aos troncos das palmeiras de modo que se entrelaçavam de copa em copa.

Chu-en-Aton aguardava ansioso a colocação da cúpula sobre as colunas. Cada uma dessas colunas parecia unir-se em arco às outras. Lá no centro, onde se reuniam todos os arcos, deveria ser pendurada uma grande cruz de ouro, ornada com pedras preciosas.

Essa cruz, porém, só poderia ser confeccionada por um homem que adorasse a Deus, o único, eterno. Mãos profanas não deveriam ajudar nessa obra em honra de Deus. Tutmosis recusou-se a formar a cruz, pois era somente escultor e não ourives também.

Já muitas vezes Chu-en-Aton havia pedido a Deus para que mandasse um artífice para essa obra sublime. Até aquela data, porém, ninguém fora encontrado. Certo dia, então, apareceu Nofretete, que agora já se transformara em uma bela moça, entrando apressadamente no recinto onde se encontrava o pai.

— Fica contente, pai, pois apareceu aquele que procuravas.

Contou então que haviam chegado dois homens, vindos de terras distantes, e queriam falar com o faraó. Ela, porém, sabia que um deles tinha ordens do Altíssimo para fazer a cruz.

— Foi ele mesmo quem te contou? Já falaste com ele? indagou o pai admirado, pois a princesa jamais saía de sua timidez para com estranhos.

— Ainda não falei com ele, mas sei a respeito. Algo em mim comunica-me, foi a resposta singela de Nofretete. Já então vinham os servos para anunciar os forasteiros, sendo que a princesa por sua vez se retirava.

Os dois homens apareceram com modos distintos e dignos diante do faraó, dando respostas francas a todas as perguntas.

Era mesmo assim como a princesa anunciara: o mais moço, de nome Amal, conhecia a arte de moldar objetos de ouro e de adorná-los com pedras preciosas. O outro, Imal, era seu companheiro e protetor.

Vieram de muito longe. Foram obrigados a passar por muitos montes altos, até que chegaram, depois de meses, ao largo rio por cuja margem prosseguiram.

— Deus, o Senhor, que é também teu Deus, ó faraó, ordenou que viajássemos até o lugar onde estaria sendo construído um templo em Sua glória. Esse templo nós vimos em sonho e, chegando aqui, logo identificamos este como sendo o mesmo.

Deus deu-me ordens para moldar, para este templo, uma cruz de ouro exatamente como tua filha me indicasse. O tamanho deveria ser tal, que, posta de pé, alcançasse a altura do coração dela.

Amal moldou a cruz. Ficou sendo uma obra de arte como jamais fora vista nesta Terra. Também confeccionou um sol de ouro para o altar e dois candelabros com sete ramificações cada, conforme modelo visto em seu próprio íntimo. Depois manifestou desejo de partir.

O faraó em vão pedia que ficassem até a inauguração do templo, pois afeiçoara-se ao artista e a seu companheiro. Nofretete também pedia o mesmo. Amal respondia com delicadeza, mas demonstrava vontade firme:

— Minha missão foi cumprida; deixai-nos seguir. Há outros trabalhos ainda esperando por mim!

Não aceitou nenhuma recompensa pelo seu trabalho.

— Tive a graça de poder trabalhar por ordem de Deus, e isto me satisfaz plenamente. Também tu, ó faraó, deves contentar-te com isso.

Certa manhã os estrangeiros desapareceram. Partiram despercebidos, não fazendo nenhum alarde, como não o fizeram dois anos antes por ocasião de sua chegada. O templo, porém, estava pronto, após doze anos de diligente trabalho realizado com grata alegria.

Era de notar como todos os que nele trabalharam adoravam Aton, o sol, como a imagem de Deus eterno e único. O faraó estava tomado de grande alegria, e com ele rejubilava-se Nofretete. As outras duas filhas e a mãe olhavam desinteressadas a sublime obra de arte e tratavam com desprezo seu edificador.

Aproximava-se o dia da consagração, e a rainha comunicou a seu esposo que estava resolvida a viajar para a Babilônia, por alguns meses, com as duas filhas mais novas. Não tinha vontade de assistir à festa que não tocava seu coração. Também não queria romper com os sacerdotes, inimigos de Chu-en-Aton. Em sua pátria estaria a salvo de tudo isso.

Voltaria quando as agitações dos ânimos por causa do templo estivessem serenadas, passando para o cotidiano.

O faraó deu um suspiro: era a solução para o problema que muito o preocupava. Desfez-se assim a única nuvem a ameaçar a festa. Temia que os sacerdotes se utilizassem de sua esposa para intrometerem-se hostilmente. Com a rainha ausente, era de se esperar que a festa corresse sem perturbações.

Os preparativos foram feitos sem alarde. Fazia muito tempo que Nofretete estava reunindo jovens da mesma índole, de todas as camadas sociais, contando-lhes de Aton e ensinando-lhes passos rítmicos sérios e religiosos. Ajudou também na confecção de vestidos como mostravam os anjos nas grandes colunas: longas túnicas com pregas nos ombros, presas na cintura com cintos de ouro ou prata, tendo mangas que chegavam até as mãos.

As moças estavam orgulhosas de suas vestes festivas, que lhes pareciam a coisa mais linda que já tinham visto. Nos cabelos soltos deveriam levar argolas de ouro ou prata e acima uma coroa de flores coloridas. Também isso era algo completamente novo, que muito lhes agradava.

Chegou finalmente o dia da consagração. O sol sorria radiante no céu azul. Uma brisa suavizava o calor demasiado e movia as folhas largas das palmeiras do bosque do templo. Circundando este, havia um muro de pouca altura, com diversos portais, os quais mostravam imagens do sol. Até o começo da festa, esses portais permaneceriam fechados. Os participantes deveriam entrar em cortejos ordenados, assim fora determinado pelo faraó.

Chegou muita gente, pois a curiosidade é fator importante. O faraó, prevendo isso, dispôs tudo de acordo. Seus servos e guardas trataram de reuni-los em ordem, formando o cortejo conforme as indicações.

Finalmente soaram as trombetas, anunciando a abertura dos portais. Por pouco, não houve ainda correrias, pois cada qual queria ser o primeiro a entrar no templo. Principalmente os sacerdotes que se esqueceram de toda a dignidade e começaram a correr. Mas também isso fora previsto.

Do bosque das palmeiras, surgiu um grupo de moços trajados de branco, com o emblema do sol no peito. Alguns se colocaram em diversas filas, no começo do cortejo, e os restantes ao lado dos visitantes, que foram dispostos de quatro em quatro. Aos sons de uma música solene, entraram no templo. Ali os moços indicaram aos presentes seus lugares na faixa externa delimitada pelas colunas, onde eles também permaneceram para evitar possíveis perturbações da ordem. Isso, porém, já não era de se esperar, pois a beleza e originalidade do templo prendiam todas as atenções. Ninguém ousava cochichar com o vizinho. Também os sacerdotes não podiam negar a santidade do lugar; sentiam uma devoção como nunca houvera em seus próprios templos.

Diante do altar estava o faraó, pronto a desempenhar-se de suas funções como supremo sacerdote. Trajava túnica igual à dos moços, porém ricamente bordada a ouro, e o disco do sol, que lhe brilhava no peito, era de puro ouro. Na cabeça tinha a mitra alta de linho branco, como todos os sacerdotes a usavam. Estava como sempre ornamentada com a insígnia dos faraós, a cobra, mas diante desta brilhava o pequeno disco representando o sol.

Os músicos estavam postados fora, no círculo das palmeiras. Tocavam uma canção nova, em cujo ritmo um grupo de rapazes entrava no templo, com os braços e as mãos erguidas. Postaram-se na faixa do círculo das cinco colunas, cruzaram as mãos sobre o peito, e começaram solenemente a cantar:

> Ó sol, nós te saudamos,
> origem da vida, brilho eterno do eterno Deus!
> Levantas-te magnífico em todas as manhãs;
> trazes notícias de Deus, nosso Senhor.
> Quando apareces no céu a leste,
> jubila o mundo que paira na escuridão.
> Glorioso e vitorioso és tu,
> a noite tu vences com altivez.
> Sol, nós te saudamos, origem da vida,
> reflexo perene da eterna Luz!

> Deitas-te no céu a oeste.
> O mundo se entristece e se enche de escuridão.
> O sono envolve tudo como se fosse morto.
> Morto parece o bem, a claridade, a luz.
> O mal, porém, começa a se movimentar.
> Animais bravios aparecem.
> Cobras venenosas e maus pensamentos
> surgem na escuridão, prontos para prejudicar.
> Sol, nós te chamamos, volta para nós.
> Eterno brilho do eterno Deus!

> Sol, nós te saudamos, tu nos pareces maravilhoso.
> Silenciosas desaparecem a escuridão e a noite.
> Novamente ri o mundo ao teu encontro,
> seres humanos e animais rejubilam-se contigo.
> Árvores e flores levantam suas cabeças.
> Todos os pássaros cantam em agradecimento a ti.
> Tudo o que tem vida alegra-se contigo.
> Curas tudo o que é doente e fraco.
> Sol, nós te saudamos, pois também nós vivemos
> do teu raio, do brilho de Deus!

Sol, agradecemos-te, tu deixas crescer
o que Deus, nosso Senhor, criou em graça.
No teu raio tudo cresce, sejam animaizinhos,
seja uma criatura humana.
Todos se distendem sob o teu calor,
todos se banham na tua luz.
Sol, agradecemos-te, deixa teus raios
presentearem bênçãos também ao nosso país!

Sol, rogamos-te, ensina-nos a reconhecer
quem te criou e de que maneira nos criou.
Traze-nos mensagens do nosso Senhor,
torna claros os corações escuros.
Sol, ó brilho do eterno Deus,
reflexo da maravilha no Seu trono.
Sol, saudamos-te,
Sol, agradecemos-te,
Sol, rogamos-te:
Mostra-nos Deus!

Houve silêncio solene depois de os rapazes terem cantado todos os versos. As últimas palavras soavam como jubilosas súplicas, a cujo encanto ninguém podia furtar-se. Antes que a profunda impressão pudesse atenuar-se, Chu-en-Aton tomou a palavra.

Parecia magnífico: nunca os tebanos tinham visto como era belo seu monarca. Estava envolto de dignidade e irradiava esplendor. A imagem do sol em seu peito fulgurava, acompanhando todos os seus movimentos. Começou então:

— Sim, Aton, nós te pedimos: mostra-nos Deus! Há muito já que andamos como cegos pelo mundo. Há muito esquecemos de procurar a Deus, e encontramos como substitutos deuses que são apenas servos de Deus.

Antes mesmo que os sacerdotes, assustados, pudessem aventurar um protesto, a voz sonora voltou a soar diante do altar:

— Servos de Deus são todos eles. Nós fazíamos como fazem as pobres tribos que ficam além das nossas divisas ocidentais: que, ao aparecer por lá um egípcio rico, honram-no como se fosse um monarca. Parece-lhes uma pessoa muito elevada e não podem imaginar que acima dele ainda haja um faraó.

Exatamente assim, ó povo egípcio, nós o fizemos em todos os milênios passados, desde que existe esta Terra. Olhamos para as alturas e deparamos com o que nos pareceu muito excelso. Com isso nós nos contentamos. Ninguém se esforçava em alcançar mais além. De hoje em diante isso será diferente em nosso reino. Ouvi, egípcios! Acima de todos aqueles que nós honrávamos como deuses, está nosso Senhor, está Deus! Deus o único eterno, o único poderoso! Tudo o que foi criado, foi feito por Ele. Já chegou o tempo para que o reconheçamos e o sirvamos.

Com poucas palavras, mas bem compreensíveis, anunciou ao povo como achara Deus, como Deus se revelara a ele e como recebeu a missão de levar ao povo do Egito a notícia do mais alto Deus.

— Não quero tirar-vos os deuses. Quem quiser adorá-los, que o faça, até que também ele compreenda a glória do Deus-Único. Dele não poderemos fazer nenhuma imagem, pois olho algum poderá enxergá-lo. Temos, porém, um reflexo de Sua beleza e glória em Aton, e por isso dedicamos este templo a Aton, como representante terreno do máximo Deus.

Continuando, contou como ele próprio só governava o povo sob a condução de Deus.

— Vós mesmos sabeis que foi uma época feliz para nosso país, que nada nos faltou, apesar de Ré não mais ter podido dominar-nos.

A multidão escutava como que encantada, ninguém se mexia, mesmo os sacerdotes não ousavam nem a mínima palavra.

Por fim, o faraó contou que muitos tebanos respeitáveis estavam prontos a ensinar aos que desejassem ouvir a respeito de Deus, aos que quisessem receber o emblema do sol como prova da nova crença. Daquela data em diante, ele, o sumo sacerdote de Deus, adoraria todos os dias a Deus no Templo de Aton. Todos os que tivessem boa vontade seriam bem-vindos. Quem, porém, viesse para perturbar a devoção seria conduzido para fora e nunca mais pisaria no templo.

Após ressoarem as últimas palavras de Chu-en-Aton, apareceu um comprido cortejo de graciosas moças, encabeçadas por Nofretete, circundando o altar. Inclinavam-se diante do disco do sol, andando com passos rítmicos e depositando flores na mesa.

Tudo isso era bem singelo e ao mesmo tempo tão gracioso, que qualquer pensamento de revolta que porventura tivesse surgido com as palavras de Chu-en-Aton desvanecer-se-ia no comovente vivenciar desse quadro.

A solenidade terminou com uma oração dirigida a Deus.

Deixaram o templo silenciosamente e com dignidade, todos os que tinham vindo por curiosidade. Muitos desses levaram algo que deu um novo sentido para toda a sua vida.

Ao cair da noite, o faraó e Nofretete passeavam no bosque das palmeiras que contornava seu novo palácio em El Amarna. A jovem procurava com desvelo cada nova flor que surgisse na terra recém-revolvida. Amiúde afastava-se do faraó para amparar uma planta aqui, para arrancar uma erva daninha acolá.

O pai deixava-a à vontade. Sabia que sua alma estava inteiramente tomada daquilo que a ambos movia. Falavam do desenrolar da festa. Contra toda a expectativa, os sacerdotes se conservaram quietos, e nada houve que perturbasse a devoção e o ambiente sagrado.

Aos olhos amorosos de Nofretete não escapava o fato de que Chu-en-Aton estivesse um tanto acabrunhado, apesar da alegria que manifestava em suas palavras. Perguntado sobre isso, concordou:

— Parece-me, filha, que não há mais nada a fazer. O templo aí está, em seu redor a nova cidade, El Amarna, mais bela do que eu sonhara. Há anos os meus melhores esforços se concentravam nessas construções e no que deveriam representar para nós. Estão prontos e...

A filha interrompeu:

— Não digas que haverá falta de trabalho para ti. Agora é que começa o principal. Quem, senão tu, ó pai, poderá levar o saber a respeito de Deus ao povo? Os poucos aos quais já transmitiste esse saber, e que agora poderão ser teus auxiliares, eles próprios ainda precisarão robustecer-se na nova crença. Semeaste, agora cuida para que a sementeira vingue, para que não haja má influência nem ervas daninhas a estragarem as novas plantas.

— E como pensas que será esse trabalho? Quero instalar escolas onde se ensine o saber a respeito de Deus; quero falar ao povo todos os dias no templo. Isso, porém, será o suficiente? Deveria acontecer mais ainda.

— Deus, Ele mesmo, mostrá-lo-á. Guiou-te em tudo o que fizeste até agora. Continuará a auxiliar-te para que o sirvas como deve ser.

Para mudar de assunto, a princesa falou:

— Como foi belo o hino ao sol. Nunca esperei que meu pai também fosse poeta. Não nos darás mais outros hinos?

— Espero-os, se Deus me oferecê-los. Mas olha, aí vem Tutmosis. Parece-me que também ele nada mais encontra para fazer.

— Acertaste, ó faraó, respondeu o artista ao se aproximar. Dá-me serviço! Tudo de que me incumbiste está terminado. Deixa-me modelar finalmente a tua imagem. Muitas vezes já te pedi essa graça.

— Não quero que seja erigida minha estátua, enquanto Deus não for o único Deus de nosso povo. Mas trata de moldar a cabecinha de Nofretete, isso me daria muita satisfação.

O jovem enrubesceu:

— Agradeço-te, ó faraó! Com essa encomenda me dás a prova máxima de tua benevolência. Não sei de nenhum serviço mais querido.

Seu olhar aprazia-se em contemplar o semblante de nobreza e harmonia da princesa, que tanto se assemelhava ao pai. Já no dia seguinte começava o trabalho e não se limitava a uma só imagem. O artista, com suas mãos hábeis, fazia sempre novas modelações da cabeça e de todo o corpo da filha do faraó, esperando que chegasse finalmente a época em que lhe fosse permitido fazer a estátua de Chu-en-Aton.

Cinco anos já haviam passado desde a inauguração do Templo de Aton. Muita coisa acontecera nesse ínterim. Numa retrospectiva, o tempo decorrido parecia ao faraó como se fosse o dobro, pelo muito que haviam feito, apesar de ter passado muito depressa.

El Amarna floresceu e tornou-se a capital resplandecente, cujo centro era, sem dúvida, o Templo do Sol. Um sagrado bosque circundava o templo e também o palácio real, onde Chu-en-Aton e Nofretete viviam numa corte em que cada membro reconhecia

Deus. Disso se originava uma harmonia, uma convivência feliz de que os semblantes sorridentes davam provas.

A nova crença alastrou-se como uma chama, propagando-se de El Amarna por todo o Egito, incendiando todos os corações. Antigamente o povo se curvava pacientemente ao jugo dos sacerdotes, mas inconscientemente suas almas sofriam fome. Agora se abriam com entusiasmo aos novos ensinamentos.

Havia muito que cada cidade já possuía seu Templo de Aton, muito freqüentado, enquanto os templos dos deuses ficaram abandonados. O que Chu-en-Aton não esperava, apesar de seu pai tê-lo dito outrora, acontecera: não poucos dos sacerdotes de Amon ansiavam pela Verdade e aceitaram-na alegremente. Pediam a consagração e aspiravam servir a Deus e a Aton.

O faraó satisfazia-lhes os desejos, sempre que lhe parecessem sinceros. A maior parte dos novos sacerdotes, nos novos templos, havia sido anteriormente sacerdote de Amon. Tratavam de suas obrigações com muito empenho e esforçavam-se em seus cargos. Tornaram-se silenciosos e parecia que desejavam assim redimir suas antigas hipocrisias e magias.

Outro era o caso com os sacerdotes de Ré. Este não os largava. Eram inimigos da nova crença, de todos os adeptos da mesma, principalmente do faraó. Andavam aborrecidos no meio do povo alegre e fiel a Deus; lembravam a escuridão da época da descrença.

Sempre que possível prejudicavam os outros. Instigavam seus poucos adeptos para oporem resistência, aberta ou encoberta, às ordens do faraó e procuravam perturbar os ofícios divinos. Calúnias e boatos estavam na ordem do dia. Recentemente haviam tentado espalhar a notícia de que Chu-en-Aton vivia com Nofretete em estado matrimonial. O povo repeliu essa acusação descabida, com escárnio e revolta. Foram poucos os que aceitaram essa afirmação malévola, e esses poucos mal ousavam repeti-la, pois os acusados mostravam-se aos olhos de todos com muita nobreza e pureza.

No paço real, em Tebas, porém, onde viviam a rainha Nofre e suas duas filhas mais novas, aí tudo o que os sacerdotes ousavam propalar era aceito. O ódio contra Chu-en-Aton enchia os espaços do palácio, onde era atiçado diariamente, sempre à procura de novas modalidades de atuação.

Cinco anos atrás, após a consagração do templo, Nofre não quisera mais voltar para junto do esposo. Parecia-lhe muito monótona a vida a seu lado, ele que só pensava em Deus e na construção do templo, em religião e na felicidade do povo. Ela não o amava, mas se pelo menos houvesse oportunidade para poder atormentá-lo, tudo já seria mais divertido. Ele, porém, serenamente, tratava-a sempre com amabilidade e realizava todos os seus desejos.

Na Babilônia, por ocasião de sua visita, havia divertimentos. Em sua honra promoviam belas festas. Dignitários procuravam sua amizade, apareciam pretendentes às mãos das filhas.

Quando ela confiou ao seu irmão, rei da Babilônia, a intenção de ficar para sempre ali com ele, ou, caso ele não concordasse, de conservar-se afastada do Egito, ele opôs-se resolutamente. Não lhe interessava uma desavença com o cunhado por causa de Nofre. Uma mulher deve estar junto do marido. Nofre precisava regressar, e o revoltado rei não queria conservar consigo nem mesmo as duas princesas.

Ao regressar, Nofre comunicou ao esposo que não pretendia morar em El Amarna. Esperava que ele ficasse cheio de ira, esperava sua ordem de mudar-se incontinenti. Nada disso aconteceu. Chu-en-Aton, sereno, disse que assim ela vinha ao encontro de sua vontade, pois ele estabelecera a lei de que em El Amarna só poderiam morar fiéis a Deus; portanto, era justo que tanto a rainha como suas filhas tivessem de ficar em Tebas, até que alcançassem a verdadeira fé.

— Tebas e El Amarna ficam tão perto uma da outra, que as nossas relações poderão continuar como até agora, disse o faraó com um sorriso. Todos os dias virei para informar-me de vosso bem-estar e de vossos desejos. Também Nofretete visitará sua mãe sempre que isso te agrade.

Diariamente o faraó permanecia algumas horas em Tebas, onde recebia os conselheiros e sacerdotes que ainda eram servidores de Amon ou adeptos de Ré. Nos primeiros tempos procurava influenciar pelo menos as suas filhas. Encontrando, porém, indiferença, e até mesmo zombarias, não contra ele, mas contra Deus, então silenciou.

Certo dia a rainha mandou pedir sua presença para uma importante conversa. Um cidadão da Babilônia pedira a mão da filha mais moça.

— Ele é de antiqüíssima família e digno de ser teu sucessor e faraó do Egito, disse Nofre com ares de importância.

Chu-en-Aton meditou um pouco e respondeu:

— Caso julgues que ele seja digno de nossa filha e acredites que o matrimônio se torne mais feliz do que o nosso... não te exaltes, sabemos ambos que a felicidade esteve ausente em nossa união desde o princípio. Caso julgues, pois, que seja uma boa união para nossa filha, eu o receberei de bom grado como genro. Como sucessor, nunca. Somente um verdadeiro fiel a Deus poderá tornar-se faraó do Egito, depois de mim.

Passou-se muito tempo sem que ele ouvisse falar mais desses planos, esquecendo-os no meio de tanto trabalho. Disso não havia falta para preencher a alma e o intelecto. Muitas vezes Nofretete gracejava com o pai, quando ele se queixava de que só poderia vencer parte do serviço a ser concluído:

— Quem é que julgava que ia morrer aborrecido por falta de trabalho, meu pai?

O faraó olhava afetuosamente para a filha, que era o sol de seu lar, de sua vida. Sempre lhe surgia o desejo mais secreto, seu plano mais almejado: casar Nofretete com um filho da nobreza, a quem poderia educar para ser seu sucessor.

Sabia que Tutmosis, o escultor, amava sua bela filha com amor puro e altruístico. Um artista, porém, não poderia tornar-se faraó. Também não sabia se Nofretete correspondia a esse amor, ou se ao menos tinha conhecimento dele.

A sua busca de um esposo digno dela não surtira efeito até ali. Começava então, em horas serenas, a pensar na possibilidade de indicar Nofretete como sucessora.

O faraó estava no templo de Ré. O ar pesava-lhe com efeito entorpecedor sobre todos os sentidos. Perpassava como que um cheiro de morte no vasto recinto. Julgava perceber um secreto cochichar pelo ambiente. Com grande esforço procurava dominar-se, mas em vão.

Assim, pelo menos queria concluir rapidamente o que o trouxera ali. Dirigiu-se ao principal dos sacerdotes:

— O que é que queríeis mostrar-me? perguntou impaciente, dirigindo-se meio inconsciente para um lado.

— O faraó tornou-se estranho no templo de Ré, o protetor do Egito. Sabe que queremos mostrar-lhe a nova estátua de Ré, e veio para o lado oposto! assim respondeu o sacerdote, com um riso sarcástico nos lábios.

Chu-en-Aton estava se encolerizando, mas dominava-se ainda à custa de grande esforço: o templo era sagrado aos sacerdotes e a uma parte do povo, e ele queria respeitá-lo e não introduzir discordâncias enquanto fosse possível evitá-lo. Parecia, porém, que não seria possível, pois de novo começava o sacerdote:

— Ainda que o faraó já não tenha mais coração para Ré, tornando-se ingrato por esquecer todos os bens que Ré proporcionou a seu povo há centenas de anos, ainda que o faraó o tenha abandonado como um infiel, terá de ver como nós honramos Ré. Chegará o tempo em que Ré será de novo o senhor do Egito. Não demorará, e a verdadeira sabedoria reinará, os deuses banidos voltarão e o país e o povo florescerão outra vez...

As palavras do sacerdote soavam cada vez com mais veemência e mais alto; parecia que queria penetrar profeticamente no futuro. Sobre o faraó, porém, nem o tom nem o sentido das palavras produziam nenhum efeito. Conhecia por demais as artes dos sacerdotes, sabia distinguir o legítimo do falso. Não interrompia, porém, o sacerdote. Que fosse dizendo tudo conforme seus impulsos; mais tarde então teria sua resposta.

Chegaram junto ao altar, onde fora erigida uma fulgurante estátua de Ré. Mostrava o deus assim como os sacerdotes o imaginavam, sentado num trono, com o cetro na mão. Era bela essa estátua de ouro. Chu-en-Aton aproximou-se para poder apreciar melhor os detalhes.

— Vê, também ele tem a cruz da vida na mão, a cruz reservada ao novo Deus, conforme tua opinião, disse o sacerdote, indicando o braço da cadeira onde o deus descansava a mão que segurava uma pequena cruz.

— Isto não pode ser! gritou Chu-en-Aton. Esse signo está ligado indissoluvelmente ao Deus-Único. Só os que acreditam Nele e lhe obedecem podem fazer uso dessa cruz.

— Ré, ele mesmo, exigiu-a, e nós não a tiraremos dele. Vê se consegues arrancá-la.

O faraó logo se inclinou para agarrar a cruz, mas foi arrebatado como que por mãos invisíveis e jogado para longe, no templo. Ao mesmo tempo houve um barulho infernal, como o do desmoronamento de uma casa.

Chu-en-Aton ficou atordoado, chegando mesmo a perder os sentidos por alguns momentos. Quando voltou a dar conta da situação viu um quadro horrível de destruição. Uma parte do telhado ruíra justamente no lugar onde tinha estado um pouco antes. Dos escombros partiam gemidos. De fora acudiam criados e sacerdotes, assustados pelo estrondo. Horrorizados, olhavam os escombros no lugar do altar.

Por ordem do faraó, removeram imediatamente o entulho para socorrer os soterrados. Eram em número muito maior do que parecia possível a Chu-en-Aton, que pensara estar a sós com o sacerdote superior. Havia uns vinte cadáveres de sacerdotes, e também alguns feridos gravemente, entre estes, estava o superior. Nele parecia ter caído a estátua de ouro de Ré, cuja beleza se fora. Era oca e não resistira ao embate das pedras.

Tomado de misericórdia, o faraó ajudou os sacerdotes feridos, proporcionando-lhes alívio com as próprias mãos, até que pudessem ser removidos dessa cena de horror. Só depois de todos terem sido socorridos e acomodados, Chu-en-Aton voltou a El Amarna, onde a notícia do aterrador desastre já tinha chegado.

Nofretete recebeu-o muito preocupada. Não podia acreditar que nada sofrera. Teve ele de lhe assegurar, repetidas vezes, estar completamente ileso. Depois ela quis saber como sucedera o desastre. Isso ia além do que o pai podia responder, pois ele mesmo não sabia como tudo se processara. Fora muito rápido o desmoronamento e o seu salvamento.

Ao relatar, porém, começou a compreender que deveria tratar-se de um bem planejado atentado contra sua vida. Daí a profecia do sacerdote e a provocação com a cruz na mão de Ré. Fora atraído a uma cilada, e não foram mãos humanas que o salvaram.

Na mesma noite, Chu-en-Aton recebia confirmação de sua suspeita.

O superior dos sacerdotes, no leito de morte, pediu sua presença para confessar. O faraó encontrou-o em meio aos poucos sacerdotes de Ré que não tinham sido feridos.

Quando queriam afastar os sacerdotes presentes, para que o faraó estivesse a sós com Echamon, o moribundo, este pediu:

— Deixai-os aqui. Todos devem ouvir a respeito da gravidade de nossa falta. Minhas horas terrenas estão contadas e não posso proferir muitas palavras.

Ouve, pois, nobre faraó: tratava-se de tua vida. Recebemos ordens de Ré para fazê-lo novamente senhor do Egito, e, para isso, tu terias de desocupar o lugar. Secretamente, à noite, soltamos uma parte da estrutura do telhado para que as telhas caíssem mediante uma simples manobra que os sacerdotes, escondidos lá em cima, executariam no momento em que eu lhes desse o sinal. Na ocasião em que tentaste tocar a cruz, estavas na posição em que deverias receber a morte certa. O desfecho, porém, foi bem diferente.

Talvez afrouxamos na estrutura uma parte demasiadamente grande, pois poucas pedras teriam bastado. Agora sabes, ó faraó, como te traímos, nós que deveríamos ter servido a ti. Sê benevolente e perdoa-me antes que tenha de partir. Como prova de teu perdão, dize-me: quem foi que te salvou?

Chu-en-Aton estava profundamente comovido, quando assegurou a Echamon o seu perdão. Depois descreveu verdadeiramente como fora afastado do lugar de perigo por mãos invisíveis.

O sacerdote moribundo ergueu-se e exclamou:

— Então vi certo! No momento em que dei o sinal convencionado aos de cima, havia um vulto luminoso a teu lado. Vede, ele está de novo atrás do faraó. É um ente celeste. Faraó, teu Deus é grande. Creio que é o único verdadeiro, creio Nele!

Com ares de bem-aventurança, o moribundo desfaleceu e partiu.

No dia seguinte, quando o faraó reuniu os sacerdotes para ouvir o que talvez ainda tivessem a dizer a respeito dos acontecimentos, o orador, rapidamente eleito, declarou que todos ali presentes tinham resolvido aceitar a nova doutrina. As impressões recebidas no dia anterior tinham sido demasiadamente fortes. Viram que Ré não era deus. Sua estátua fora destruída, o templo estava em ruínas. Também sua crença nele desvanecera. Os poucos que se mantiveram fiéis a ele emigraram de madrugada.

Assim caíram os últimos baluartes da resistência. Chu-en-Aton mandou fechar os templos pagãos em todo o reino e providenciou para que o povo fosse instruído na crença em Deus. Quem quisesse adorar os deuses, que o fizesse reservadamente. Não haveria mais culto aos deuses, nem sacerdotes. Quem não os quisesse dispensar, teria de seguir os poucos sacerdotes e emigrar também. Em toda parte do reino construíram-se templos do Altíssimo, menos em Tebas que se deixara cair profundamente sob o domínio de Ré.

O povo do Egito floresceu com a nova fé que lhe proporcionava liberdade interior e suprema felicidade. As massas não eram forçadas a comparecer aos templos. As solenidades e as devoções eram tão belas e cheias de Luz, que cada qual se apressava em participar delas. Também o faraó estava tomado de alegria e felicidade, julgando-se quase na meta final de seus desejos, de sua missão. Não se incomodava muito com o fato de a rainha e as filhas se agarrarem cada vez mais à antiga religião dos deuses, afastando-se interiormente mais e mais dele e de Nofretete. Havia muito que desistira de comunicar-lhes algo daquilo que a ele fazia rico e abençoado. Passavam-se dias sem que se dirigisse a Tebas. Todos os seus ministros e conselheiros tornaram-se fiéis a Deus e assim lhes era permitido chegar ao palácio de El Amarna. Com os muitos afazeres, o faraó esquecia que Nofre e as filhas levavam uma vida monótona.

Isso iria modificar-se repentinamente.

Da Babilônia veio uma embaixada à corte do faraó, a quem deveria pedir auxílio contra os árabes que se rebelaram nas fronteiras. O chefe da embaixada era aquele jovem aristocrata que cortejara Semarna, a princesa mais nova. Nofre recebeu-o com toda a satisfação. Apesar de não se entender bem com seu irmão, sempre se alegrava quando recebia notícias dele. Isso a distraía no seu isolamento, o qual ela mesma provocara.

Tut-ench-Amon era um homem ainda moço e de boa aparência, que bem sabia aproveitar a oportunidade que se lhe oferecia. Sua ambição ia bem alto: ser genro do faraó e futuro senhor desse país rico e bem organizado. Era uma meta tentadora, para a qual valia a pena fazer algum sacrifício. Isso certamente teria de fazer e também logo o compreendeu. Com admiração notava a nova vida que em Tebas e em todo o Egito se enraizava e florescia. Parecia-lhe incrível que um povo inteiro se modificasse em tão pouco tempo e tão profundamente. Maior ainda foi sua admiração, quando notou que essa mudança de crença e de vida não era nenhuma manobra estudada do sábio faraó, mas provinha de sua íntima e legítima convicção. Estando integrado dessa forma na crença do novo Deus, também não admitiria como sucessor alguém de outra religião.

Essas considerações ainda lhe foram confirmadas por Nofre, que muito apoiava sua pretensão à mão de Semarna. Sem reservas comunicou-lhe o que o faraó já lhe havia dito outrora.

— Se quiseres viver com Semarna na Babilônia será muito fácil obter o consentimento do faraó, mas as tuas ambições vão mais longe, eu o sei. Jamais meu esposo permitirá que residas no Egito, a não ser que abjures os deuses e adores Aton, assim falou Nofre.

— Os deuses para mim valem tão pouco como Aton. Tanto me importo em adorar a este ou a Ré, ou em oferecer sacrifícios a nossos deuses. Caso tu, ó soberana, julgues que me seja útil, eu me apressarei em manifestar o desejo de ser instruído na nova doutrina.

— Compreendo-te, Tut-ench-Amon, mas estranho a facilidade com que mudas de religião. Vê, eu estou afastada do esposo e da filha porque não posso resolver-me a adorar Aton, apesar de que nem os nossos deuses nem os dos egípcios me sejam de algum modo sagrados. Nofre falara pensativa.

Tut-ench-Amon despediu-se, saindo em profunda meditação. Uma mudança de religião não lhe seria difícil e obteria, assim, a mão da princesa, mas se as coisas ficassem por aí? Caso o faraó não o instituísse como seu sucessor, tudo teria sido em vão. Semarna era-lhe apenas um meio para alcançar esse fim. Podendo com ela alcançar o trono do Egito, pediria a sua mão, mas a princesa sem o trono? Nunca!

Pouco tempo depois ele pediu a Chu-en-Aton permissão para assistir a uma solenidade no Templo de Aton. Nessa ocasião viu pela primeira vez Nofretete, e brotou nele tudo o que ainda era capaz de uma intuição nobre, sentindo-se atraído por ela com força poderosa.

Profundamente comovido, saiu do templo e procurou o faraó. Este julgou que a comoção nele observada fosse devido à impressão recebida durante a solenidade. Concordou de bom grado em mandar instruí-lo na nova doutrina, e até prometeu ministrar parte do ensino pessoalmente. O visitante partiu, agradecendo.

Chu-en-Aton mais tarde falou a sua filha:

— Com Tut-ench-Amon enganei-me profundamente. Dessa vez a minha primeira impressão estava errada. Até agora sempre pude fiar-me nela.

— Pai, eu não gosto desse forasteiro, redargüiu Nofretete quase com veemência. Olha nos seus olhos. Tem olhar falso e inconstante. Eu me arrepio diante desse olhar, com o qual parecia querer devorar-me.

Chu-en-Aton assustou-se. O mal-estar que de início lhe acometera, frente ao forasteiro, reapareceu. A alegria, porém, a respeito de sua modificação íntima, venceu.

Chu-en-Aton então disse:

— Tem paciência com ele. São muito novas as impressões que sua alma recebe. Ainda não sabe dominar-se.

— Não sabe dominar-se! exclamou Nofretete dolorosamente surpreendida. Era a primeira vez que não entendia o pai e que sua opinião divergia da dele. Não sabe dominar-se? Onde existe alguém que se domine tão bem como ele? Cada uma de suas palavras é escolhida para impressionar. Cada movimento é calculado.

O faraó nunca vira a filha desse modo. O que haveria no íntimo dela? Algo deveria ter turvado a paz de sua alma. Deveria, pois, cuidar para que essa desarmonia passasse sem prejudicar. Mas, por enquanto, não tinha havido ocasião para observar a princesa, que logo se recolhia, assim que Tut-ench-Amon chegasse a El Amarna, e isso ficou sendo um costume diário. Ela não podia vencer sua aversão por ele, apesar de todos os esforços feitos por amor ao pai. O horror que sentia até aumentava.

O faraó, porém, acostumava-se ao forasteiro, pois encontrava nele um ouvinte inteligente para todos os seus planos, vendo nele um admirador fervoroso daquilo que criara. Nunca esse homem dava um conselho sem ser consultado; esperava modestamente até que desejassem ouvi-lo. Imperceptivelmente nascia em Chu-en-Aton o desejo de educar esse aristocrata como seu sucessor.

Certo dia Tut-ench-Amon pediu, com todas as cerimônias, a mão de Semarna. O faraó fitou o pretendente:

— Eu sabia de teu desejo, forasteiro, falou ele pausadamente, mas pensei que agora deverias ter te convencido de que é necessário desistir.

Assustou-se o pretendente. Será que iria agora falhar todo seu plano tão bem arquitetado?

Perguntou então submisso:

— Reconheceu o faraó minha pouca valia e me nega por isso sua filha?

Chu-en-Aton redargüiu apressadamente:

— Como podes pensar assim! Justamente porque julgo conhecer teu mérito, eu não posso concordar com tua ligação com Semarna. Ela não crê em Aton, não crê em Deus.

— Pois ela prometeu-me instruir-se, assim falou Tut-ench-Amon, todo alegre e continuou: Ela me ama e deseja remover o obstáculo de sua crença nos deuses, pois como obstáculo também eu o considero. Não quero ligar-me a ela antes que tu, ó faraó, possas dar tua bênção a nossa união, no Templo de Aton.

Essa era uma alegria inesperada para o monarca, que imediatamente determinou que a princesa fosse instruída na nova doutrina. Gostaria ainda que Nofretete mesma se incumbisse dessa tarefa, mas a princesa negou-se.

— De mim Semarna não aceitaria nada. Deverá ser uma pessoa estranha que a instrua.

Era essa a mesma filha que sempre lia em seus olhos qualquer desejo? Desviava-se obstinadamente de tudo que tivesse a mínima relação com Tut-ench-Amon. Seria pelo fato de a irmã se casar antes dela, passando provavelmente os direitos de sucessão ao babilônio? Nofretete estaria sentindo inveja?

O faraó cismava sobre o caso, e aos poucos começou a ficar zangado com a filha, cuja reserva lhe estragava a alegria pela conversão do futuro genro.

Antes que Semarna começasse a ser instruída pela esposa de um ministro, também Amenema veio visitar o pai. Pediu para ser instruída também, e o monarca concordou satisfeito. Ofereceu às duas filhas, para o tempo que durasse o ensino, morada no palácio de El Amarna. Amenema aceitou com alegria e juntou-se confiante a Nofretete. Semarna, porém, voltou para junto da mãe e exigiu, poucos dias depois, que a professora fosse a Tebas.

Em tudo o que sua filha mais moça fazia ou falava, Chu-en-Aton sentia nitidamente a influência adversa da rainha. Isso era uma gota amarga no seu cálice de alegria, e ele queria ainda fazer uma tentativa de reconciliação.

Tutmosis concluíra um lindo baixo-relevo onde estavam representados o faraó e Nofretete. O faraó mandou levá-lo a Tebas e oferecê-lo à sua esposa.

Ela recebeu-o com aversão e olhou a obra com frieza e desinteresse.

— Não seria preferível colocar esse quadro no novo templo? Até hoje não era costume o faraó se deixar representar em imagem com outra mulher que não fosse sua esposa, falou ela irritadamente.

— Pai e filha, que geralmente estão longe, queriam estar em quadro contigo, retrucou o faraó amavelmente.

— Já me acostumei à solidão e um quadro não poderia aclará-la. Leva-o de volta.

O faraó, que viera para fazer as pazes com Nofre, temia agora o desfecho desse encontro e queria apaziguar a rainha a qualquer custo.

— Não queres, tu também, mudar-te para El Amarna? perguntou um pouco contra sua vontade.

Ao pronunciar essas palavras, assustou-se deveras. Para onde o levaria seu amor pela paz? Caso Nofre concordasse, ele mesmo teria quebrado sua lei de que nenhum adorador de deuses pudesse residir em El Amarna.

Mas Nofre não concordou, e com escárnio desprezou a oferta.

— Pensas tu que há alguma coisa no mundo capaz de fazer-me simpatizar com Aton? Não estou enamorada como as filhas que, por seus amores, fariam sacrifícios ainda maiores.

O faraó assustou-se. Temera que, quanto a Semarna, de fato seu desejo de unir-se a Tut-ench-Amon fosse o motivo principal para a mudança de credo. Amenema, porém, deixara-se mover por motivos puros.

— Acreditas nisso, tolo? respondeu Nofre escarnecendo. Nos próximos dias já saberás melhor. Amenema está enamorada e teme que o seu eleito não encontre graça perante teus olhos, pois não é de estirpe nobre. Por isso procura agradar-te e parece que teve bastante sucesso. Amenophis, acredita-me, dizia Nofre, que sempre evitava chamar o esposo pelo novo nome, assim como nossas duas meninas, haverá centenas de outros com motivos que os levaram a mudar de religião. Não tem nada a ver com crença, adoração e outros sentimentos. Andas cego pela vida afora, deixas enganar-te por quem quer que saiba fingir e evoque o nome do novo Deus. Tolo que és!

O faraó ouviu, profundamente abalado, e parecia lhe ruir um mundo de coisas belas e puras. Quando ergueu a cabeça, tristemente, encontrava-se sozinho, pois a rainha tinha se retirado em triunfo.

Voltou acabrunhado para El Amarna, e então foi outra vez em Nofretete que encontrou alívio e consolo. Serenamente ela ouviu o faraó falar, e com igual serenidade respondeu:

— A mãe exagera porque inveja a alegria que ilumina tua vida. Entre os milhares de teus súditos haverá certamente alguns que mudaram de religião por interesse, mas os outros fizeram isso obedecendo ao íntimo e vivem de acordo. Lembra-te dos sacerdotes, de teus ministros, da juventude que serve tão alegremente no templo. Não percas o ânimo devido a essas afirmações errôneas.

— E quanto a tuas irmãs? perguntou Chu-en-Aton, já meio consolado.

— Semarna aceita a nova crença somente devido a seu matrimônio. Ama Tut-ench-Amon, porém lhe é mais importante ainda se tornar rainha do Egito. Acredita-me, pai, também com Tut-ench-Amon não se trata de outra coisa. Sua ambição leva-o a mudar de religião, nada mais. Pai, não confies nesse homem astuto, eu te peço!

Nofretete pediu com insistência, mas o faraó não queria ouvir. Em vez disso perguntou:

— E quanto a Amenema, o que pensas a respeito?

— Também ela, de início, tinha o amor como motivo, mas quanto melhor ela conhece Deus, tanto mais se abre a sua alma. Receberá a bênção como verdadeira fiel. Nofretete falava isso com olhos radiantes.

— Sabes quem é que ela ama?

— Teu camareiro Sakeré. Amanhã ele falará contigo, eu animei-o. Pois não é verdade que não importa ele não ser de sangue nobre? É um homem fiel a toda a prova, lisonjeava Nofretete.

— Caso Amenema o ame de verdade, ele ser-me-á bem-vindo, pois foi o motivo pelo qual também minha segunda filha se dirigiu a Deus, o único.

Tut-ench-Amon estava sendo anunciado, e Nofretete abandonou o recinto, dirigindo-se ao caramanchão de sua preferência. Então orou fervorosamente, pedindo a Deus que abrisse os olhos do pai, antes que fosse tarde.

Aproximava-se de novo o dia em que eram dadas bênçãos no templo. Dessa vez as duas princesas e Tut-ench-Amon deveriam encontrar-se entre os que iriam ser abençoados.

Semarna achava lógico que houvesse para ela uma solenidade especial, e, se não fosse possível, pois só no dia da lua cheia eram permitidas tais solenidades, então que o povo comum esperasse mais algumas semanas. O faraó, porém, mostrou-se intransigente.

— Perante Deus, todos são iguais. Ajoelhando-te humildemente diante dos degraus do altar, és somente um ser humano, nada mais do que todos os outros. Talvez a fé existente em uma mulher do povo seja mais sincera e profunda do que a tua. Assim falou o faraó e nisso ficou.

Semarna chorou, teimou e, nada conseguindo, foi pedir ao noivo que demovesse o pai. O moço não aquiesceu.

— Também a mim não parece conveniente que o futuro faraó faça sua confissão de fé em companhia do povo. Porém nada podemos fazer. Opondo nossa vontade, arriscamos nosso futuro. Fica sossegada, pois chegará o tempo em que ninguém mais mandará em nós.

Num ponto, porém, a princesa conseguiu vencer. Era costume mudar de nome por ocasião da bênção, como sinal exterior de que a nova crença tinha suscitado um ser novo. Dava-se muito valor ao desaparecimento da palavra Amon, dos nomes que eram usados até então.

Tut-ench-Amon mudaria, segundo seu próprio desejo, para Tut-ench-Aton. Amenema pediu ao pai que determinasse seu nome. Ele escolheu Merit-Aton, e ela ficou satisfeita. Para Semarna o faraó determinou o nome Maket-Aton, mas ela insurgiu-se com todas as forças contra esse nome.

Ela mesma talvez não soubesse por que tinha aversão a esse nome. Talvez fosse antes de tudo o desejo de fazer valer sua própria vontade, depois da derrota que acabara de sofrer. Exigiu ser chamada no futuro Anches-en-Aton, e o pai cedeu com um sorriso.

Ele mesmo já planejara, havia tempo, nova mudança de nome para si, e agora achara oportuno realizá-la. Para o futuro queria ser chamado Ech-en-Aton (Aton está satisfeito). Gostaria que também Nofretete resolvesse mudar de nome, mas ela declarou que não poderia gostar tanto de nenhum outro nome, como daquele com o qual o pai lhe chamara até agora.

A grande solenidade no templo transcorreu sem perturbações. Como era de se esperar, a rainha Nofre permaneceu totalmente afastada, por isso exigia que a festa do casamento de Semarna fosse em seu palácio em Tebas. A bênção dos noivos poderia ter lugar de manhã no Templo de Aton, na intimidade, mas depois deveria realizar-se a festa de acordo com as cerimônias e costumes, durante todo o resto do dia.

Ech-en-Aton concordou. Estava aborrecido e deprimido, sem poder explicar a origem desse estado tão estranho a ele. A festa no templo transcorrera sem incidentes, sim, mas também sem a imponente elevação de espírito que caracterizava todas essas solenidades. Nesse dia havia algo paralisante. Também Nofretete parecia senti-lo.

Queria falar com a filha; talvez ela soubesse a causa. Justamente naquele momento ela entrava na sala do pai. Tinha flores nas mãos, com as quais desejava ornamentar a imagem de Aton. O semblante adorável da princesa estava pálido, e quase apagados os olhos sempre tão alegres, que agora se fixavam nas flores. O faraó assustou-se com essa aparência.

— Filha, dize-me, o que há com nós dois? perguntou impetuosamente.

Nofretete queria responder com evasivas, pois o pai não dera importância a todas as advertências dela, e não queria aprofundar mais o abismo entre eles. Seu amor, porém, venceu e, lutando contra sua timidez, disse baixinho, mas com firmeza:

— Pai, nós dois sentimos que nada de bom poderá provir do egoísmo e da hipocrisia.

— O que Anches-en-Aton cometeu, pode nos oprimir? perguntou Ech-en-Aton, esforçando-se por sorrir.

— Pai, não se trata da alma de Semarna, mas de teu país, de tua obra. É isso que tu sentes, mesmo que não queiras reconhecê-lo. Tut-ench-Aton mudou apenas de nome, não de caráter. A mudança de religião lhe é somente um trampolim para alcançar o trono. Nunca mais te sentirás feliz, caso o instituas como teu sucessor. Ainda não é tarde, ainda podes negar-lhe a mão de Semarna; encontrar-se-ia um motivo para tal.

A princesa falava cada vez com mais ansiedade, prostrando-se em seguida de joelhos diante do faraó, erguendo as mãos suplicantes.

Ele tornou-se muito grave. Agora via numa luz diferente o que antes considerava inveja da filha. Tomou-lhe as finas mãos e inclinou-se para sondar-lhe os olhos.

— Eu não poderia quebrar minha palavra, filha, seria indigno de um faraó!

Parecia antes uma pergunta do que uma recusa. Nofretete assim o compreendia e respondeu pressurosa:

— Antes voltar atrás com a palavra do que desgraçar o país. Pai, prevejo tudo: permite que Tut-ench-Aton alcance o poder, e ele demolirá tudo o que construíste. Reconduzirá os deuses para o Egito e blasfemará contra Deus e Aton. Ó pai, não o permitas!

Pronunciou essas palavras com veemência, ela, a princesa sempre tão serena. Soluçando, deixou-se cair aos pés do pai. Este ergueu-a e procurou sossegá-la.

— Filha, acreditas que Deus permitiria que isso acontecesse? Não julgas que Ele tenha poder para intervir em tempo quando pairar tamanho perigo sobre o país?

— Deus! Nofretete exclamou como uma desesperada. Pai, dize-me, perguntaste a vontade de Deus? Quando falaste com teu guia pela última vez? Pediste a ele para te assistir nessas decisões tão importantes? Silencias? É, pois, como eu temia: vais sozinho, sem o auxílio de Deus, nessa trilha que acabará nas trevas e no desespero. Perdoa-me que eu, a filha, assim fale contigo. Pai, arrepio-me de horror quando penso naquilo que prevejo!

Escondeu sua cabeça nas dobras da vestimenta do pai, que sentia como esse frágil corpo tremia. Cuidadosamente conduziu-a para um banco de repouso e deitou-a como se fosse uma criança doente. Só então é que falou:

— Há muito que não vejo mais meu guia. Pensei que fosse o progresso natural, que eu tivesse progredido intimamente a tal ponto de não mais precisar dele.

Nofretete queria falar, mas o pai interrompeu-a:

— Sossega, filha. Tuas palavras mostraram-me que estive em profundo engano. Esta noite ainda procurarei corrigir e chamarei por meu guia. Ora por mim, para que ele se deixe encontrar. Agora descansa e esquece as preocupações. Deus te abençoe.

A noite inteira Ech-en-Aton esforçou-se em orações. Quanto mais orava, tanto mais se lhe tornavam claros os acontecimentos dos últimos meses. Desde quando estava sem guia? Desde que começara a gostar do babilônio. Por que não prestou atenção às advertências de sua filha? Porque estava satisfeito por ter encontrado um sucessor.

Não chegava além com seus pensamentos, pois nesse ponto sempre se fechavam os círculos. Finalmente, ao amanhecer, sentiu a presença do emissário celeste, e suas mágoas transbordaram nas seguintes palavras:

"Oh! por que me abandonaste?"

"Não fui eu quem te abandonou, mas tu que te desviaste de mim." Foi esta a resposta serena do guia, que prosseguiu: "Eu estava sempre próximo de ti, mas tu não podias me ver, porque não perguntavas por mim. Tinhas receio de que eu confirmasse o juízo de tua filha a respeito de Tut-ench-Aton!".

Era isso mesmo, o faraó compreendia-o bem agora, pois era esse o verdadeiro motivo. Preocupado ergueu o olhar:

"O babilônio é ruim?"

"Sim!"

Breve mas incisiva foi essa a única palavra, e o guia desapareceu em seguida.

"O que devo fazer? Ajuda-me, aconselha-me."

Tudo permaneceu silencioso.

"O que significa isso? Devo eu resolver por mim mesmo? Não queres mostrar-me como sair desses erros tão emaranhados?"

Nenhuma resposta, mas no coração do faraó soavam as palavras de sua filha: "É preferível quebrar a palavra".

"Quebrar a palavra?", Ech-en-Aton sentia horror diante dessa idéia. Antes tudo do que isso.

Em sua alma havia um turbilhão de idéias. Clareza ele não conseguia. Finalmente parecia que uma palavra se repetia: "esperar".

Esperar novamente? Parecia-lhe que toda a sua vida só consistia em esperar e, mesmo assim, isso ele não aprendera. Avançava com impetuosidade. Tinha de agir. O que lucraria esperando? Caso morresse hoje, seu povo estaria sem monarca.

"Esperar", soava novamente uma voz em seu íntimo. Caso esperasse, patentear-se-iam os verdadeiros pensamentos de Tut-ench-Aton. Fosse sua fé legítima, concordaria com o retardamento do casamento.

Por um momento isso parecia como que um alívio para a alma do faraó, como se tivesse resposta a todas as suas perguntas. Mas já vinham os contras: qual a explicação que poderia dar para adiar o casamento e a instituição do babilônio como seu sucessor?

Tut-ench-Aton era homem orgulhoso. Não seria só a vontade de dominar capaz de fazê-lo insurgir-se. Pois o que fosse que Ech-en-Aton desse como motivo, a verdade seria sempre que não acreditava em Tut-ench-Aton. E isso ele sentiria... sim, pois era muito perspicaz.

Aliás, poderia ele imaginar algum sucessor melhor? Era inteligente esse homem da Babilônia, mas seria também bom? Ech-en-Aton não tinha provas contra ele. O que seria se o submetesse a uma prova, caso esperasse?

Repentinamente compreendeu que era ele mesmo quem não podia esperar. Essa era a verdade. Queria assegurar seu reino, ter um sucessor e colocar tudo o que produzira nas mãos de quem deveria continuar a cuidar de sua obra.

Havia esperado algumas décadas, trabalhara e havia cumprido seus deveres com fidelidade. Agora não teria ele o direito de ver como o reino ficaria sob as mãos de outrem? Quanta coisa poderia produzir com o auxílio desse homem inteligente. Floresceria muita coisa completamente nova. Justamente por ser esse babilônio tão diferente em sua natureza, levaria ao auge essas inovações.

Agora o "sim" de seu guia já estava esquecido, devido à incalculável prepotência que preenchia o faraó. Quando a voz da consciência se manifestava, sossegava-a pensando que tinha em suas mãos as medidas para limitar a parte que caberia inicialmente a Tut-ench-Aton no seu governo.

Ainda era bastante forte para dirigir os negócios sozinho. O genro deveria estar a seu lado para aprender e ajudar, até que provasse poder preencher todos os requisitos. E caso falhasse? Caso... ele... falhasse?

A cabeça, com seus olhos amortecidos, caiu-lhe sobre o peito, mas só por um momento. Caso ele falhasse, então teria todos os motivos para pô-lo de lado. O fato de ele ser genro do faraó a nada obrigaria.

Pois estava claro! Era tolice afligir-se tanto. Qual a lei que obrigaria a ele, Ech-en-Aton, a fazer o genro seu sucessor, quando esse, no correr dos tempos, lhe parecesse indigno?

Estabeleceu-se agora grande silêncio na alma convulsionada do faraó. Só o pensamento em Nofretete ainda o preocupava. Ela não se contentaria, mas era mulher, não podia compreender como sua alma ansiava pelo sucessor, e ela teria de ceder.

Nofretete ficou triste quando o pai lhe comunicou sua resolução. Vendo que sua vontade era inabalável, ela recolheu-se em si.

Queria tornar-se forte, forte e sem medo, para poder suportar as graves conseqüências que estavam por vir.

Em primeiro lugar haveria o casamento. Deveria constituir uma festa alegre para El Amarna e Tebas, sim, para todo o Egito. A rainha Nofre estava numa atividade febril, para que tudo fosse preparado com esmero e a máxima pompa. Finalmente ela, a mãe da noiva, estaria mais uma vez em primeiro plano. Parecia não se lembrar de que havia ainda uma segunda noiva entre suas filhas.

Segundo os desejos do faraó, a bênção de casamento de Merit-Aton deveria ser dada no Templo de Aton, juntamente com a da irmã. A isso a mãe não podia opor-se, mas ela recusou que Merit-Aton e Sakeré tomassem parte nas festas. O casal ficou satisfeito, especialmente quando Nofretete confiou-lhe que de bom grado faria a mesma coisa, pois causava-lhe horror tomar parte nas festas no palácio da mãe.

Em compensação Nofretete, com seu grupo de moças, decorou o templo magnificamente. Ensaiou novas cirandas com flores, e o coro dos meninos ensaiou novos cânticos. Fora magnífica a solenidade no templo, inesquecível para aqueles que puderam assistir a ela. Inclusive a alma superficial e fútil de Anches-en-Aton principiou a vibrar, e ela tomou a sério a oração que repetia de seu pai, o sumo sacerdote.

Diferente estava Tut-ench-Aton. Cheio de cobiça, aguardava apenas que Ech-en-Aton declarasse ao povo que deveria ver nele o futuro faraó. Se isso não acontecesse, o casamento teria sido inútil. E deveras não aconteceu. O rosto pálido de Nofretete e uma advertência vinda, como de longe, de seu guia, cerraram os lábios do faraó, toda vez que tentava proferir as palavras decisivas.

O último coro esmorecera. Ech-en-Aton havia se retirado para o pequeno cômodo situado nos fundos do templo, onde se desembaraçava da indumentária sacerdotal, quando Tut-ench-Aton lá ingressou tempestuoso.

— Que significa isto, ó faraó, infliges-me a humilhação de abençoar-me juntamente com teu camareiro e ainda me tratas como se eu fosse seu igual. Ao menos deveria ser anunciado ao povo que eu, Tut-ench-Aton, sou o futuro soberano.

O faraó indignou-se; conteve-se, porém. Seus lábios franziram-se ironicamente, quando retrucou:

— Não és de opinião que este manifesto possa esperar até que assuntos de Estado o tornem oportuno? Para uma festa em família, acho-o inadequado. Afora isso, não achas que tuas perguntas poderiam aguardar até que eu trocasse a vestimenta? Retira-te deste aposento, no qual costumo encontrar-me a sós com Deus!

Como um garoto repreendido, mas com a ira a roê-lo intimamente, Tut-ench-Aton esgueirou-se do local.

Agora não era de esperar que durante os festejos Ech-en-Aton o proclamasse futuro faraó. Restava fazer uma última tentativa. Humilde, acercou-se do faraó, quando este apareceu novamente aos convidados, e pediu desculpas por sua atitude impetuosa.

— Poderei esperar até quando te dignares a conceder-me os meus direitos. Para esta festa, porém, muitos dos meus amigos vieram festejar comigo a minha nomeação como faraó.

Ech-en-Aton interrompeu-o friamente:

— Deverão, pois, voltar em ocasião mais oportuna.

— Mas e os meus direitos? balbuciou o desiludido. Como esposo de tua filha represento tanto como se fosse teu próprio filho, como se já fosse faraó.

— Esqueces apenas que escolheste a mais nova de minhas filhas, respondeu com um sorriso Ech-en-Aton. Deixemos, porém, de tratar de negócios hoje. Não tenho intenções de cercear os teus direitos, mas não permito que me forcem a ceder contra minha vontade. Nunca te esqueças disso.

Os criados anunciaram que a carruagem dourada do faraó chegara, estando os cavalos impacientes. Também os numerosos carros para os hóspedes estavam prontos. Partiram, pois, todos em direção a Tebas.

A "cidade dos cem portais" adornara-se magnificamente para esse festejo de alegria da família real; havia flores, grinaldas por toda a parte. Colocaram também esculturas, e das casas pendiam valiosos bordados e tecidos vários. Muitas figuras antigas de deuses serviam para adornar as margens do trajeto pelo qual vinha apressadamente o comboio de carros de El Amarna.

Na porta do leão, por onde se deu a entrada, tinham erigido um disco de ouro em honra de Aton: a primeira indicação da nova crença na antiga capital. Aglomerou-se muita gente aí, saudando o faraó com alegria demonstrada em altas vozes. Ele deveria sentir como o povo o amava, sentindo-se unido a ele.

E sentia isso profundamente. Justamente nesses dias, quando sua alma parecia estar sendo arrebatada ora para aqui, ora para acolá, lhe fazia um grande bem essa dedicação do povo. Seu sorriso agora lembrava um pouco o que costumava ter outrora, e assim chegou ao palácio, onde Nofre e os hóspedes da Babilônia esperavam por ele e pelo novo casal.

O luxo acumulado de uma cultura centenária fora aproveitado habilmente pela soberana, para patentear a riqueza e o poder da casa reinante. Quase que Ech-en-Aton não reconhecia mais seu antigo paço real.

Antes que os hóspedes tomassem lugar às mesas, apareceu um sacerdote de Ré diante de Tut-ench-Aton e sua esposa, abençoando-os por ordem e em nome de Ré. Nos semblantes dos egípcios havia alternadamente surpresa e horror, e automaticamente todas as vistas se dirigiram para o faraó. O que iria ele fazer?

Este levantou-se e perguntou com voz firme:

— De onde vem esse homem? Eu não o convidei.

— É hóspede meu, não o esqueças, respondeu a rainha, com voz elevada em demasia. Ficou mesmo com receio diante da medonha calma de seu esposo.

Como este silenciasse, acrescentou ainda:

— Eu pedi a ele que trouxesse a bênção de Ré. Atendendo a meu pedido, ele fez a longa viagem desde a Babilônia, para onde tinha fugido. Tu deste aos dois tua bênção em nome de teu Deus, e aqui seja dado o mesmo direito à mãe.

Continuava o silêncio do faraó, e esse silêncio ia ficando opressivo, paralisante, de modo que o sacerdote de Ré se sentiu constrangido. Virou-se para ir embora, na esperança de que alguém fosse convidá-lo a permanecer. Quando notou que se enganara, virou-se para a rainha e disse:

— Nobre rainha, não compete ao hóspede permanecer onde só é tolerado contra a vontade. Cumpri meu dever, atendendo a teu pedido. Deixa-me voltar a meu exílio voluntário. Não está longe o dia em que voltarei para sempre.

Caíra uma sombra sobre a alegria dos hóspedes. O faraó esforçou-se para dominar a má impressão. Só depois do banquete, o ambiente se desanuviou, quando um grupo de prestidigitadores, vindos de países longínquos, exibiram sua arte. A festa durou vários dias e continuou sem outros incidentes, de forma que ainda pôde haver alegria e folguedos.

No último dia, Ech-en-Aton quis conversar com seu genro sobre os negócios de que deveria encarregar-se, onde deveria representá-lo. Para o jovem par fora preparado um pequeno palácio em El Amarna, tão perto da sede do governo do faraó, que era possível comunicarem-se livremente.

O faraó ficou muito surpreso, quando Tut-ench-Aton lhe declarou que não pensava em mudar-se para El Amarna. Nofre cedera para ele e Anches-en-Aton o palácio em Tebas, e para si ela escolhera um dos pequenos palácios de verão, dos quais havia muitos na cidade. O futuro casal reinante residiria em Tebas, devolvendo assim à capital de outrora um pouco do brilho e importância de antigamente.

Agora Ech-en-Aton perdia a calma. Como poderiam combinar coisas assim, às escondidas dele!

— Por ora tu não és nem faraó, nem herdeiro do trono. Ainda depende de minha decisão seres algum dia meu sucessor ou não. Experimenta fingir-te de faraó! Apenas conseguirás que eu tenha de banir-te do país. Pois ainda sou eu o senhor do Egito, sou o único rei e com poderes ilimitados, e penso também continuar assim!

Tut-ench-Aton ouviu serenamente essa descompostura. O velho que ficasse furioso, seu reinado não duraria mais por muito tempo.

Como o genro não se defendesse, Ech-en-Aton tornou-se mais calmo.

— Agora já nem quero mais ter-vos em minha imediata proximidade. Permanecei residindo aqui em Tebas. Sakeré poderá residir no palácio em El Amarna, que vos foi destinado.

Isso não agradou a Tut-ench-Aton. Esperava que o sogro lhe desse ordem expressa para residir em El Amarna e estava disposto a obedecer, assim ficaria o palácio em Tebas como segunda sede e futura residência. Agora era o camareiro que iria receber o que lhe fora destinado?

Procurou acomodar o assunto, mas em vão. O faraó apenas lhe marcou a hora em que deveria apresentar-se no dia seguinte, despediu-se e seguiu Nofretete que já tinha voltado de manhã para El Amarna.

Na devoção matinal no Templo de Aton estava ausente o jovem casal, porém estavam Sakeré e Merit-Aton, felizes, e depois saudaram o pai. Este, atendendo ao convite, iria visitá-los no pequeno palácio, agora residência deles. Lá também apareceu Nofretete. Reunidos, falavam a respeito das festas em Tebas, e Ech-en-Aton não escondeu que lhe vieram graves suspeitas contra Tut-ench-Aton.

— Agora estou contente, afirmou Nofretete. Se o pai vê quão falso é o babilônio, estará vigilante e saberá reagir contra a falsidade. Estive preocupada enquanto o pai nele confiava.

Chegara a hora marcada para tratar dos negócios de Estado. Pontualmente se apresentou Tut-ench-Aton; ficou, porém, decepcionado ao encontrar também Sakeré. Aos poucos, apareceram também, certamente por ordem do faraó, alguns ministros e conselheiros de maior confiança, de modo que havia por fim um grande círculo de homens. Então o faraó levantou-se:

— Mandei chamar-vos todos, porque quero determinar as linhas gerais de meu governo nos próximos anos. Não tenho filhos homens, e tendo minhas filhas me arranjado dois genros ao mesmo tempo, quero ver nisso uma indicação de Aton. Conjuntamente governaremos o Egito, e juntos cuidaremos de seu bem-estar, até que a morte arranque o cetro de um de nós.

Os ministros ouviram o exposto com toda a calma. Parecia que já estavam informados. Isso não se deu com as figuras principais. Enquanto Sakeré enrubesceu com orgulho jubiloso, Tut-ench-Aton empalideceu até os lábios. Só com dificuldades se dominava.

O faraó continuou:

— Sakeré já me provou muitas vezes a sua lealdade, e não hesito em deixá-lo agir autonomamente desde já. Ficam-lhe destinados todos os negócios que se relacionam com o comércio, as rendas, moeda e assuntos semelhantes. Meu tesoureiro e os dois ministros que cuidam do comércio e dos tratados deverão no futuro dirigir-se a ele. Tu, Sakeré, só a mim deves prestar contas, e sempre o farás quando eu o ordenar.

Respondendo à pergunta se todos concordavam, ouviu-se imediatamente um alegre "sim".

Depois o faraó se dirigiu a Tut-ench-Aton:

— Não duvido em nenhum momento de tuas habilidades e inteligência, mas és estranho ainda em nossa terra, deves antes conhecer-lhe os costumes e usos, por isso determino que, por ora, trabalhe como meu auxiliar em todos os outros negócios do governo. Não agirás por conta própria, mas aprenderás com atenção. Espero que meus conselheiros te sejam úteis nesse sentido, mas também espero que não reconheçam em ti o futuro faraó, mas apenas o instrumento que eu uso conforme minha vontade.

Dessa vez o faraó deixou de perguntar se estavam todos de acordo, aparentemente sem outras intenções. Começou logo a falar de assuntos urgentes do governo.

Tut-ench-Aton estava revoltado intimamente e quase não podia esperar para deixar El Amarna, a fim de informar Anches-en-Aton e Nofre da afronta que lhe fora feita.

Esse camareiro fora-lhe anteposto! Quanto mais falava nisso, tanto mais crescia sua ira. Esquecia-se de todo domínio de si mesmo e gritava que, se tivesse previsto isso, não se teria ligado à filha do faraó.

Agora se manifestava o orgulho de Anches-en-Aton. Queixava-se amargamente de que ele a desposara só por interesse. Era uma altercação muito séria, interrompida, porém, por Nofre que perguntava, sarcasticamente, que serventia tinha brigarem como crianças mal-educadas. Seria muito mais aconselhável pensar em como poderiam tornar tudo melhor.

— Nada poderá melhorar, antes de o faraó morrer, gritou Tut-ench-Aton, encolerizado.

— Então façamos votos para que isso aconteça brevemente, foi a resposta de Nofre. Abandonou depois o recinto, deixando os dois mergulhados em profunda meditação.

Aparentemente, Tut-ench-Aton submetia-se. Entrava e saía do palácio do faraó em El Amarna, sendo cortês e reservado, e tratava conscienciosamente do que fosse incumbido. Não o satisfazia, porém, seu trabalho em companhia de Anches-en-Aton, cuja superficialidade reconhecia cada vez mais.

Sua alma era tomada de dois fortes impulsos que, contrariando-se, pareciam querer aniquilá-lo. Um era o seu amor sempre crescente por Nofretete, na qual via tudo o que podia tornar uma mulher adorável. O outro era sua ânsia de alcançar o poder, fazendo-o procurar febrilmente por uma solução.

Se ele ainda estivesse livre, tudo faria para conseguir a mão de Nofretete, e com isso, bem o sabia, a sucessão ao trono do Egito. Agora era justamente a princesa o maior obstáculo à realização de suas ambições. Enquanto o faraó pudesse nutrir esperanças de casá-la condignamente, não pensaria em nomear outro para sucessor: isso era bem claro para Tut-ench-Aton.

Nofretete, porém, era inatingível ao seu amor. Pairava muito alto em sua pureza reservada, na qual supunha haver aversão e ódio contra ele. Perdia noites inteiras pensando em como poderia coordenar tudo para um final feliz. Deveria ser realizável.

Essa ânsia incitava-o sempre a fazer novos planos. Só pensava em como seria quando Ech-en-Aton não mais existisse. Deveriam voltar antes de tudo os sacerdotes de Ré. Por que não mandar chamá-los desde já? Naturalmente deveriam conservar-se escondidos, mas poderiam ser, mais tarde, úteis ou talvez mesmo necessários.

Estabeleceu um secreto correio com a Babilônia, impossível de continuar permanentemente às escondidas do faraó. Este perguntava a Tut-ench-Aton se havia novidades em sua pátria. A resposta não satisfazia, mas Ech-en-Aton não lhe dava muita importância. Estava agora interessado mais do que nunca no problema da sucessão. Já se havia convencido de que não poderia ser

Tut-ench-Aton, mas também não poderia destinar Sakeré para ser faraó, apesar de sua fidelidade.

Eis que apareceu uma solução: ambas as filhas esperavam a sua hora. Qual delas traria o sucessor desejado? Apresentaram-se os bebês no mesmo dia. Enquanto Merit-Aton, toda venturosa, segurava nos braços uma filhinha, Anches-en-Aton, por sua vez, toda orgulhosa, deu ao esposo o filho desejado. Alegravam-se em El Amarna como em Tebas, e também Ech-en-Aton encheu-se de alegria quando viu o futuro faraó.

Parecia estar resolvido o problema e, feliz, ele esperava pelo dia em que pudesse abençoar as crianças no Templo de Aton e consagrar o futuro faraó. Também Nofretete estava radiante. Seu semblante durante meses esteve tão sério, quase melancólico, que agora com essa mudança parecia a todos no palácio como se o sol tornasse a raiar. Mas não foi por muito tempo, e o sol se ocultou novamente atrás de nuvens.

Dois dias depois do nascimento do menino, Ech-en-Aton encontrou a filha em prantos. Estava tão absorta em sua dor, que não ouvira o pai chegar. Amorosamente este inclinou-se para ela e perguntou pela causa de suas aflições. Ela levantou o rosto, onde os olhos pareciam estranhamente modificados. Falou então pausadamente com voz que parecia vir de longe:

— Neste instante o futuro faraó está sendo consagrado solenemente a Ré.

— Filha, de onde o sabes?

— Estou vendo! O sacerdote de Ré acaba de pôr a mão sobre ele. Nofre agora o abençoa.

Sua voz sucumbiu em pranto.

O faraó foi tomado de forte emoção. Queria ver ele próprio. Com a máxima pressa foi a Tebas e apareceu no palácio, onde encontrou um silêncio solene. Mandou que o anunciassem à filha, que estava descansando, e que demonstrou um sorriso venturoso.

— Onde está teu filho, perguntou quase sem fôlego, esquecendo totalmente as cerimônias de introdução.

Em vez de responder, Anches-en-Aton indicou-lhe o aposento vizinho, de onde Tut-ench-Aton vinha carregando cuidadosamente o menino. O pequeno estava ornado com fausto, mas isso não justificava a suspeita, e seria muito tolo perguntar diretamente.

Havia intensa luta na alma de Ech-en-Aton, e pela primeira vez em sua vida estava indeciso em como deveria proceder. Antes que o silêncio se tornasse opressivo, Tut-ench-Aton dirigiu-lhe a palavra:

— O pequeno fez sua primeira visita à vovó. Acabamos de chegar de lá.

— Então estará também em boas condições para ser abençoado amanhã no Templo de Aton, replicou o faraó excitado.

Anches-en-Aton olhou admirada para o pai.

— Certamente que estará. A mim deves desculpar, mas Tut-ench-Aton levará o filho.

Ech-en-Aton suspirou aliviado. Teria ele receado que os pais recusassem? Continuou mais calmo e amigável, dizendo:

— Penso que o chamaremos pelo nome do maior soberano do Egito, meu pai, modificando-o apenas para Aton-Ophis.

— O menino chamar-se-á Tut-ench-Aton, igual ao pai. Assim respondeu este com firmeza incomum.

O faraó olhou-o surpreso e depois falou:

— Isso certamente poderá ser modificado, caso me parecer importante. Aqui no Egito amamos os nomes antigos, e o povo julga ser de bom augúrio uma certa analogia com os nomes dos monarcas antigos. Devendo ele tornar-se faraó, deverá receber o nome de algum antigo monarca do reino, até que ele mesmo esteja em condições de modificar esse nome.

— Ele chama-se Tut-ench-Aton e será com esse nome o primeiro faraó de origem babilônica, retrucou Tut-ench-Aton.

— Como poderá ter um nome, se ainda não foi consagrado? falou o faraó já bastante irritado.

O pai, com estranha calma, respondeu:

— Já foi consagrado! Segundo os costumes da minha terra, uma criança é chamada pelo nome que lhe foi destinado, sendo ao mesmo tempo abençoada até o terceiro dia, o mais tardar.

— Por que não levaste a criança ao Templo de Aton? Quem foi que lhe deu a bênção? o faraó falou encolerizado, reconhecendo que Nofretete tinha visto a verdade.

— Eu mesmo dei-lhe a bênção. Amanhã o levarei ao Templo de Aton, em obediência a tuas ordens.

"Estás mentindo!", queria responder Ech-en-Aton, mas dominou-se a muito custo. Para que serviria? Sabia há muito tempo que Tut-ench-Aton costumava mentir. Mas outra coisa cumpria providenciar: afastar o mais que pudesse essa criança da influência nefasta dos pais.

Ele constatou os fatos e disse:

— Já não podemos modificar o sucedido; sabei que, se esta criança for destinada a ser meu sucessor, será como egípcia, não como babilônia. Exijo que seja entregue aos cuidados de Nofretete e que cresça e seja educada em meu palácio em El Amarna, logo que alcance quatro anos de idade.

Esperava resistência, mas os pais silenciaram. Nos lábios de Tut-ench-Aton havia um riso malévolo, enquanto Anches-en-Aton, esgotada, fechava os olhos.

— Estais de acordo? Quereis fazer-me essa promessa? perguntou o faraó com insistência.

— Certamente, estamos de acordo.

— Pois então, Tut-ench-Aton, prepara-te para fazer essa promessa amanhã no Templo de Aton. Deus irá ouvir-te!

As crianças receberam a bênção, e Tut-ench-Aton prometeu solenemente perante Deus que entregaria seu filho, aos quatro anos de idade, ao faraó e a Nofretete para ser educado. Agora os homens se dirigiam à sala de reuniões, para onde Ech-en-Aton havia convocado seus ministros e conselheiros.

Mostrou-lhes a criança, cheio de orgulho. Alegrava-se de que por fim iria ter, para ocupar o trono, um descendente seu. Anunciou a promessa de Tut-ench-Aton e terminou consagrando a criança como faraó. Os conselheiros assustaram-se: queria o faraó abdicar?

Ech-en-Aton viu a surpresa nos rostos, os olhares interrogadores e disse sorrindo:

— Ainda não estou cansado de governar, mas julgo que seja bom educar o novo faraó ao lado do velho, para ser garantida a sucessão em caso de minha morte. De hoje em diante o país tem dois governadores, e, para confirmar, cubro a criancinha com o emblema de sua dignidade.

Com essas palavras desprendeu o círculo solar de seu peito e colocou o mesmo sobre a criancinha.

— Faraó Tut-ench-Aton, cresce em honra de Deus! Torna-te um regente conforme os Seus mandamentos. Leva a felicidade ao país e serás feliz!

Por um momento pôs as mãos sobre a testa infantil, abençoando a criança, e a seguir virou-se para abandonar a sala, mas caiu no mesmo instante, com um grito de dor.

O punhal de um assassino atingira-o pelas costas. Enquanto os mais próximos atendiam o faraó gravemente ferido, Sakeré apanhou o assassino. Este, porém, com muita destreza, desvencilhou-se e enterrou também no coração desse fiel o punhal assassino, evadindo-se a seguir sem ser reconhecido.

Todos foram tomados de grande excitação. Queriam carregar o faraó para fora, gritavam por Tut-ench-Aton. Onde estaria? Abandonara a sala com a criança. Fora-se, neste momento, quando o faraó estava morrendo? Isso só poderia significar que sabia a respeito desse assassinato, que fora talvez quem tramara o crime!

Cada vez mais aumentava a excitação e, no tumulto e vozerio, ninguém notou que o faraó cerrava os olhos para sempre, que se fora sem ter dado ordem alguma. Quando se inclinaram de novo para o faraó, este já não respirava mais. Então foram tomados de grande tristeza pelo soberano, começando a lamentar-se, soluçando em voz alta.

Choravam como crianças. Essa perda parecia-lhes insubstituível. Pensaram então em Nofretete. Como deveriam participar à princesa que o pai fora assassinado covardemente no meio deles?

Finalmente se tomou uma decisão, o sacerdote Eje, um homem de idade, que muito privara com o faraó, ordenou que levassem o cadáver a seus aposentos. Cuidadosamente o levantaram, mas quando afastaram os reposteiros para passar, encontraram as portas bloqueadas. Estavam presos todos os fiéis de Ech-en-Aton!

Acomodaram então o corpo do monarca morto da melhor forma possível e depois desenvolveram todos os esforços para conseguirem a liberdade. Trabalharam horas a fio, mas em vão. Eis que, no momento em que menos esperavam, se abriu uma das portas pelo lado de fora, entrando guerreiros babilônios, um por um, cada vez mais, até que encheram a sala, empurrando os ministros e conselheiros até o canto oposto.

De onde tinham vindo todos esses combatentes? Deveriam estar escondidos no Egito há muito tempo. Alguns conselheiros se lembravam de distúrbios e movimentos incomuns. Não era, porém, o momento oportuno para meditar sobre isso. Tinham de pensar agora em como preservar a liberdade e a vida. Diante deles estavam os dois cadáveres. Junto destes aparecia agora Tut-ench-Aton, olhando-os com escárnio.

— Ouves-me, tu ó grande faraó? Julgavas que a vida não acabava com a morte! Tu me ouves? Vês como me torno faraó em teu lugar? Muito, muito tempo Ré esperou, pacientemente, até que este país lhe fosse devolvido. Escolheu a mim como executor, para banir novamente a idolatria do país, para reconstruir os templos de Ré, fazendo com que o povo de novo adore Ré e Amon. Tu me ouves, Ech-en-Aton? A mim, Tut-ench-Amon! De hoje em diante, volto a usar meu velho nome, pois tua tirania não mais me pode impedir. Tut-ench-Amon reconstruirá o templo de Amon. Ré me ajuda, Ré é meu deus, e será de novo o único deus do Egito!

O babilônio falava cada vez mais alto... suas palavras quase que soavam como um cântico fanático. As almas dos egípcios foram tomadas de horror, e a estes ele agora se dirigia:

— Ouvi, pobres e transviadas vítimas da loucura! Pois louco era vosso faraó. Perdera a razão porque abandonara os deuses. Só há um deus poderoso: Ré! Os deuses que lhe são subordinados são Amon, Mut, Chons e todos os demais. Ré pretende perdoar o país por tê-lo abandonado, pois fora vítima do soberano.

De hoje em diante, Ré voltará a condescender em ser de novo vosso soberano. Eu sou seu representante terreno, a quem deveis obediência. Ouvi bem: tenho todos vós em minhas mãos. Sou o senhor de vossas vidas. Seria fácil para mim fazer desaparecer todos vós da Terra, e isso faria com que meu governo fosse mais agradável para mim. No entanto, sou magnânimo, assim como também é Ré. Quem de vós jurar que despreza Aton e o estranho deus pagão, vindo, porém, a adorar Ré, poderá regressar para casa livremente! Os outros não verão mais o alvorecer. Acautelai-vos, porém, de não jurar levianamente, pois qualquer transgressão será castigada com a pena capital.

Tut-ench-Amon silenciou e fitou os homens, mas eles não erguiam o olhar. Foi então que mandou os soldados formarem passagem entre si, suficientemente larga para que um homem pudesse passar.

— Aproximai-vos um após outro, dignitários do Egito! Apresentai-vos e prestai juramento, e sereis livres! assim vociferou Tut-ench-Amon, com voz quase rouca.

Ninguém se movia.

— Sacerdote Eje, dispenso-te do juramento. A princesa Nofretete necessita de ti. Abandona o recinto e procura-a. Fica a teu critério o quanto quiseres contar-lhe dos acontecimentos.

Também Eje não se mexia. Novamente o faraó elevou a voz e falou:

— Eje, ordeno-te em nome da princesa que te dirijas para junto dela!

— E o corpo de meu senhor e amo? proferiu Eje, com lábios trêmulos.

— Será sepultado com dignidade e com todos os direitos. Isso não é de tua conta. Assim falou Tut-ench-Amon, arrogantemente.

Foi então que Eje se sentiu impelido para a frente, por mão invisível, e uma voz em seu íntimo dizia: "Segue a ordem. Servirás melhor a princesa e a Deus com tua vida do que com tua morte".

Eje ainda lançou um olhar demorado sobre o corpo de Ech-en-Aton, cujo semblante parecia refletir uma paz maravilhosa. Em seguida deixou o recinto.

— Assim, livres como ele, podereis ir vós também, caso queirais fazer o juramento. Chamo-vos pela última vez. Quem não quiser ir agora, não mais abandonará este recinto com vida.

Dentre os egípcios desligou-se uma pessoa. Era Harem-Hab, o comandante da guarda pessoal do faraó. Aproximou-se com passos indecisos do novo senhor. Diversas vezes se virou para ver se os outros o seguiam. Depois, como se fosse para dominar-se, apressou seus passos e dirigiu-se ao faraó:

— Eu juro tudo o que exigires, mas deixa-me sair deste lugar de horrores!

— Então repete: eu, Harem-Hab, amaldiçôo Amenophis, morto agora com seus pecados. Amaldiçôo Aton e o ídolo falso e juro reconhecer Ré como único deus, juro santificá-lo e servi-lo.

Harem-Hab parecia estar doido quando repetia as palavras sacrílegas. Depois foi conduzido para fora.

Ninguém o imitou. Quem talvez tivesse dúvidas no íntimo, haveria de ficar fortalecido mediante essas medonhas palavras. Todos estavam resolutos a seguir o soberano amado no caminho da morte.

Tut-ench-Amon apresentou-se de novo no cenário:

— Já que vós todos preferis a morte em lugar da vida, abandonar-vos-ei ao vosso destino, escolhido por vós mesmos. Facilitar-me-eis muito o início de meu governo, e por isso vos agradeço. Permanecereis aqui neste recinto até que tenhamos transferido Nofretete e sua irmã, como também meu filho, o faraó Tut-ench-Amon, para Tebas. Depois o palácio será entregue às chamas, que poderão elevar-vos para junto de vosso Deus.

Tut-ench-Amon virou-se com uma risada grosseira e abandonou a sala, seguido pelos soldados. Deixaram para trás os dois cadáveres.

Por muito tempo reinou silêncio entre esses homens destinados a morrer, mas não era o silêncio do desespero e do desânimo. Desde que os babilônios se foram, eles respiravam mais livremente e os seus ânimos se elevaram.

— Acomodaremos o faraó tão bem quanto nos for possível, disse Jua, um dos sacerdotes de Aton. Já que seu corpo tem de ser consumido pelas chamas junto conosco, sê-lo-á com honras reais.

Esforçaram-se então em arrancar das portas os reposteiros ricamente bordados. Um destes representava o sol em ouro, e cobriram o corpo de seu monarca com ele. As janelas, protegidas com grades, eram muito altas, e assim não havia esperanças de poderem escapar por ali. Também nenhum deles tinha vontade de conquistar a liberdade por um meio tão ignóbil: era melhor e mais fácil morrer.

Começaram então, a meia voz, a falar dos áureos tempos por que passaram. Falaram dos cuidados e do amor de seu soberano, como também de Aton e do Deus eterno. Quanto mais assim falavam, tanto mais lhes vinha coragem e esperança nas suas almas assustadas. O tempo passava sem que disso se apercebessem.

As sombras da tarde já penetravam na sala, quando foram ouvidos passos e um labor apressado em redor. Logo compreenderam: juntavam lenha e outras coisas inflamáveis em volta da sala, que era uma saliência do palácio real e penetrava no jardim. Queriam sufocá-los com a fumaça, pois seria impossível que o prédio, todo de pedras, pegasse fogo.

Pois bem! Os ateus que fizessem o que achassem justo. Os adoradores de Aton não se deixariam intimidar. Parecia-lhes como se brisas agradáveis perpassassem, como se seres luminosos pairassem em seu redor.

Nas janelas e através das portas elevavam-se as línguas vermelhas de fogo, e a fumaça escura e irritante enchia todo o recinto. Os homens entoaram em altas vozes o cântico em louvor ao sol, e depois das palavras "Sol, nós te pedimos: mostra-nos Deus", nada mais se ouviu.

O palácio de Ech-en-Aton ardeu durante três dias, e com ele perderam-se coisas infinitamente belas e valores artísticos insubstituíveis.

A princesa Nofretete estava sentada em sua cadeira de ouro. As mãos brancas, delicadas, descansavam nos braços da cadeira. Os olhos, abertos desmesuradamente, olhavam sem expressão para o infinito.

Diante dela, de joelhos, estava o sacerdote Eje. Com os olhos transbordantes de lágrimas, trêmulo, procurava desfazer sua rigidez cadavérica, mas sem resultados. Resolveu então apelar para meios mais enérgicos, e, tomando-lhe uma das mãos geladas, que nunca antes tinha ousado tocar, falou em voz alta:

— Princesa, escuta: Ech-en-Aton morreu!

Um fraco suspiro fez o peito de Nofretete elevar-se e um débil sinal de vida demonstrou-se nas pálidas faces.

Mais uma vez o sacerdote, amedrontado, repetiu as horríveis palavras. Foi então que a princesa virou a cabeça:

— Sei de tudo o que aconteceu, Eje. O faraó não está morto.

— Lamento-o diante de Deus o eterno! Ele está morto. Julgas que eu o teria abandonado, se ainda houvesse vida nele?

Falou com censura e desespero. Precisava, a qualquer custo, fazer a princesa ver o perigo em que se achava. Era para essa finalidade que ele aceitara a vida das mãos do inimigo mortal.

— Eje, digo-te que ele está vivo. Seu corpo ficou abandonado e não importa que as chamas o destruam. Sua alma está próxima de nós e ouve a ti e a mim. Em breve estarei junto dela.

A princesa, portanto, compreendera que o pai a deixara, que também ela estava em perigo. Assim, pois, Eje poderia arriscar-se a propor seu plano:

— Princesa, abandonemos este palácio, começou ele timidamente.

A princesa revoltou-se:

— Não irei a Tebas!

— Vem comigo para minha casa, se não te for modesta demais. Teje receber-te-á de braços abertos.

— Para onde eu gostaria mais de ir, do que para junto de Teje? Minha ama fiel encontra-se mais perto de meu coração do que minha própria mãe. Com ela encontraria felicidade também agora. Acredita-me, porém, Eje, não posso abandonar o palácio, antes que me toquem daqui à força.

Como se fosse para dar resposta, apareceu nesse momento, sem ser anunciado, Tut-ench-Amon. Nofretete ergueu a cabeça e disse com dignidade:

— Desejo estar sozinha!

— Eje, sai daqui, disse o babilônio.

O sacerdote olhou para Nofretete, indagando. Esta inclinou a cabeça em sinal de consentimento. Ela sabia bem que sua vontade nada podia contra a ordem recebida. A isso não queria se expor.

Tut-ench-Amon, excitado, andava de um lado para o outro, mesmo depois de o sacerdote ter abandonado o recinto.

Finalmente começou:

— Silenciemos sobre o ocorrido. És bastante inteligente para conhecer os motivos que o determinaram. Teu pai consagrou meu filho como faraó, mas seria impossível atender a esse desejo de imediato. Vês em mim o soberano do Egito; portanto, também o teu soberano.

Nenhuma palavra partiu da boca da princesa, só seus grandes olhos se fixaram nele. Eram-lhe incômodos, esses olhos cientes, que também eram tão admiravelmente belos. Apressadamente continuou:

— Tenho de prosseguir rapidamente a obra e concluí-la. Isso entenderás. Não poderei ficar na metade. Amanhã serão fechados todos os Templos de Aton. Seremos novamente um povo de Ré.

Outro intervalo, para dar oportunidade a alguma objeção de Nofretete. Também agora a princesa silenciava.

— De tua atitude depende até que ponto eu deva agir contra os adeptos de Aton. Caso concordes com meus desejos, serei clemente para com eles.

Nos grandes olhos transpareciam as interrogações, mas a boca continuava calada. Aborrecido, Tut-ench-Amon estacou e disse:

— Abandonarás imediatamente este palácio e mudar-te-ás para Tebas. Teu pai desejava ver meu filho ser educado por ti. Pois então, assume tua missão.

Como também essas palavras não pareciam impressioná-la, o faraó perdeu a paciência:

— Saberemos obrigar-te, orgulhosa. Não querendo respeitar minhas ordens, serás forçada a obedecer.

Com alto brado chamou a guarda do palácio. Todos eram homens fiéis a Nofretete, como também o foram a seu pai. Lia-se em todos os rostos a dor pela morte do soberano.

— Levai a princesa para Tebas, gritou Tut-ench-Amon para os guerreiros.

Os soldados permaneceram imóveis. Nenhum ousava tocar na princesa.

— Não sabeis obedecer? Apanhai-a e amarrai-a, caso ela queira resistir. Não estando ela em poucos minutos lá embaixo na carruagem, perdereis a vida.

Os homens nem se mexiam, apesar da ameaça que tinha de ser tomada a sério. Foi então que Nofretete se dirigiu ao encontro deles. Um reflexo do sorriso angélico de outrora iluminava suas feições quando falou:

— Por minha causa nenhum de vós será prejudicado. Irei voluntariamente convosco.

— Aí temos um meio de domar teu orgulho, disse, baixinho, Tut-ench-Amon, dispondo-se a ir ao lado de Nofretete.

A guarda, porém, formou um cordão em volta da princesa e acompanhou-a até a carruagem dourada, onde encontrou Teje chorando.

— Teje, és responsável para que nada falte à princesa, para que não sofra nenhum mal, disse o faraó, quando a carruagem partia. Depois se virou para dar a ordem de incendiar o palácio.

Não sentia nenhum arrependimento pelos horrores que ocasionara. Nenhum pensamento no faraó assassinado incomodava-o. Gozava o triunfo e fora tomado duma alegria orgulhosa, porque conseguira vencer os obstáculos que se antepunham à sua ânsia de dominar.

Dizia que serviria assim a Ré, pensando que se conservaria independente e livre dele.

Tolo que era: Ré dominava-o, era o incitador de todos os seus atos.

Durante três dias ardeu o palácio do faraó, durante três dias os moradores de El Amarna, desesperados, procuravam apagar, salvar. Os que eram encontrados fazendo isso eram presos, e caso resistissem eram mortos imediatamente. Era essa a ordem do novo soberano. Apesar disso, havia sempre alguns que, movidos pela fidelidade e pelo amor, menosprezavam a vida.

Quando não se elevava mais nenhuma chama das ruínas, desaparecendo a fumaça, os homens atônitos procuraram compreender de alguma forma os acontecimentos. Foi então que uma notícia horrorosa se espalhou célere pela cidade e por todo o país: o Templo de Aton estava em chamas!

Todos acorriam ao incêndio, pois não podiam permitir que o santuário fosse danificado por mãos criminosas. Em volta do templo, num círculo afastado, guerreiros babilônios obstruíam qualquer tentativa de apagar as chamas. O desespero e a dor do povo fê-lo agir, e com fúria e rancor os homens e as mulheres avançavam contra os guerreiros. Começou uma luta sangrenta como talvez nunca houvera no Egito.

Tut-ench-Amon regozijava-se, pois quanto mais adeptos de Aton desaparecessem, tanto mais fácil seria o retorno à religião antiga. Pouco lhe importava que também morressem muitos guerreiros babilônios. Esperava que o povo não se submetesse de bom grado, por isso determinava esses acontecimentos horríveis, sem deixar intervalos, para que ninguém pudesse meditar. Quando os homens estivessem totalmente alquebrados, ele poderia implantar mais rapidamente as suas novas diretrizes.

Enquanto ainda ardia o templo, o faraó mandou demolir as residências dos dignitários que morreram queimados. As famílias, mulheres e crianças, eram tocadas para a rua. Que se arrumassem como pudessem. Os valores que havia nas casas pertenciam aos demolidores. Por isso uns tantos egípcios, sem força moral, foram induzidos a compartilhar, mesmo que fossem desprezados pelos homens de boa índole.

El Amarna, lugar paradisíaco, transformara-se em sítio de desespero e horror.

Em Tebas os ânimos estavam exaltados. Os verdadeiros guias tinham perdido a vida, mas havia ainda muitos nobres que não queriam suportar o usurpador estrangeiro. Nofretete deveria ser a soberana, ela que fora a confidente e auxiliar do faraó.

A princesa, porém, não atendia aos rogos e insistências. Lembrava ao povo a última disposição do faraó: o pequeno Tut-ench-Aton era o novo faraó. Recebera o círculo solar. Ela queria continuar na Terra somente para educar o menino nos moldes dos ensinamentos de Ech-en-Aton.

Ela precisava tratar de mais uma criança. Merit-Aton não sobreviveu à notícia do assassínio de seu esposo, morrendo de susto e de dor.

Anches-en-Amon, porém, reviveu, pensando no poder que lhe seria proporcionado ao lado do esposo. Da mesma forma que o marido, também ela não demonstrava nenhum arrependimento. Nofretete e as crianças incomodavam-na. Deu ordens para que fossem afastadas do palácio. Talvez Nofre ficasse com elas.

Antes, porém, que a ordem pudesse ser cumprida, voltava Tut-ench-Amon de El Amarna, para tomar as rédeas do governo com pulso firme. Cancelou a ordem da esposa: Nofretete era-lhe muito importante, tinha pois que ficar perto.

Disse à sua esposa:

— Compreende, enquanto Nofretete residir aqui no palácio, tenho-a quase como refém em minhas mãos. O povo ama-a tanto, que fará tudo para que nada lhe aconteça. Prefere suportar tudo.

Assim o faraó falou, mas o verdadeiro motivo ele ocultava. Desde que seu filho fora entregue aos cuidados de Nofretete, começou a freqüentar seus aposentos sem fazer-se anunciar. Suas visitas eram para o menino, mas a princesa tinha de suportar sua presença odiosa.

A guarda do pequeno, sitiada nessa ala do palácio, não a protegia contra visitas indesejáveis. Muitas vezes ela ordenara que não deixassem entrar ninguém, mas o faraó aparecia onde queria. Ele dispôs para que essa guarda sempre fosse constituída de guerreiros babilônios.

Ela pedira que aumentasse o número de servas para as duas crianças, no que fora logo atendida. Mas chegando o faraó no aposento, ele, com um aceno de mão, afugentava todas. Assim também acontecia hoje. Cônscio de si, como sempre, mas ainda com um ar especialmente autoritário, Tut-ench-Amon entrou, através dos reposteiros ricamente bordados, no aposento da princesa.

Ela não tinha ouvido o faraó aproximar-se, absorta que estava nas tristes lembranças do passado e nos pensamentos do futuro, parecendo surda para o presente.

Ele, com os braços cruzados, postou-se em frente dela, e agora ela sentia sua presença. Assustada, dirigiu o olhar para cima e foi atingida em cheio pelo olhar admirador dele. Ela ficou quase sem respiração, ao perceber a chama de seus sentimentos abrasadores e selvagens. Automaticamente sua mão apalpou o pequeno disco de Aton, de ouro, no seu peito, escondido pelo vestido. Agora via de novo, como freqüentemente acontecia, o seu guia, que se pôs a seu lado para protegê-la. Adveio-lhe uma grande calma, como um bálsamo para o triste coração.

— O que procuras aqui, Tut-ench-Amon? O pequeno está no seu próprio aposento e dorme. Este aqui é meu quarto particular, falou a princesa.

— É por isso que vim aqui, respondeu rapidamente o faraó. Tenho assuntos importantes a tratar contigo, assuntos que eu estava protelando demasiadamente. Deverá haver clareza entre nós dois.

O faraó puxou uma das cadeiras douradas e sentou-se na frente de Nofretete. Ela, porém, sabia que os próximos momentos marcariam seu destino.

— És inteligente, Nofretete. Não foi sem razão que teu pai te escolheu como conselheira. Compreender-me-ás agora também. Trata-se do povo, de ti e de mim.

Ela não o interrompeu, pois afinal essas palavras tinham de ser proferidas. Mas também não podia olhar para ele, pois parecia circundado por inúmeros seres de aspectos medonhos, sempre em movimento. Parecia que dele partiam chamas. Horrorizada, ela fechou os olhos, e quando os abriu, viu o guia diante de si. Um sorriso perpassou-lhe o rosto, um sorriso de gratidão e liberdade íntima. Tut-ench-Amon interpretou-o erradamente.

— Sim, trata-se de ti e de mim. Nofretete, eu te amo. Não é de ontem e nem de hoje, mas desde que eu te conheço. Concorda em ser minha esposa, e eu admito Aton ao lado de Ré. Assim tu proporcionarás para parte do povo que não quer largar da falsa doutrina a possibilidade de viver em conformidade com ela.

— E Semarna? a princesa horrorizada proferiu-o sem querer.

— Anches-en-Amon, corrigiu o faraó com ênfase. Anches-en-Amon voltará para junto da mãe, logo que eu o deseje. Ela era somente o meio para eu conseguir a meta, isso ela sabe. Agora não há tempo para considerar seus sentimentos e desejos. Podes ter certeza, dando-me tua palavra, abrirei o caminho para ti. Serás a rainha deste país, assim como teu pai o desejava. Considera o que isso significa para o Egito, para o povo que tu amas, conforme dizes.

Tut-ench-Amon silenciou por um momento, depois recomeçou. Fazia toda a sorte de promessas de tolerância em relação aos adeptos da doutrina de Aton. Explicou como seriam felizes governando juntos.

Nessa narração, porém, penetravam cada vez mais os seus verdadeiros sentimentos. Tudo o que tinha dito até agora era somente o engodo para seduzir a princesa. Agora largava os freios dos seus sentimentos e paixões.

Como uma torrente tudo isso se lançava sobre a silenciosa Nofretete.

Ela não podia falar. Cada palavra que pronunciasse seria um grito de revolta. Como que tinha de suportá-lo, ouvir tudo isso? Por que ainda estaria aqui? Por que não pôs, há muito tempo, um fim à vida?

Ouvia-se agora choro de criança. É isso, o menino, o futuro faraó! Para educá-lo na crença de Deus é que experimentava continuar essa vida, que parecia sem valor.

Levantou-se e disse:

— O pequeno chora, ele precisa de mim.

— Deixa que chore. Eu também preciso de ti, respondeu Tut-ench-Amon, levantando-se de súbito. Proíbo-te de abandonar o quarto antes que me tenhas dado tua resposta. Nofretete, poderá haver ainda alguma dúvida no que deves fazer? Esperam-te as maiores honras, se aquiesceres a meus desejos. Opondo-te, porém, nada mais evitará que eu acabe aqui no Egito com a falsa doutrina e com seus adeptos, aplicando eu o máximo rigor.

O choro da criança aumentava em intensidade. Nofretete mal ouvia o que o faraó dizia. Célere queria passar por ele, para ir ao quarto do pequeno. Foi então que ele agarrou a princesa e disse:

— Não! Assim não me escapas, beleza fria. Caso não concordes em ser minha mulher, tenho de procurar outra pessoa para tratar de meu filho, e tuas mãos não o tocarão jamais. Ainda estás indecisa, Nofretete? Tudo mostra o caminho que deves trilhar. Queres ser minha? Por causa de teu povo? Por Aton?

— Não! foi uma única palavra, que pareceu ecoar durante segundos pelo espaço. Não!

Isso o faraó não esperava. Começou de novo a pedir, a implorar, a ameaçar e a maldizer. Nofretete estava diante dele como se fosse uma estátua de pedra.

Foi então tomado de desespero e desmedida raiva.

— Pois então, caso não o queiras de outro modo, que seja feita a tua vontade. Arranco de meu coração o amor por ti, mas com isso também o último sentimento de compaixão. De hoje em diante conhecerei somente crueldade e severidade. Ai de teu povo, ai de ti mesma!

Tut-ench-Amon deixou rapidamente o aposento. A princesa ficou como que aturdida. Mas não permaneceu muito tempo sozinha. Ouviram-se os passos cadenciados de guerreiros que se aproximavam. Pouco depois entrou um grupo de babilônios.

Nofretete no calabouço! A luminosa filha do faraó no escuro debaixo da terra! Somente poucos sabiam disso. O faraó cuidou para que ficasse em segredo, do contrário haveria reação do povo com derramamento de sangue e confusão interminável.

Por si mesmo o povo assustado sofria demasiadamente e não conseguia força para reagir. A notícia, porém, de que Nofretete se encontrasse em perigo, proporcionar-lhe-ia a força necessária. O faraó, entretanto, queria que não chegassem a nenhuma conclusão.

Mandou destruir os templos novos em todo o país. Tudo o que se relacionasse com Aton, com Deus, fora destruído. Depois modificavam o interior dos demais templos e consagravam-nos a Ré, cuja imagem fora feita às pressas, com o ouro e as pedras preciosas dos discos de Aton. Não constituíram obras de arte, bem o via Tut-ench-Amon.

Mandou procurar Tutmosis. Provavelmente perecera junto com os fiéis nas chamas em El Amarna. Sua oficina, situada fora da cidade, estava fechada. Três escravos tomavam conta da casa, não deixando ninguém entrar. Interrogados a respeito de seu senhor, diziam que não lhes competia observar os passos dele, que vinha e ia sem dizer para onde. Eles só tinham de guardar a casa, evitando que alguém pusesse os pés dentro da mesma.

Isso provocara a curiosidade do faraó. Foi a El Amarna com um grande séquito, composto principalmente de babilônios. Seu coração não era tão endurecido, que não sentisse alguma melancolia ao ver as ruínas com os sinais do incêndio e os entulhos. Era uma maravilha de beleza essa cidade, própria para emoldurar a amada que nela vivera... Já de novo seus pensamentos estavam com Nofretete! Acabemos com isso!

Passava depressa pelo sítio de horror. Agora seu cavalo ia margeando o antigo jardim do faraó. Devastado como todo o resto. As palmeiras queimadas, mortas. No outro lado, porém, havia algo claro e vicejante. Lá ia dar o seu caminho. Uma casa branca, diferente das construções egípcias, estava adormecida entre palmeiras, era um recanto de paz no meio da devastação.

O portão estava trancado. Aos gritos dos visitantes, chamando, apareceram os escravos que se recusaram a abrir. Nem a ordem pessoal do faraó podia levá-los a obedecer. O que haveria escondido aqui, que valia tanta proteção? Os escravos foram rapidamente subjugados, e foi arrombado o portão. Tut-ench-Amon saltou do cavalo e chamou alguns do séquito para acompanhá-lo. Os outros que esperassem.

Apressadamente atravessou as belas salas que testemunhavam uma arte pura e elevada. Repentinamente se assustou. Uma figura branca parecia bloquear-lhe o caminho. Viu então que essa figura, de tamanho natural, era de pedra. Representava um anjo com longas asas e com os braços abertos. As feições eram iguais às de Nofretete, mas Tut-ench-Amon nunca vira esse sorriso encantador no rosto da princesa.

Enquanto seu cortejo se manifestava admirado e em êxtase, ele avançava depressa. Não queria lembrar-se de Nofretete! Afastando um reposteiro, encontrou-se na soleira da última peça da casa. Era uma grande sala, cheia de quadros de diversos motivos. Nenhum sinal, nenhum vestígio de vida do artista.

Tut-ench-Amon estacou diante dum quadro, que representava Ech-en-Aton e Nofretete cercados por anjinhos. A inscrição dizia que a paz celestial que envolvia os dois fosse também estar com ela, a quem se destinava o quadro.

Um pensamento diabólico perpassou a cabeça do faraó. Deveria aprofundar-se nessa idéia, em ocasião mais oportuna. Por ora bastava que a casa fosse fechada, declarada propriedade do faraó e guardada contra o roubo. Isso poderiam fazer os escravos que até agora o tinham feito. Quando deu essa ordem, o faraó soube que os insubordinados tinham sido mortos, sem mais nem menos.

— Quem deu essa ordem e quem a executou? perguntou o faraó exaltado.

Dois homens apresentaram-se, um egípcio e um babilônio.

— Pois então vós dois deveis assumir as tarefas dos mortos! ordenou o faraó. Vós outros nunca vos esqueçais de que somente eu tenho o direito de mandar. Nada poderá ser retirado daqui, antes que eu assim o disponha. Por qualquer falta pagareis com a vida.

Tut-ench-Amon montou em seu animal, e apressadamente todo o grupo de cavaleiros o seguiu.

Grosseiras vozes assustaram Nofretete, que estava em profunda meditação. Chamaram-na para ser conduzida à presença do faraó.

— Deixai-me aqui, até que um superior me chame, disse ela com voz que denotava cansaço.

Os homens riam-se.

— Esperar por um superior será inútil. Tut-ench-Amon é faraó do Egito e não está disposto a deixar-se destituir do poder. Pensas que teu tio talvez te proteja? Não sejas tola e vem!

Os babilônios não receberam resposta, e alguns resolveram descer ao repugnante calabouço para buscar Nofretete. Puxaram e empurraram a princesa, que nunca fora tocada por mãos masculinas. Até se revoltara quando Eje, depois do assassínio do pai, pusera a mão sobre a sua. E agora essas mãos brutas dos guerreiros!

Dando-lhes um empurrão, ela livrou-se, e agora se encontrava novamente com ambos os pés no presente. Mediante a luz que entrava pela porta aberta, reconhecia então o ambiente horrível em que estava. Foi tomada de asco e terror, que faziam seu corpo tremer quando já aspirava o ar melhor. Mal podia dar os poucos passos até a sala onde Tut-ench-Amon a esperava.

Assim mesmo é que ele queria vê-la. Deveria tornar-se dócil, acessível a seus desejos. Era-lhe impossível o esquecimento, apesar de todas as suas tentativas. Voltara a considerar as vantagens que lhe adviriam duma união com Nofretete. Disso lhe veio a convicção de que deveria tentar tudo para conseguir essa união.

Ela, pálida e fraca, defrontava-se com o faraó. As pálpebras, quase transparentes, cobriam-lhe os olhos que sempre foram tão radiantes. As mãos, ela as apertava contra o peito.

"Graças a Ré! Ela está domada!", assim o faraó se jubilava intimamente, começando a falar mais amigavelmente do que planejara:

— Estás contente, Nofretete, de rever o brilho do sol? imediatamente reconheceu o erro de falar em Aton, o sol.

Nofretete abriu os grandes olhos. Não era o olhar de um ente vencido, agonizante. Esses olhos pareciam dirigir-lhe faíscas.

— Tens raiva de mim? Não compreendes por que mandei prender-te. Acredita, meus motivos foram graves e nada tinham a ver com meu amor. Algum dia compreenderás. Virá o tempo em que nós dois olharemos satisfeitos para esses dias passados, e isso porque nos uniram.

Sua voz tornara-se lisonjeira e agora estendia a mão. Ela, porém, altiva, recuava.

— Não me toques, tuas mãos estão tintas de sangue e sujas como as patas de um animal carnívoro! Mais horrendo que o asqueroso cárcere, onde tua sabedoria de Estado me jogou, é o recinto que é conspurcado pela tua presença!

— É essa a linguagem que se usa em frente do faraó? Era-te permitido falar assim a teu pai?

— Não menciones o nome de meu pai, que está atrás de ti, ouvindo todas as tuas palavras. Está preso à Terra enquanto eu ainda estiver em perigo, eu sei disso. Mas acautela-te!

Sem querer Tut-ench-Amon voltou seu olhar. Parecia-lhe que via vagamente uma imagem luminosa. Com certeza uma ilusão. Isso não deveria temer. Com uma coragem fingida, experimentou uma risada, rouca e artificial.

— Não posso falar dele? Queres proibir-me? Tu, a quem posso submeter com uma única ordem? Não esqueças disso! Encontrei hoje um belo quadro. Teu pai e tu numa conversa confidencial. Mandarei retirar a inscrição.

Nofretete assustou-se. Um nome apagado desonra a pessoa em questão. Será que Tut-ench-Amon seria capaz de um ato tão ignóbil?

— Então, temes por isso? Em todos os quadros, nas estátuas e nos obeliscos mandarei tirar o nome de teu pai. Talvez ponha o meu em seu lugar. A posteridade não deverá saber que o Egito esteve algum dia sob o domínio do sonhador, do louco. Mas com esse quadro ainda pretendo fazer algo melhor. Não querendo tu atender aos meus desejos, mandarei modificar a inscrição. Dirá depois assim: "Aqui estão representados Ech-en-Aton e sua esposa Nofretete, cercados de suas filhas!".

Rindo e triunfando, o faraó assim terminou.

A princesa virou-se e cobriu a face com suas delgadas mãos. Não tinha resposta para essa monstruosidade.

— Vai agora, minha pombinha, retorna ao cárcere que te parece mais belo do que esta sala. Vai e goza a solidão, já que a minha presença te é tão insuportável. Enquanto isso mandarei terminar o quadro. Tutmosis fá-lo-á com capricho, pois trata-se de glorificar sua adorada princesa!

Ouvindo o nome do escultor, Nofretete sentiu calafrios. Tutmosis ainda estaria vivo? Então haveria alguma esperança de salvação.

Com porte altivo ela foi ao encontro dos guerreiros, que tinham acorrido ao chamado do faraó. Agora também compreendia por que Tut-ench-Amon a recebera nessa sala afastada: ninguém deveria saber a respeito de sua prisão!

Mais alguns dias transcorreram, e ela foi de novo levada à presença do faraó. Não podia ficar de pé, pois as privações, a falta de ar puro e o horror diante daquele ambiente enfraqueceram-na demais. O grande triunfo do faraó, o quadro deformado, não a impressionou nem um pouco. Nem com persuasão, nem com ameaça severa... ela não falava nenhuma palavra e não levantava os olhos. Em certo momento, até chegou a sorrir. Certamente, seu espírito estava ausente. Agora Tut-ench-Amon se assustou. Queria sua vítima escapar-lhe das mãos? Bastariam mais alguns dias para que Nofretete fosse retirada de seu poder. A morte viria como agente libertador. Isso não deveria acontecer.

O faraó deu ordens apressadamente para que Teje fosse chamada. A essa senhora comprovadamente fiel ele entregou a princesa, com a ordem de não deixar faltar nada para tratá-la. Essa maternal pessoa ficou abalada quando recebeu sua pupila, e Nofretete escondeu o rosto no peito de Teje com leve suspiro. Caiu depois em profundo desmaio. Não se apercebeu que estava sendo carregada por mãos cuidadosas para os seus próprios aposentos, e não sentiu quando foi colocada na cama.

Tut-ench-Amon agia com fúria completamente cega. Algum dia teria de aparecer essa alta satisfação do triunfo! Quanto mais apagava os vestígios da atuação benéfica de seu predecessor, tanto mais deveria sentir-se feliz. Sempre repetia isso para si mesmo, mas o que de fato sentia era um crescente mal-estar.

Não podia mais ficar sozinho. Parecia-lhe que de todos os cantos algo inenarrável fazia caretas para ele. De toda parte lhe ameaçava algo cinzento, sombrio, impalpável; mas, não obstante, de fato existente. O que havia com ele? Principiou a temer a si próprio, e então fugia para junto dos seus. Mulher e filho deveriam ajudá-lo a transpor o vazio em seu íntimo.

Anches-en-Amon, porém, estava no ponto culminante de todos os seus desejos: gozava ao máximo a liberdade, o luxo e o poder de sua posição, que já não contava mais alcançar. Não tinha pensamentos para a criança, nem compreensão para o marido.

Das suas atrocidades nada queria ouvir, achava-as necessárias para manter o poder tão cobiçado, e por isso as desculpava diante de si mesma. Mas quando ouvia falar a respeito, surgia-lhe uma voz que lhe murmurava como era horroroso tudo aquilo. Essa voz ela odiava, por isso ninguém devia falar em sua presença a respeito desses assuntos. Então também essa voz silenciava.

Tut-ench-Amon mandou trazer seu filho. Trouxeram-lhe duas crianças, ambas da mesma maneira ricamente vestidas. Uma tinha olhos claros e um sorriso caloroso, mostrando nas redondas bochechas o vermelho da saúde. As pequeninas mãos demonstravam firmeza em querer agarrar as coisas. Uma criança encantadora. A outra parecia doentia. Olhava cansada, através dos olhos semi-abertos, para o vazio. As mãos descansavam sem força sobre o pomposo cobertor.

"Por que deixaram viver uma criatura tão miserável?", assim pensou o faraó e, com orgulho, estendeu as mãos para a criança risonha.

A governanta sacudiu a cabeça, negando.

— Estás enganado, grande faraó, essa não é o teu filho. É Maket-Aton, a menina sem pais que colocamos junto ao futuro faraó.

O faraó levantou o olhar desorientado.

— Como se explica que meu filho esteja doente? Por que a menina está com saúde?

A governanta não respondeu. Não se lembrava de nada que pudesse dizer, e julgava dever silenciar a respeito da verdade. O olhar do faraó se fixou ameaçadoramente sobre a embaraçada mulher.

— Fala! ordenou rudemente. Querem eliminar o futuro faraó desde já? O que está acontecendo aqui?

— O príncipe teve saúde delicada já desde o nascimento. A mãe dele negou-se a amamentá-lo, ao passo que a mãe de Maket-Aton sempre havia se esmerado em cuidados. Enquanto a princesa Nofretete tomava conta do menino, parecia haver melhoras com ele. Desde que ela o abandonou, ele definha. Não sabemos o que fazer. Também os teus médicos não possuem mais recursos. Não penses, ó nobre faraó, que negligenciamos alguma coisa com teu filho, terminou a governanta em prantos.

— Então que Nofretete retome os cuidados do menino. A menina poderá ser criada em qualquer outro lugar.

— Não podemos separar as crianças. O fato de haver ainda vida no príncipe é devido à criança sadia, de cuja força irradiante sempre passa algo para ele. Ó faraó! Querendo tirar-lhe a menina, tiras a teu filho a vida.

Desgostoso, Tut-ench-Amon virou a cabeça, pois não queria ver esse ser radiante que agora mesmo procurava pegar os raios solares no cobertor, e que era cheio de júbilo.

— Fazei isso como quereis, mas cuidai para que meu filho fique bom, disse com insistência. Darei a Nofretete ordem de cumprir suas obrigações para com o futuro faraó.

A governanta abandonou a sala, levando as crianças, e Tut-ench-Amon mandou chamar Nofretete. O servo voltou dizendo que a princesa estava doente demais para poder comparecer. Então o faraó chamou por Eje.

— Vai tu falar com Nofretete e trata de ela vir aqui, do contrário terei que procurá-la em seus aposentos, e disso ela não gostará. Recomendei a tua mulher todos os cuidados, mas isso não deverá dirigir-se contra mim. Dize-lhe isso.

Eje estava acabrunhado ao cumprir a ordem. Entrou silenciosamente na antecâmara que dava aos aposentos da princesa. Criadas em pranto vinham ao seu encontro.

— Senhor, a princesa está no fim!

Cuidadosamente ele afastou o reposteiro. Teje fez-lhe sinal para aproximar-se.

— Vens antes que te chamássemos, Eje. Agora mesmo a princesa pediu tua presença.

— Nofretete, minha filha querida, vê, Eje chegou para ouvir tuas ordens.

Devagarinho se abriram os olhos no rosto cor de cera, mas, ainda assim, tão belo. Um sorriso aflorou-lhe à face.

— Que bom que vieste, Eje. Poderei seguir meu pai, que está aqui para me buscar. Eje, não abandones o pequeno. Sujeita-te à vontade daquele que agora está no poder, mas não deixes de adorar Aton e de procurar conhecer sua vontade. Às tuas mãos fiéis confio o destino de todo o Egito. Eje, conserva-te fiel a Deus e Ele mostrar-te-á o que deves fazer. Eje, a respiração estava prestes a falhar, mas a força de vontade da moribunda venceu a fraqueza, Eje, Ré é a perdição de todos os que caem nas suas malhas. Só existe um único Deus, que está acima de tudo o que os homens possam imaginar. Esse único Deus é nosso Senhor. Serve-o e revela-o ao pequeno Aton-Ophis.

Os olhos cerraram-se calmamente, e sem luta a alma libertou-se.

Profundo silêncio, interrompido somente pelo pranto calado das servas, que vinham uma após outra, nas pontas dos pés, para estarem próximas do mistério que aqui se desenrolava. Sentiam algo de solene nessa morte.

Eje, que estava de joelhos à beira do leito da princesa, levantou as mãos e disse em voz baixa, porém bem clara:

— Prometo destinar minha vida para cuidar de Aton-Ophis, para que ele conheça Aton. Prometo servir a Deus e proteger os que lhe são fiéis.

Eje estava na presença de Tut-ench-Amon. Em poucas palavras comunicou-lhe o falecimento da princesa, e disse-lhe que Teje tomaria conta das crianças. Agora esperava por alguma ordem, por um sinal que demonstrasse ter o faraó entendido o que lhe fora dito.

Em vão. Tut-ench-Amon estava como que petrificado. Havia previsto isso, o horroroso, que Nofretete seria retirada para sempre do alcance de seu poder, mas com isso também do alcance de seu amor. Já não existia mais o único ser a quem verdadeiramente amava.

E ela, do outro lado, testemunharia contra ele. De repente, sentia, sabia mesmo que havia um "Além". Ele, que ria de toda a crença, sabia agora que existia Deus. Tomado de horror, dirigiu-se finalmente a Eje.

— Dize-me, Eje, acreditas em Deus?

Eje olhou admirado. Seria isso uma cilada? Deveria ser cauteloso, por causa de sua promessa.

— Sim, eu creio em Deus.

— Crês no Deus de Ech-en-Aton?

— Sim, meu faraó.

— Acreditas que Ele é todo-poderoso e onisciente?

— Eu acredito!

— Então só há perdição para mim! Eu o amaldiçoei, destruí Seus templos, queimei e assassinei Seus sacerdotes. Ai de mim, tenho de perecer!

Abalado, Eje procurou alguma palavra de conforto. O que poderia dizer a esse homem, que não só cometera todos esses pecados que confessara, mas também se sobrecarregara com muito mais culpas ainda? Antes que pudesse falar, o faraó recomeçou:

— É tua culpa, Ré, de eu ter me transformado no que agora sou. Tu infundiste em mim a ânsia pelo poder, que não me deixou mais descansar até atingir o objetivo. Querias novamente dominar o Egito e fiquei sendo tua ferramenta. Tu ris das minhas lágrimas e do meu desespero, pois bem: não poderei mais retroceder. O que está morto não pode ressuscitar, o que foi demolido não pode ser reconstruído. Voltar atrás seria sofrimento interminável. Quero prosseguir no caminho iniciado, quero conquistar para ti o Egito. Para isso, ó Ré, aniquila em mim qualquer vestígio de compaixão. Não me deixes mais sentir remorsos; nem me lastimar.

Era ainda o mesmo homem que minutos antes estava desesperado com sua atuação? Eje ficou tomado de horror, pois o faraó parecia ter enlouquecido. Sem esperar a devida licença, Eje fugiu dessa sala para voltar à profunda paz da sala mortuária.

Ali as mulheres estavam ocupadas em preparar Nofretete para o embalsamamento. Depois deveriam chegar os sacerdotes e médicos para completarem o serviço. Eje estava pensando numa grande iniciativa: Nofretete não deveria cair nas mãos de Tut-ench-Amon. Deveria ser sepultada como sempre o desejara. Eje mandou as servas retirarem-se e confiou a Teje os seus pensamentos.

A maternal senhora sabia como arrumar as coisas. Uma de suas escravas morrera de manhã e era aproximadamente do mesmo porte que Nofretete. Seria necessário trocar os dois cadáveres. Se ela mesma tratasse de envolver a cabeça, ninguém descobriria a fraude.

Durante a noite, Eje, com dois criados de confiança, trocaram o corpo de Nofretete pelo da criada. Quando, ao amanhecer, vieram os sacerdotes e os médicos, pouco se incomodaram de encontrar a cabeça já envolvida. Nofretete morrera solteira, e um sentimento de castidade poderia ter influído para não mais expor seu rosto às vistas de estranhos. Os homens compreenderam também por que Teje não consentia que tocassem no corpo. Obedecendo às suas indicações, ela mesma fazia tudo o que era necessário, até que a desconhecida criada, sem pátria, estivesse vestida com toda a pompa e colocada no sarcófago de ouro.

Patenteou-se então a sabedoria de Eje. Os sacerdotes comunicaram ao faraó que o cadáver estava pronto para o sepultamento, e agora o faraó ordenava que fosse levado ao Templo de Amon e colocado em câmara-ardente. Sacerdotes de Amon e Ré velavam o corpo, orando continuamente sobre o mesmo e queimando incenso. O sarcófago teve de ficar diversos dias no templo, até que finalmente os sacerdotes declararam que toda a culpa originada pela heresia estava apagada, podendo Nofretete ingressar nas planícies eternas.

Enquanto isso se passava, Eje e Teje, com a ajuda dos dois servos, já tinham sepultado Nofretete num túmulo dentro da rocha, em seu jardim. Era uma gruta que tinham ampliado à noite, atapetando-a com valiosos tecidos. Lá também colocaram objetos que tinham pertencido à princesa e que eram de sua estimação, objetos esses retirados do palácio por Teje, com muita habilidade.

Quando tudo estava pronto, levaram, em meio a profundo silêncio, o cadáver da princesa num simples esquife para dentro da gruta. Eje proferiu as orações que foram prescritas para tais ocasiões por Ech-en-Aton. A gruta foi depois fechada e disfarçada com pedras, arbustos e flores; e até hoje ninguém encontrou o lugar onde foi sepultada a bela Nofretete.

Três anos haviam se passado. A rainha-mãe, Nofre, morrera, solitária como sempre vivera, sem deixar saudades. Com muita pressa o templo de Ré tinha sido reconstruído, enquanto o Templo de Amon fora apenas reformado. Tut-ench-Amon desejava que por todo o país fosse adorado somente Ré, como único deus.

O povo, ainda atordoado pelos acontecimentos, fazia o que dele se exigia. Deviam adorar Ré, pois bem, então oravam para esse deus. Talvez não fosse pior do que os outros, talvez ainda melhor, quem sabe? As pessoas, que antes tinham trabalhado alegremente e com sua fé em Deus haviam encontrado a esperança e a felicidade, transformaram-se numa horda de seres oprimidos e medrosos, que não mais sabiam por que estavam na Terra. Qualquer palavra impensada podia ocasionar pesados castigos, talvez mesmo a morte. Até o pensamento em Aton já era objeto de castigo.

Acrescentava-se a isso fatos que esta geração nunca havia vivenciado e de que só tinham conhecimento através de relatos dos mais antigos: colheitas perdidas se tornavam mais freqüentes e havia fome; e a fome doía.

— Vedes para onde vos levaram as doutrinas falsas, proclamavam os sacerdotes. Ré está zangado porque vos desviastes dele. Pedi a ele que vos perdoe. Orai para obter sua graça.

O povo então orava e suplicava, mas Ré era esquivo e não queria ouvir.

Eje e com ele muitos fiéis a Deus revoltavam-se intimamente contra essas mentiras dos sacerdotes. Enquanto o povo tinha acreditado em Deus, passara muito bem. Os anos tinham sido um encadeamento de sucessos e felicidade. Deus irritou-se porque se desviaram! Assim era. Mas quem ousava proclamá-lo? O que teria adiantado? Eje silenciava por causa do príncipe que crescia alegremente em sua casa. Era ainda um menino fraco, mas os médicos esperavam que chegasse a ser um homem sadio.

Quanto mais crescia, tanto mais se notava sua semelhança com Ech-en-Aton. Era justamente isso que fazia estremecer o faraó, toda vez que o via. A pequena Maket-Aton, porém, era a imagem de Nofretete, cujo sorriso radiante parecia ter passado para a menina.

Essas duas crianças estavam estreitamente unidas em amor, e juntas ouviram, pela boca de Teje, a notícia de Deus. Tão pequenas que eram, assim mesmo prestavam muita atenção.

Tut-ench-Amon estava sozinho em sua pomposa sala. Obedecendo a suas ordens, os servos trouxeram uma grande placa e encostaram-na na parede. Retiraram-se rapidamente, ao ver o sinal que o faraó lhes fazia com a mão impacientemente. Ninguém gostava de fazer-lhe companhia. Sua conduta era imprevisível. Poucas vezes os servos ouviam dele uma palavra amável, mas as sentenças de morte por motivos fúteis eram cada vez mais numerosas.

"Eles têm de temer-me", era sua expressão favorita. Não reconhecia que sua própria vida passava em temores pelo que teria de vir. Esse pensamento impulsionava-o para a frente, de uma monstruosidade para outra, sem parar, sem poder encontrar esquecimento.

Agora se postava na frente da placa que representava uma grande cabeça de abjeta feiúra. Lábios carnudos e um queixo grosso, muito caído, falavam de maldade. O olho estava um pouco fora do lugar, e a orelha grande inclinada para a frente. Isso lhe dava a aparência de grande astúcia. Era uma obra de mestre!

Quando Tut-ench-Amon fez sua última visita à casa de Tutmosis, encontrou esse quadro e ficou arrepiado diante de tamanha monstruosidade. Lembrava-se de que Ech-en-Aton, certo dia, contara que o escultor então fazia quadros das qualidades humanas. Depois de ter modelado uma série de cabeças maravilhosas, começara a representar a baixeza, segundo a cabeça de um escravo acusado dos piores vícios. Deveria ser essa a placa em questão.

— Horrível, exclamava o faraó. Mas imediatamente eclodiu nele um pensamento diabólico. Deu ordens a um dos seus artistas babilônios para que modificasse a inscrição.

De início o homem recusou-se a fazê-lo. Ameaças e promessas valiosas fizeram-no aceitar. Não pôde, entretanto, colher a recompensa de seu trabalho. Naquela manhã, quando chegou a mensagem de que a placa estava terminada, o faraó mandou buscá-la e matar o artista. Ele poderia tornar-se incômodo, caso falasse.

— Bem feito, poderoso faraó. Tut-ench-Amon discursava para si mesmo. Estás de fato próximo a mim, Ech-en-Aton, como afirmava Nofretete? Vês aqui tua imagem? Gostas de ser assim? Assim mesmo a posteridade ver-te-á e conhecer-te-á. Estás desonrado por toda a eternidade. Caso algum dia teu espírito possa voltar a esta Terra, não encontrará nenhum corpo, nenhuma imagem que possa contar de tua beleza. Terá que conseguir uma encarnação segundo esta cabeça! Eras tão sereno quando estavas conosco. Eu não podia suportar tua tranqüilidade superior. Ainda és tão sereno?

Apressadamente falou tudo isso, agora parava para tomar fôlego. Nessa ocasião veio-lhe um pensamento novo:

"Esta placa deverá ser exposta no templo de Ré. O povo não sabe ler, os sacerdotes silenciarão."

Imaginou que com o tempo a lembrança de Ech-en-Aton se apagaria no povo, de modo que se poderia dizer publicamente que esse fora o grande faraó.

"O grande faraó? Não, o bobo, o louco que estragou o país, o ateu!"

Imaginava cada vez novas acusações e gritava, anunciando-as com voz destoante, frente à placa.

Com o barulho que fazia, não ouviu passos leves e cautelosos que se aproximavam. Repentinamente se sentiu imobilizado por alguém que estava atrás, e um punhal penetrou-lhe no coração. A doida risada emudecia.

O assassino retirou cuidadosamente a arma da ferida, deixou o faraó deslizar para o chão e fugiu. Ninguém foi testemunha. Os dois que sabiam do plano silenciaram fielmente e evadiram-se com ele, algumas semanas mais tarde, para fora do país. Tratava-se do antigo chefe das cavalariças de Ech-en-Aton. A fidelidade para com seu senhor não podia admitir um sucessor tão indigno e que levava o povo a falsos caminhos.

Muitas horas depois encontraram o faraó frio e rígido em frente à nova placa. Foram infrutíferas todas as investigações para encontrar o assassino. A confusão inicial parecia transformar-se em verdadeiro pânico.

Eis que aparece Eje. Reuniu os grandes do país e mostrou-lhes o faraó, que fora consagrado faraó por Ech-en-Aton. Tut-ench-Amon, o jovem, tinha agora quase quatro anos. Era essa a idade em que, antigamente, já alguns faraós subiam ao trono. Havia contentamento por essa solução e reconheceram o novo soberano. Também estavam de acordo em que Eje, como seu preceptor, tomasse as rédeas do governo.

Tut-ench-Amon, o mais velho, fora enterrado, e o Egito lentamente retornava ao estado normal de progresso e de paz.

Aos poucos, Eje queria retornar ao que existia antigamente, e pretendia de novo difundir o saber a respeito de Deus, tão bem quanto ele mesmo o compreendia. Por enquanto contentava-se em fazer o novo monarca penetrar nessa sabedoria cada vez mais profundamente. O menino trazia o círculo do sol debaixo da vestimenta.

Eje disse-lhe:

— Quando estiveres com idade suficiente para governar autonomamente, poderás usar o círculo em público. Então deverás também usar o nome que teu avô te deu: Aton-Ophis!

O pequeno concordou. Quanto mais velho ficava, tanto mais temia a época em que seria o monarca de todo o grande país. Maket-Aton consolava-o:

— Nada temas, eu te ajudo, dizia sorridente. Nós dois faremos em conjunto o que for difícil para ti sozinho.

Ela repetia isso muitas vezes, e em Eje fortalecia-se o pensamento de unir em casamento o jovem faraó e a graciosa companheira, no dia que iniciasse o seu governo. No parentesco próximo não via nenhum empecilho.

Uma outra pessoa, porém, também ouvira essas palavras, que nela produziram ira e revolta: a rainha-mãe Anches-en-Amon que, desde a morte repentina do seu esposo, só aspirava poder chegar novamente a alcançar brilho e dignidade na vida. Enquanto o faraó estivesse solteiro, ela, como sua mãe, era a pessoa mais próxima ao trono. Quando ele fosse monarca absoluto e Eje posto de lado, ela, Anches-en-Amon, trataria que sua influência fosse a única importante.

Agora essa menininha, aceita somente por misericórdia, queria destruir seus planos. Nunca!

Anches-en-Amon tinha um confidente entre os sacerdotes de Ré. Este sacerdote estava totalmente às suas ordens. Com ele conversou a respeito de suas preocupações, e ele prometeu-lhe que agiria por ela em tempo oportuno.

Tut-ench-Amon ia completar doze anos. O menino continuava fraco e de saúde delicada, apesar de todos os cuidados que lhe dispensavam. Mas seu espírito fortificava-se. De bom grado aprendia o que Eje lhe ensinava e o que seus mestres lhe mostravam. Chegara o tempo em que deveria assumir seu cargo. Faltavam poucas semanas para chegar o dia em que deveria se mostrar ao povo como faraó, soberano de todo o Egito.

— Não sentes alegria, jubilava Maket-Aton sempre de novo, quando ambos falavam do futuro próximo.

— Não posso alegrar-me. Tenho horror. Quando penso que devo dar ordens, meu coração parece que quer parar.

Isso a pequena não podia compreender e dirigiu-se a Eje, procurando auxílio. Este consolava os jovens. Mesmo quando Tut-ench-Amon fosse o soberano, ele, Eje, estaria a seu lado, como fiel conselheiro, enquanto o faraó assim o desejasse.

Teje, com amorosas mãos, muito antes, já vinha preparando as ricas vestimentas para o jovem faraó e sua esposa. Ainda não podia mandar bordar o círculo do sol abertamente nos tecidos de seda, mas deixou que o fixassem por dentro, escondido, consolando-se com o futuro em que o soberano, já então homem maduro, iria anunciar novamente a todo o povo a verdadeira crença. Amava ambos como se fossem seus próprios filhos, e durante quase doze anos pôde praticar esse amor sem restrição. Só recentemente teve de conter-se, desde que Anches-en-Amon se lembrara de que era a mãe do faraó.

Quando a rainha-mãe entrava nos aposentos, Teje, como serva, era desconsiderada ou mesmo posta de lado. Nem Eje era admitido, e também Maket-Aton já se acostumara com o fato de ter de abandonar a sala nessas ocasiões.

Ao menino essas visitas eram incômodas. Geralmente lhe interrompiam ocupações prediletas ou conversas sérias. Com a mãe não podia falar em assuntos que lhe interessavam à alma. Assim, pouco ele podia dizer e era tachado por ela como aborrecido e de poucas palavras.

Hoje ela vinha para falar-lhe a respeito de sua futura residência. Bem sabia que deveria nos próximos dias se mudar para o palácio que outrora a mãe dela ocupara, mas esperava que essa mudança fosse desnecessária. Talvez pudesse dissuadir o filho desse casamento prematuro e infantil.

Ela demonstrou-lhe como era moço demais para esse passo.

Tut-ench-Amon, zeloso, como ela nunca vira, falou-lhe então:

— Mãe, quando estudares os casamentos de nossos antepassados, observarás que diversos faraós casaram com minha idade, tendo sido felizes e abençoados no matrimônio.

— Ainda não conheces nenhuma moça, além dessa pequena órfã. Virá o tempo em que te arrependerás de ter te prendido tão cedo e sem pensar seriamente.

Tut-ench-Amon sacudiu a cabeça.

— Não, mãe. Hoje sei que não posso viver sem Maket-Aton. Desde que me lembro, foi sempre ela que me infundiu força e confiança, e me proporcionou sol e alegria. Quando ela está comigo, parece-me que posso respirar com mais facilidade. É certamente o bom espírito que me foi enviado por Deus.

— Que disparate dizes, falando de Deus! exclamou a rainha assustada. Espero que Eje não tenha abusado de seu cargo para ensinar-te crenças erradas!

— A respeito disso podes ficar sossegada, minha mãe! Na voz de Tut-ench-Amon transparecia agora uma dignidade que ninguém supunha existir nesse menino franzino. Eje ensinou-me como um faraó deve ser ensinado. Eu não poderia ter encontrado um mestre melhor do que ele. Não esqueças também de que teu marido, meu pai, o destinou para mim.

— Então sê mais cauteloso com as palavras, disse Anches-en-Amon, pouco conformada.

Precisaria falar outra vez com Thosis, o sacerdote de Ré. Ela talvez tivesse falhado por não se interessar em como o faraó estava sendo educado. Além de Eje, ainda havia três zelosos sacerdotes de Ré como mestres, de forma que não poderia ter sido muito errado o ensino.

Devido ao seu caráter superficial, logo se desfez das preocupações e voltou ao assunto principal de sua visita. Não podia demover o filho do casamento, isso já compreendera. Então Thosis que agisse como achasse melhor. Começou a falar da iminente mudança de sua residência e como lhe pesava abandonar o palácio no qual passara toda a sua vida. O filho ouvia sem atenção, parecendo que estava preocupado com assuntos bem diferentes. Ela deveria tornar-se mais incisiva.

— Não achas tu também, Tut-ench-Amon, que o palácio continua sendo bastante grande para acolher nós dois? perguntou lisonjeando.

O jovem soberano aprumou-se e disse:

— Não, minha mãe, não o creio. Não estarei mais sozinho, mas terei esposa a meu lado, que necessitará de espaço para sua corte. Caso, porém, te for tão difícil abandonar o palácio, farei disposições para que a minha residência seja transferida para o palácio de Nofre, até que tenha sido construído um novo palácio real.

Essa agora era a linguagem de um homem maduro. Anches-en-Amon começou a afligir-se com o futuro. O que haveria de acontecer ainda!

Por enquanto havia conseguido o que queria, poderia continuar a residir no palácio. O resto se arranjaria. Com uma palavra de agradecimento deixou o aposento.

Quando chegou à sua sala de recepção, ornamentada com muito luxo, ali encontrou Thosis esperando por ela. Aproximou-se ele sem nenhuma cerimônia. Como ela nunca aprendera a demonstrar verdadeira dignidade, nem notava que todos os que com ela privavam deixavam de mostrar-lhe o devido respeito. Também agora não estranhava que o sacerdote se aproximasse dela como se ela fosse uma aluna que lhe devesse obediência.

— O que conseguiste com o moço, Anches-en-Amon? perguntou o sacerdote apressadamente.

— Posso continuar morando aqui, e isso vale muito para mim.

— Pudeste convencer teu filho da inconveniência do planejado casamento?

— Não.

— Então deverás agradecer-me por ter agido. Maket-Aton já não cruzará mais teu caminho.

As palavras eram frias e escarnecedoras. A rainha sentia horror.

— Mandaste matar a criança?

Thosis, repelindo-a, disse:

— É contra a nossa combinação tu saberes qual o destino da menina. Não deves saber de nada, replicou ele.

Algumas horas depois, o palácio todo e mais tarde toda Tebas foram sacudidos pela notícia de que Maket-Aton, a futura esposa do faraó, estava desaparecida.

Todas as investigações foram infrutíferas. As criadas haviam visto ela se dirigir ao jardim, mas também lá não havia vestígio algum. O que poderia ter acontecido? A alegre menina não tinha inimigos. A guarda palaciana era fiel ao faraó. Os babilônios já havia muito tempo que tinham sido repatriados.

Thosis, o sacerdote, apareceu e lançava as mais pesadas censuras contra Teje porque permitira que a noiva do faraó saísse sozinha. Ele encontrara a menina no jardim onde confeccionava uma grinalda. Cantava e nem o notara. Foi então que resolveu falar com Teje. A futura rainha deveria começar cedo a se acostumar a estar acompanhada... Agora ele chegara tarde com seu aviso.

Teje quase se desesperava. Tut-ench-Amon reclamava impetuosamente por sua companheira e só ficou mais calmo com a explicação de que Maket-Aton estava descansando porque o sol fora muito forte para ela. Mas não lhes seria possível continuamente ocultar a verdade de que a menina desaparecera. Teje temia o momento em que a notícia o ferisse em cheio.

Por intermédio de um servo completamente perturbado, ele, na manhã seguinte, soube da verdade que lhe ocultavam. Aparentemente se conservava calmo. Não perguntava se haviam procurado por toda a parte ou onde Maket-Aton fora vista pela última vez. Quando apareceu Teje chorando, querendo dar-lhe notícias detalhadas, fez-lhe sinal para que silenciasse. Isso abalou a fiel, mais do que poderia ter feito uma manifestação violenta de dor.

Depois de se passar mais um dia sem encontrarem vestígio algum da menina, Tut-ench-Amon começou a falar com Eje sobre o que preocupava a todos.

— Maket-Aton nos abandonou, aqui na Terra não a encontraremos mais, começou em voz baixa.

— Ainda não perdi todas as esperanças, meu faraó, disse Eje, procurando animá-lo.

— Para que fingir? Eu sei que minha futura esposa foi raptada para evitar meu casamento. Minha mãe tentou persuadir-me a desistir desse passo, que lhe traria incômodo. Ao mostrar-me intransigente, Maket-Aton foi a vítima.

Eje olhou admirado para o rapaz. Essa já não era mais a brandura juvenil que lhe era própria. Essa era a linguagem apropriada para um faraó. Como se fosse para responder à admiração demonstrada e aos pensamentos nela contidos, Tut-ench-Amon começou a falar:

— Não sou mais o menino de ainda há poucas semanas. Fez-me amadurecer a dor pela minha companheira, e mais ainda o horror pelos homens. Agora eu seria um monarca segundo teus desejos, Eje. Sinto agora em mim toda a firmeza que me querias ensinar. No entanto, minha estada aqui na Terra terminou.

— Isso homem algum pode determinar! Eje disse-o com firmeza, mas quando olhou para o rosto pálido, quase transparente, foi tomado de angústia, pensando que o príncipe talvez tivesse dito a verdade.

Tut-ench-Amon, esboçando um sorriso, respondeu:

— Não, isso o homem não pode determinar, isso determina Deus! Às vezes, porém, deixa-nos saber a Sua vontade. Não foi em vão que tu me ensinaste que tenho um guia com o qual estou sempre ligado. Sabes quem é esse guia? Já o viste alguma vez?

Eje respondeu espantado:

— Como eu poderia? Sente-se o guia, mas não se pode vê-lo.

— Então eu posso ensinar-te algo; eu posso ver meu guia. Não falei sobre isso contigo antes por timidez. Com Maket-Aton sempre falava dele, pois ela também via meu guia. Hoje eu tenho uma mensagem dele para ti. Presta atenção, Eje. Meu avô, Ech-en-Aton, fala por intermédio de minha boca.

Manda dizer-te que findou minha estada na Terra. Não me interrompas, Eje! Ouve primeiro a mensagem. Quando eu deixar de viver, tu deves tomar as rédeas do governo do Egito e tentar levar ao povo sossego íntimo e ordem pública. Antes deverá haver novamente terreno propício para a verdadeira doutrina. Deves continuar a falar de Deus com aqueles que ainda sabem Dele, ou que anseiam por Ele.

Deus mandará mais uma vez auxílio ao Egito, dando-lhe ocasião para encontrá-lo e reconhecê-lo. Até lá, as pequeninas chamas, que ainda arderem por baixo das cinzas, não deverão apagar-se.

Ech-en-Aton tudo espera de tua fidelidade, tudo o que agora possa ser feito para seu pobre povo.

Eje, agradeço-te pela tua fidelidade para comigo e para com Maket-Aton. Sim, eu estou pronto!

Antes que Eje, emocionado, pudesse acudir, o faraó desfalecia na poltrona. A palidez da morte cobria a bela e espiritualizada face.

Eje chamou pelos servos para levar Tut-ench-Amon a seu leito, e chamou também por médicos. Estes somente puderam constatar que o coração já parara. O jovem faraó reunira-se a seus antepassados.

Fiel a seu senhor e por amor ao jovem faraó, que era como se fosse seu próprio filho, Eje tomou as rédeas do governo com pulso firme. A dinastia acabara, ninguém tinha mais direitos ao trono do Egito do que ele, a quem o próprio Ech-en-Aton dera essa incumbência.

O povo estava satisfeito, não queria outra coisa que não fosse o sossego, depois desses anos de profundos abalos por que passara o país. Dos antigos nobres, só poucos restavam.

Os sacerdotes conservaram-se na expectativa. Por ora era bom que não houvesse perturbação da ordem. Convinha esperar, para ver em que direção caminharia o velho Eje. A qualquer momento se poderia obter uma mudança. Assim deixavam a Eje o fardo, satisfeitos por existir alguém conhecedor dos costumes antigos, para tratar condignamente do sepultamento do jovem faraó. Estavam realmente tristes por causa do moço, cuja inteligência e beleza lembravam o avô. Coisas maravilhosas contavam-se de sua bondade e de sua justiça.

Eje receava encontrar obstáculos, ao querer despojar o tesouro dos faraós, para levar essa riqueza ao túmulo do último da dinastia. Ninguém, porém, criticava. Sem falar, todos tinham o sentimento de que, no túmulo do jovem faraó, erigiam também um monumento a Ech-en-Aton, que não teve túmulo. Quando os pensamentos dos homens chegaram até esse ponto, trouxeram tudo o que encontravam de valor.

A única que observava isso contrariada era a mãe, Anches-en-Amon. Demonstrava sua avareza a cada peça que retiravam do tesouro para seguir ao túmulo.

— Devo eu ficar totalmente saqueada e pobre neste mundo? clamava ela quando os servos, por ordem de Eje, levaram o trono de ouro de seu pai. Mandou chamar Eje e censurou-o acerbamente.

Ele sempre fora um homem paciente e modesto, que, mesmo como tutor do jovem faraó, não largara os hábitos dum subordinado. Isso agora se modificava. Com o encargo de faraó, também suas maneiras se tornaram cheias de dignidade. Serenamente ouviu as lamúrias e repreensões, sem nada responder. Somente quando ela, já exausta, acabara, ele respondeu amavelmente e com profunda seriedade:

— Rainha, tu não tens direito sobre essas coisas, que pertencem somente ao faraó que estiver no trono. Ninguém tem o direito de interferir quando me desfaço delas para adornar a câmara mortuária do último faraó da dinastia dos Tutmosis.

Farias bem se te mudasses para o palácio de tua mãe, do qual nada foi retirado. Precisamos deste palácio em toda a sua extensão para as solenidades fúnebres e para os hóspedes esperados. Mais tarde servirá principalmente para sede do governo, de modo que não será mais apropriado para residência de uma rainha.

— Por que se fazem funerais tão extraordinariamente pomposos para esse menino? perguntou a rainha, ainda irritada.

— Nas exéquias estão sendo observadas todas as honras devidas a um faraó, foi a serena resposta. Os funerais de teu avô, o digníssimo Amon-Hotep, não foram menos pomposos, mas aconteceram antes de tua época.

— Porém e meu esposo, o grande Tut-ench-Amon? balbuciou a rainha. A ele sepultastes como se tivesse sido um simples dignitário ou conselheiro do trono.

— Ele não era um faraó, retorquiu Eje com pronunciada seriedade. Era um intruso, que não adquirira respeito nem direito ao amor. O medo, porém, não perdura após a morte.

Depois que Eje saiu, Anches-en-Amon mandou chamar Thosis, o sacerdote. Ele veio e ria por causa de suas lamentações. Isso a irritava ainda mais.

— Ninguém mais estará do meu lado? perguntava, então, revoltada. Eu, que esperava ainda ocupar o primeiro lugar no país, devo decair ao nada, mal tolerada pelo povo? É para isso que troquei duas vezes minha religião? É para isso que Maket-Aton...

— Chega, interrompeu friamente o sacerdote. O que sabes de Maket-Aton? Ela está em mãos seguras. Talvez no futuro seja para nós um meio de subjugar o povo todo. É neta de Ech-en-Aton, não o esqueças.

— Não sabes que eu sou a filha dele? foi a resposta triunfante de Anches-en-Amon.

— Tu és a viúva de Tut-ench-Amon, a quem o povo odiava. A viúva do babilônio, portanto, uma estranha agora.

— Thosis, não sejas tão cruel. Não me abandones. Ajuda-me em minha miséria, em vez de repelir-me com palavras amargas.

— Quem disse que não quero ajudar-te, rainha? Antes, porém, deves reconhecer a ajuda como ela é: bondade e graça, mas não um direito a que te cabe.

— Peço-te, Thosis, ajuda-me! Provar-te-ei também a minha gratidão.

— Ouve, então, o que já providenciei para ti. O rei dos hititas tem um filho já crescido que herdará a coroa. Ainda há um segundo filho, muito mais moço do que tu, mas essa circunstância não pode ser considerada como obstáculo agora. Se o príncipe dos hititas casar contigo, será o faraó do Egito. Uma oportunidade dessas ninguém deixará passar inaproveitada. Escrevi em teu nome ao rei dos hititas, oferecendo a seu filho a tua mão. Em poucas semanas a resposta poderá chegar.

— Fizeste isso sem me consultar? balbuciou a rainha.

— Fiz isso porque te conheço, conheço teu coração ambicioso, Anches-en-Amon. Com esse matrimônio serás verdadeiramente rainha do Egito. O faraó, tendo alcançado o trono por teu intermédio, estará a tua inteira disposição.

— Mas Eje não é o faraó? perguntou Anches-en-Amon, já quase conquistada pelo plano. Ele não estará disposto a retroceder por causa de um estranho!

— Terá de fazê-lo, segundo as leis do país, disse Thosis com um sorriso de superioridade. Se tu casares antes do funeral do jovem faraó, teu marido terá a preferência sobre Eje, que não poderá ascender ao trono enquanto o funeral não estiver terminado. Até lá só é o regente, que terá de deixar o lugar, caso houver um pretendente legal. Nós previmos bem todas as eventualidades. É, pois, de teu interesse protelar as solenidades o mais possível. Não te oponhas, portanto, em ceder os tesouros que foram requisitados. Traze tu mesma o que for preciso. Toda a peça tem de ser limpa e acondicionada da melhor forma possível, antes de ser admitida na câmara funerária; portanto, ajuda-nos a ganhar tempo.

Isso Anches-en-Amon compreendia, mas a cobiça pelos tesouros era forte.

— Não posso contrair novo matrimônio completamente empobrecida, retrucou com teimosia.

— Quem exige isso? Ainda resta bastante, pois a imensa riqueza do faraó passa junto com tua mão para teu marido. Além disso..., agora Thosis levantava a mão para indicar que iria revelar assunto muitíssimo secreto. Além disso os tesouros da câmara mortuária continuam sendo teus como antes. Nunca ouvistes dizer que os túmulos costumam ser saqueados? Por que deixar que as preciosidades caiam em mãos indignas? É assunto teu e de teu marido apoderarem-se delas em tempo oportuno.

Agora as suas últimas preocupações estavam desfeitas e ela esperava impacientemente pela volta do mensageiro. Passaram-se semanas, porém, sem que o mesmo voltasse. Deveria ter lhe acontecido algo no caminho.

Enviou-se novo mensageiro, protegido por uma escolta. Nesse caso não era preciso tanto segredo. A rainha poderia a qualquer hora mandar emissários a outros países. Enquanto Eje fosse só regente, teria de tolerar ações autônomas da rainha.

Um dia antes do funeral, regressaram os emissários. Trouxeram uma carta do rei, na qual o filho agradecia pela honra oferecida. Havia más notícias sobre o Egito percorrendo o mundo. O país estava manchado de sangue e a ira dos deuses pairava visivelmente sobre o mesmo. Preferiria viver como simples auxiliar de seu irmão a ser faraó num país nessas condições.

Assim se apagaram as últimas esperanças de Anches-en-Amon, e todos os seus orgulhosos planos foram sufocados. Com uma inenarrável pompa, realizou-se o funeral do jovem faraó, e Eje ascendeu ao trono do Egito, sendo por alguns anos um soberano justo e pacífico.

Os sacerdotes, porém, faziam intrigas. Quanto mais abertamente o faraó Eje e com ele uma parte do povo se confessavam a favor de Aton, tanto mais amedrontados ficavam os sacerdotes. Tinham que escolher um novo faraó. Sua escolha caiu em Harem-Hab, o antigo chefe da guarda, que um pouco antes voltara da Babilônia, para onde fugira após o incêndio.

Voltara duvidando se o seu maldito juramento teria sido esquecido, se poderia aparecer novamente no Egito. Em vez do esperado desprezo, encontrou braços abertos e o oferecimento da dignidade real. Estava disposto a assumir o governo imediatamente, porém tinha medo de Eje. Esse não era homem de deixar que lhe arrebatassem alguma coisa. Mas também isso os sacerdotes providenciaram. Mal Harem-Hab acabara de declarar que tomaria as rédeas do governo se Eje não existisse mais, já lhe anunciaram que Eje estava afastado. Apesar da indignação manifestada pelo povo, Harem-Hab fez-se faraó, subjugando qualquer revolta e levando o Egito ao caminho que penetrava cada vez mais nas trevas e na perdição.

A VIDA DE MOISÉS

DESCERRAM-SE OS OLHOS DO VIDENTE. VIDA SURGE-LHE PELA FRENTE, VIDA QUE INDELEVELMENTE SE GRAVARA NO GRANDE LIVRO DA CRIAÇÃO.

ABATE-SE O JUÍZO SOBRE O EGITO

Israel encontrava-se sob a tirania de um mais poderoso. Na escravidão, o povo sofria uma existência indigna de seres humanos. O sol causticante, qual hálito infernal a mortificar os corpos ressequidos dos milhares que labutavam nos campos, era apenas parte dos tormentos que aquele povo sofria no trabalho insano e forçado; além disso, o chicote do feitor flagelava sem comiseração as costas desnudas e encurvadas.

O sibilar do chicote era o único som que alcançava os filhos de Israel, resignados e embrutecidos, enquanto davam andamento ao serviço. O chicote, que fazia moribundos estremecerem, que sabia martirizar todos os que não se apressassem, era senhor absoluto de Israel. E tão cega quanto ele, era a mão que segurava esse simples instrumento.

Um homem havia, porém, que corporificava em si o Egito tão bem conhecido de Israel. Cruel, impiedoso e inexorável! Esse homem era o faraó! O rebaixamento de Israel à escravidão expressava sua vontade. Queria aniquilar aos poucos aquele povo, pois ocupava demasiado lugar! Obrigava os israelitas a coabitarem em ambientes restritos, míseras cabanas que encurralavam as pessoas em promiscuidade e ar viciado. Ali deviam sufocar-se, mas elas resistiam. Os homens eram obrigados a trabalhos forçados, sempre com o chicote a maltratá-los. Inúmeros morriam, abatidos pelo jugo insuportável; a maioria, porém, era pertinaz. Israel multiplicava-se ameaçadoramente, tornando-se um crescente perigo para o faraó. Amadureceu então na mente daquele homem um novo flagelo: a execução de todos os recém-nascidos do sexo masculino!

Depois seu zelo de exterminar aquele povo amainou um pouco. Todavia, seus obedientes executores levavam a ordem adiante.

Invadiam as cabanas dos escravos; com fria determinação arrancavam das mães os filhos, que pela primeira vez estavam sendo levados ao peito, e trucidavam-nos. Os gritos não transpunham os limites do bairro israelita. Por ninguém eram ouvidos, muito menos pelo faraó, que habitava seu palácio, usufruindo em paz os frutos da riqueza e do poder. A ele nunca interessara a vida daquele povo que oprimia sem conhecer. Para ele, Israel era um numeroso agrupamento em expansão que, se não fosse reprimido, tornar-se-ia mais numeroso que seu próprio povo, pondo em perigo a supremacia egípcia. Tencionava impedir isso. Poderia expulsar os israelitas do país! A medida parecera-lhe imprudente; o trabalho dos infelizes era fator preponderante no enriquecimento da nação! Enquanto conseguisse subjugar o povo de Israel, o produto desse trabalho seria bem-vindo ao país.

O faraó nunca aludia a semelhantes questões quando estava em companhia de hóspedes; eram assuntos demasiado triviais em seu entender. Acontecesse de alguém dirigir a conversa nesse sentido, ele, em poucas palavras, dava vazão a seu enfado, silenciando o interlocutor. Apenas com a filha, uma menina de uns doze anos, de quem gostava muito, o faraó falava sobre aquele povo intruso que precisava ser mantido sob severa vigilância. Julgava necessário alertar desde cedo a menina para sua futura incumbência; Juricheo estava destinada a ser soberana do Egito.

Quando a menina, já agora, conseguia rebatê-lo, o faraó demonstrava alegria pela precocidade. A mão dele apreciava deslizar sobre o cabelo negro da filha; aprazia-lhe ver a graça juvenil com que ela se apresentava. Admirava a segurança com que Juricheo escolhia as jóias que lhe completariam o traje. Não sabia se opor a um desejo da parte dela. O amor da filha era a única coisa que embelezava sua vida. Todos os seus tesouros destinava a Juricheo. Ele nem pensava que essa filha se tornava a razão principal de sua avidez por riquezas. Mesmo o filho homem, que como primogênito tinha pleno direito ao trono, era obrigado a retroceder ante Juricheo. Para cada agradecimento que os claros olhos dela dispensavam ao pai, milhares de israelitas tinham de sofrer. Ele tudo esquecia quando seu ídolo sorria.

Juricheo não se dava conta da miséria que indiretamente causava. Inteiramente infantil e pura, todavia já começava a desabrochar.

Os olhos apresentavam freqüentemente aquele ar cismador de quem busca e não compreende a si mesma. Quando percorria os aposentos do palácio, com passos leves e cadenciados, os adornos retinindo suavemente, a seda da vestimenta num ruge-ruge misterioso, ela se esquecia de si própria. Parecia como se flutuasse sobre o solo, desligando-se de tudo, pondo-se em contato com um acontecimento relevante, o qual estendia os braços para ela, procurando alcançá-la em vão.

Sorria quando voltava à realidade. Com um gesto enérgico afastava de si o embaraço. Nessas ocasiões mandava vir, geralmente, a montaria preferida, distraindo-se então em alegre cavalgada.

Recostada sobre peles, no seu local favorito, Juricheo ouvia as cantigas entoadas pelas servas. Estava deitada, imóvel, de olhos cerrados. Parecia dormir. As escravas, acocoradas em semicírculo, tocavam e cantavam as melodias da pátria distante. Melodias repassadas de saudades...

De repente, Juricheo ergueu o braço com veemência tal, que os braceletes retiniram. Levantou-se num ímpeto. As servas acompanharam-lhe os gestos e submissas aguardaram as ordens de Juricheo. Ela bateu palmas com visível impaciência:

— Tragam a liteira! Quero banhar-me!

Silenciosas, as servas esgueiraram-se, retornando em seguida. Trouxeram alguns véus com os quais encobriram a cabeça da princesa. Célere, a jovem cruzou pelos amplos aposentos, sempre seguida pelas escravas; desceu escadarias, percorreu pátios de pisos de mármore com fontes construídas de pedras multicores e estátuas adornadas de ouro, sempre rumando em direção ao pórtico principal. Aguardava, ali, uma preciosa liteira carregada por quatro escravos musculosos. A luz do sol refletia das pedras preciosas, engastadas em ouro na liteira, num brilho sem igual. Estofados purpúreos e almofadas, traspassados por fios de ouro, cobriam o assento.

Tão logo Juricheo se acomodou na liteira, o que aconteceu rapidamente, uma escrava soltou as pesadas cortinas, para evitar olhares indiscretos. Os carregadores ergueram a preciosa carga; com passos sincronizados percorreram as ruas rumo ao Nilo.

O povo arredava-se, incontinenti, para todos os lados, mal avistavam a liteira, cedendo lugar à filha do faraó, em quem presumiam a futura soberana.

O sol já se encontrava alto no firmamento. Em verdade, era um pouco tarde para o banho de Juricheo. Devia resguardar-se do sol, conforme desejo expresso do faraó, sempre cuidadoso com o bem-estar da jovem. O Nilo espalhava, porém, aprazível frescor. O local escolhido por Juricheo estava resguardado de possíveis olhares curiosos. Um juncal espesso marginava a água de ambos os lados, deixando apenas um sítio descoberto e era esse recanto que Juricheo visitava sempre. Desceu da liteira e com um gesto ordenou às acompanhantes que permanecessem mais atrás, caminhando em direção ao rio.

Lá chegando, soltou os véus, deixando-os cair ao solo; por momentos quedou-se imóvel, as mãos atrás da cabeça, escutando os leves ruídos a seu redor. Nisso começou a prestar atenção e, de repente, embrenhou-se por entre o junco. Teve logo certeza de não ter ouvido mal; adiantou-se, ansiosa, curvando os longos talos, mas recuou assustada para um lado, ao perceber um ruído. À sua frente surgiu uma menina de pele escura que a olhava espantada, com os olhos desmesuradamente abertos.

— Quem és tu? indagou Juricheo.

A jovem deixou-se cair a seus pés.

— Oh! princesa, não o mates, deixa-o viver, soluçava ela.

Juricheo sacudiu a cabeça.

— Quem? De quem falas afinal?

Logo, porém, silenciou, pois um choro alto saiu do juncal. Tentou dar alguns passos adiante, mas a jovenzinha enlaçou-lhe os joelhos.

— Senhora! implorou angustiada. Juricheo, contrariada, empurrou-a e ordenou:

— Deixa-me!

A jovem, gemendo, ficou de lado.

A filha do faraó rumou ao encontro do choro infantil. Parou, ao deparar com uma cesta que flutuava, pela metade, na água. Com gesto rápido, ergueu a vestimenta e entrou no lodo. Curvou-se sobre o cesto e logo o puxou ao seu encontro. De um salto alcançou o chão firme. Apertava contra o peito o cestinho; havia silêncio dentro dele agora. Juricheo rapidamente afastou os juncos e novamente chegou perto da jovem, a quem, no entanto, nem dispensou atenção. Ela se ajoelhou e abriu o cestinho.

— Oh! exclamou admirada. Dentro havia uma criancinha cujos olhos escuros a miravam. Que linda criatura! murmurou baixinho.

A jovem, mal refeita do susto, ergueu a cabeça admirada. Contudo, não se atreveu a uma aproximação maior. A egípcia estava completamente absorvida na contemplação da criança. Ao olhar a desamparada criaturinha, sentiu o coração tomado de comiseração. Lembrou-se então da jovem e perguntou:

— É teu filho?

— Não. É meu irmão, logo ela continuou, rogando: Deixa-o para mim. Não o mates, princesa!

— Matá-lo? Eu?

— Princesa, todos os recém-nascidos do povo de Israel são trucidados. Também a ele matarão, quando for encontrado!

Juricheo moveu a cabeça, expressando dúvida.

— É bem assim que acontece, princesa, disse a jovem com veemência.

— Como te chamas?

— Míriam, e ele se chama Moisés. A mocinha indicou para o irmão.

— Bem, Míriam, nada acontecerá a Moisés. Eu zelarei pela vida dele. Assustada, Míriam estendeu as mãos para agarrar a criança.

Juricheo segurou o cesto com energia.

— Eu ficarei com ele, Míriam, não tenhas medo; dize a tua mãe que Moisés ficará sob minha proteção, ela calou-se por um instante, depois continuou: Querendo, poderás vir algumas vezes ao palácio para vê-lo.

Míriam olhou para a filha do faraó fixamente. Seus olhos profundos e precocemente amadurecidos pelo sofrimento, que tinha presenciado desde a mais tenra idade, sondavam as palavras de Juricheo. Esta, enfrentando-lhe o olhar, observou o medo, a desconfiança, depois a tênue esperança e por fim o sorriso que se expandiu no rosto de Míriam. Com um aceno amistoso, a princesa despediu-se da jovem e correu feliz e radiante, com o pequeno achado nos braços, para junto das escravas. Sem dar atenção aos admirados olhares de que era alvo, subiu na liteira.

— Depressa, retornemos! ordenou aos escravos, que logo se puseram a correr.

Daquele dia em diante, Juricheo estava transformada. Cuidava de Moisés, sua vida gravitava em torno dele como se fosse seu próprio filho. O faraó deixava-lhe a extravagância, ele via nisso apenas um novo capricho de sua predileta. Juricheo, por sua vez, foi prudente; soube ocultar, frente ao pai, seu amor pelo menino. Conhecia o ciúme demonstrado pelo faraó por tudo aquilo que recebesse mais atenção por parte dela.

Aparentemente Moisés era apenas um brinquedo para a filha do faraó. Logo, porém, que se encontrava a sós com a criança, cobria-a de toda dedicação de que era capaz. Moisés cresceu assim numa atmosfera plena de carinho e amor maternal. Todos os demais eram também atenciosos com ele, todavia com aquela consideração que demonstrariam a um cãozinho de estimação de Juricheo.

No início com freqüência, depois cada vez mais espaçadamente, vinha Míriam. Então, acabou esquecendo o irmão que nem mais era mencionado na família.

Ao ficar mais crescido, Moisés recebeu os melhores professores, segundo a vontade de Juricheo. Uma grande ânsia de aprender foi despertando nele. O garoto revelava uma inteligência fora do comum, fato que muito envaidecia sua mãe adotiva. Sempre que havia oportunidade, Moisés era apresentado como menino prodígio. A vivacidade das respostas do menino agradava ao faraó, que o exibia para divertimento dos hóspedes.

Juricheo detestava semelhantes espetáculos. Temia que Moisés se tornasse presunçoso em decorrência dos inúmeros elogios que tão facilmente lhe dispensavam.

Chegou o tempo em que assomaram traços frívolos na personalidade de Moisés, os quais Juricheo tentou abafar com uma severidade inadequada. Moisés continuava em sua despreocupação; ria quando ela tentava falar-lhe em tom mais circunspecto. Por fim ela zangou-se deveras:

— Escuta, Moisés, disse com veemência, não quero que sejas demasiado confiante para com todos. Isso irá prejudicar-te!

— Não são todos bons?

— A bondade deles durará apenas enquanto estiveres sob minha proteção. Não estivesse eu a teu lado, se estivesses desamparado, eles te expulsariam ou mesmo te reduziriam à condição de escravo. Por ora estou aqui e te protejo; mais tarde tu mesmo deverás defender-te e para isso é imprescindível que sejas prudente e astuto.

Moisés escutara em silêncio, mas não compreendera a extensão das palavras ouvidas. Juricheo levou-o então a sentar-se a seu lado, sobre macias peles, e contou-lhe sobre a origem dele, sobre o povo no qual nascera e como ela o salvara.

Moisés escutava-a com interesse imenso; com os olhos presos aos lábios dela, a compreensão foi surgindo. Traços de profunda seriedade imprimiram-se na fronte juvenil e pura. Num repente de gratidão, Moisés recostou-se em Juricheo; a mãe adotiva recobrou a calma, sentindo-se feliz. Após afastar os cabelos negros e encaracolados do rosto do garoto, pediu-lhe então que a deixasse sozinha.

O temor que sentia por Moisés era maior do que supunha; continuamente planejava meios e modos de protegê-lo do faraó. Sabia haver suscitado em Moisés, com suas revelações, uma voz que não mais silenciaria e que, dali por diante, saberia vibrar em uníssono com o eterno pulsar do sangue israelita. Moisés, no futuro, poderia tornar-se inimigo do povo egípcio, poderia até planejar o aniquilamento do Egito quando tivesse mais idade. Ele tinha acesso a todos os segredos de Estado, e sua prodigiosa inteligência dava-lhe clara visão dos problemas. Juricheo estremeceu; já antevia o pavor e a morte abaterem-se sobre as terras do Egito pela mão de Moisés. Esquecia completamente que ele era ainda um menino; era ameaçador o que se apresentava aos olhos dela. O vingador de Israel.

"Por que falei? Amo-o então mais que a meu povo?"

Daquele momento em diante, a princesa nunca mais aludiu à origem de Moisés; ele, por sua vez, não solicitou novos esclarecimentos, e mesmo assim a egípcia via como amadurecia em Moisés a ira, a aflição pelo seu povo. Ele sofria por seu povo, embora o visse pouco, e todavia desprezava-lhe o feitio covarde de suportar o cativeiro. Moisés era orgulhoso, senhoril; não conhecia nenhum ser humano ao qual pudesse sujeitar-se cegamente. Sua vontade desenvolvera-se sem restrições. Crescera sob a proteção da filha do faraó, ninguém se atrevendo a contrariá-lo.

Convertera-se num moço, alto e esbelto, de olhos inteligentes e expressivos que, freqüentemente, sonhadores e meigos, perdiam-se na distância como que aguardando um milagre. Ao redor de sua boca desenhava-se então um vinco que apenas Juricheo sabia interpretar. Caracterizava com freqüência uma amargura que ele sentia e isso quase sempre que o palácio ostentava suas maiores magnificências. Moisés começava a perambular pelos salões, observava o afã dos escravos, via os preciosos presentes trazidos pelos hóspedes, que eram armazenados nos recintos do tesouro real; sua mão delgada deslizava, como que brincando, sobre os tecidos traspassados com fios de ouro, deixando gemas preciosas escorrer por entre os dedos até que, de chofre, cerrava os punhos, retrocedendo com expressão de asco. Pronunciada ruga vertical marcava-se em sua testa, até então lisa e desanuviada. Sombrio era o olhar com que percorria as jóias, o tesouro imenso e inaproveitado, ao passo que povos inteiros sucumbiam na miséria.

Moisés continha-se com dificuldade, pondo-se a caminhar rapidamente, até que exausto, quase sem fôlego, deixava-se cair num canto do pátio ou sobre os degraus de alguma escadaria. Pouco a pouco a agitação abrandava, a respiração voltava ao normal e ele retornava ao interior do palácio. Costumava depois repreender a si próprio e tentava conservar o autodomínio em ocasiões semelhantes, porém a ira que o assaltava era cada vez mais violenta.

Mensageiros de um soberano ingressaram ao átrio externo do palácio. Em seguida foram encaminhados à presença do faraó. Este, mal os avistou, reconhecendo-os pela indumentária, ergueu-se e deu mostras de contentamento. Os enviados inclinaram-se reverentemente. Como o faraó, com um gesto, interrompesse as demoradas saudações, eles começaram a falar:

— Majestade! Abdruschin, nosso amo e senhor, com grande séquito, aproxima-se de vossa corte. Ele vos saúda.

— Quando me será dado o prazer de hospedar Abdruschin, aqui?

— O soberano vem a curta distância de nós.

O faraó acenou a um escravo.

— Envia imediatamente cem cavaleiros ao encontro de Abdruschin, para dar-lhe cortejo até o palácio.

O escravo retirou-se pressuroso. Os mensageiros, por ordem do faraó, foram devidamente hospedados. Logo o palácio mostrava-se na maior azáfama. Juricheo convocou suas aias; deviam adorná-la para a recepção de Abdruschin. Apenas Moisés permaneceu apático; sentado no chão, observara os apressados servos até que se enfadou; ergueu-se, dirigindo-se ao bosque que cercava a parte posterior do palácio. Ali, no silêncio, recuperou a alegria, esquecendo o desprezo sempre presente quando testemunhava as expansões exageradas em matéria de hospitalidade do faraó. Despreocupadamente perambulou pelo local, admirando os espécimes raros, a pujante beleza da vegetação; saboreou os frutos que havia em abundância. Ao cabo de algum tempo, ele, em paz consigo, retornou ao interior do palácio, cantarolando. Estavam já a sua procura.

Os escravos, tendo em mãos vestimentas e jóias a ele destinadas, aguardavam-no para enfeitá-lo convenientemente para a recepção do hóspede. Displicentemente, Moisés permitiu que o despissem e lhe colocassem a roupa suntuosa; estendeu os dedos e aceitou os anéis preciosos, presentes de Juricheo. A admiração que despertava nos circunstantes não o afetava. Com simples gesto, dispensou os servos e dirigiu-se ao salão onde se encontravam Abdruschin e o faraó. À sua entrada, a conversação cessou. O faraó sorriu ao notar o olhar de interesse que seu hóspede lançou ao jovem.

Juricheo ocupava um assento entre os dois homens; também ela sorriu ao ingresso de Moisés e acenou-lhe. Em seguida falou, dirigindo-se ao hóspede:

— Abdruschin, este é Moisés, de quem acabei de falar.

Abdruschin observou atentamente o jovem que o saudava. Moisés curvou-se reverentemente por três vezes. Levando a mão à testa, Abdruschin correspondeu à saudação. Seus grandes olhos escuros encontraram-se com os de Moisés, intimidando-o. Em silêncio, Moisés ocupou seu lugar defronte ao hóspede. Os escravos traziam, em travessas de ouro, os manjares do banquete. Jarras de vinho eram trazidas e logo as taças cheias eram apresentadas aos convivas, como refrigério.

Moisés suspirava intimamente, conhecia bem os banquetes do faraó, os quais costumavam prolongar-se dia afora. Furtivamente lançou um olhar para Abdruschin, no mesmo instante, porém, baixou a cabeça; Abdruschin observava-o. Pouco a pouco, apossou-se dele uma sensação estranha; acreditou sentir uma espécie de ligação anímica com o príncipe estrangeiro. Ele o atraía cada vez mais. Parecia fluir de Abdruschin para ele uma força como jamais imaginara existir. Como era possível que o faraó permanecesse alheio sem pressenti-la? Inquiridor, ele olhou para o hóspede, que lhe sorriu. Moisés confundia-se cada vez mais. "Será algum mago?", assomou-lhe ao pensamento.

Aguardava que Abdruschin se dirigisse a ele, como alguém que anseia escutar uma palavra de bondade. Abdruschin, no entanto, parecia evitar um diálogo entre os dois; deixava a palestra generalizar-se.

"Que faço afinal aqui sentado?", pensou Moisés. "Não sou eu o bobo da corte do faraó? Todos os visitantes se deleitam com minha eloqüência e procuram com manha sutil confundir-me; apenas este príncipe não me dispensa atenção. Não é bem isso! Ele me observa, mas não fala comigo. Para ele não sou bom passatempo, não consigo diverti-lo, decididamente não me aprecia!"

Moisés foi ficando cada vez mais taciturno. O faraó dirigia-lhe olhares aborrecidos, patenteando seu desagrado. Juricheo olhava-o preocupada. O único que aparentemente nada percebia era Abdruschin. A ninguém era dado ler em seu semblante jovem. Seus traços eram tão claros e harmônicos, que levavam a crer ser fácil desvendar-lhe a personalidade, mas logo que alguém procurava conhecê-lo melhor, observando-o com atenção, ficava pensativo a respeito.

Abdruschin era bem jovem ainda, contudo governava uma das maiores nações da África. A história de sua origem perdia-se em véus de mistério. Nunca era aventada abertamente. O povo fizera dele o seu soberano. Amava e venerava Abdruschin como a um deus. Forças sobrenaturais, que diziam possuir, haviam-no elevado ao trono, facultando-lhe aquele enorme poder que exerce.

O faraó temia-o deveras, eis a razão de disputar-lhe a amizade com empenho. Apesar disso, a inveja era a única coisa que ainda o afligia. Certamente ele, o faraó, era poderoso, dono da vida e da morte de seus súditos, impunha cativeiro em seu proveito, possuía incontável tesouro; mas que métodos precisava empregar para conseguir isso tudo? Iria um israelita trabalhar em proveito do faraó, se a chibata não lhe zunisse no dorso? Iria algum servo obedecer a suas ordens, se não fosse um escravo passível de ser morto? Agastado, ele expunha a si próprio essas indagações.

E Abdruschin? Como governava? Possuía ele um Israel para flagelar ao bel-prazer? Não! Tinha escravos? Não! Os servos eram pessoas livres, bem como o povo inteiro; todavia esfalfavam-se pelo soberano, aumentavam diligentemente o tesouro real, amavam-no enfim! Onde estava o poder desse homem, cuja procedência era de todos desconhecida? Por que lhe sobrevinha brincando aquilo que a ele, o faraó, custava noites de insônia e muita astúcia? O seu semblante sereno, os bondosos e ardentes olhos escuros, seriam as armas com as quais dominava as massas?

Rancor começou a dominar o faraó. A sua vaidade descabida não tolerava que houvesse outro maior, mais poderoso. Convinha, porém, que ninguém conhecesse os seus sentimentos. O temor em relação a Abdruschin colocara-lhe uma máscara disfarçante no rosto. Suas palavras traspassadas de amizade, respeito e amor, deveriam fazer com que Abdruschin acreditasse em sua sinceridade. O engodo daria resultado? Nada levava a crer que Abdruschin desconfiasse de algo. Ingênua e confiante mostrava-se a aparência dele.

Nem Juricheo pressentia os pensamentos paternos. Ela amava Abdruschin na medida que o admirava, irrestritamente. Ele constituía para ela o ideal inatingível. Juricheo sabia que ninguém deixaria de amá-lo, convivendo em sua proximidade; criatura alguma conseguiria subtrair-se a seu encanto. Notava a mudança operada em Moisés. O primeiro encontro trouxera consigo a transformação. Ele, como os demais, havia capitulado ao fascínio daquele homem. Estranha era também a reação do faraó, surgida após esse contato demorado com Abdruschin; seu olhar ganhara um brilho benevolente, a própria astúcia que luzia em seus olhos amendoados desaparecia, seu sempre protuberante lábio inferior recolhia-se, e assim a fisionomia perdia aquela rudeza brutal que lhe era característica. O faraó, nesses momentos, esquecia a inveja que o acometia quando pensava no poderio de Abdruschin. Seus rompantes iam cedendo lugar a palavras mais simples, menos exageradas.

O festim prolongava-se por horas e horas, apenas interrompido, de quando em quando, pela exibição de dançarinas, prestidigitadores e músicos que o tornavam mais variado e aprazível.

Moisés permanecia alheio a tudo; vez ou outra seus olhos pousavam no príncipe estrangeiro. Acudia-lhe à mente o povo israelita. Sentiu tristeza. Saudade assomou nele, mágoa infinita preencheu seu ser, de tal maneira, que ele, com dificuldade, conseguiu dominar-se.

"Pobre povo corajoso", pensou, "o que te dá forças para aturar tamanho sofrimento? Contas acaso com um libertador? Eu não te conheço, Israel, não sei a origem de tua força, tampouco possuo a fé na salvação como tu. Nunca te libertarás das garras deste faraó".

Absorto em tais pensamentos, Moisés esquecia o festim e seus convivas. Nisso soou, bem a seu lado, uma voz agradável e bondosa, sacudindo-o da divagação.

— Oprimem-te desgostos, meu amigo?

Abdruschin aproximou-se de Moisés. A música estridente quase abafava as palavras; assim apenas Moisés as podia escutar. Ele olhou com tão expressiva concordância para o príncipe, que este viu confirmada sua pergunta.

— Abdruschin! Eu confio em ti, pois sei que és bom. Posso dizer-te aquilo que me oprime?

— Amanhã poderei escutar-te, cavalgarei em tua companhia pelos arredores da cidade.

Moisés anuiu agradecido. Seu coração palpitava alegre. Os pensamentos sombrios anteriores dispersaram-se. De um momento para outro, tudo lhe parecia de uma leveza agradável, como se tivesse afastado de si um incômodo fardo.

Em seu íntimo ocorreu uma metamorfose. Pela primeira vez experimentava a nobre sensação do entusiasmo. Como o claro flamejar, o amor irrompeu nele, incandescendo-o e purificando-o. Cauterizava toda e qualquer impureza. Moisés sentia-se infinitamente jovem, jovem e vigoroso. Seus olhos luziam de ardor combativo. A emoção persistiu. Mesmo no dia seguinte, enquanto cavalgava ao lado de Abdruschin, sentia a força sagrada perfluir-lhe o corpo, a alma. Abdruschin sorriu ao olhar o jovem que com tanto garbo montava o corcel. Moisés interceptou o olhar e enrubesceu de leve.

— Abdruschin, falou ele, hoje me vês inteiramente outro, não sou mais o sonhador, o nostálgico que ontem solicitou teu auxílio. Desde que mencionei minha mágoa para ti, esta se evaporou. Nunca me senti tão alegre, tão jovem e cheio de vigor como hoje!

— Moisés, o que te atormentava?

O interpelado inclinou a cabeça.

— Senhor, faltava-me na vida o amor, o conteúdo. Suspirava por uma finalidade na existência e não a encontrava.

— Julgas que a descobriste agora?

Moisés aprumou-se.

— Sim!

Abdruschin não respondeu, a despeito dos olhares inquiridores de Moisés. Permaneceu calado.

— Abdruschin, rogou Moisés.

Por longo tempo este olhou-o. Os animais estavam imóveis, lado a lado...

— Tens uma grande missão pela frente. É inabalável a tua vontade de cumpri-la?

— Senhor, tu sabes?! balbuciou Moisés.

— Sim. Conheço tua aspiração. Queres tornar-te o condutor de teu povo.

De novo reinou prolongada pausa.

— De onde queres haurir a força necessária à execução de tão grande empreendimento?

As palavras retumbaram como o badalar de um sino potente junto aos ouvidos do jovem.

— De onde?

— De onde!

Moisés encolheu-se.

— Israel crê num poderoso Deus invisível, retrucou após algum tempo.

— E tu desconheces o Deus de teu povo?

— Não o conheço e menos ainda conheço meu povo. Vejo apenas a humilhação que ele agüenta e a inutilidade de suas orações.

Em Abdruschin aflorou novamente um sorriso imperscrutável.

— Se salvas teu povo, porventura não lhe serão atendidas as preces?

Moisés olhou-o com admiração.

— Sim, porém eu não creio no Deus deles. Nem acredito nos deuses egípcios. Não percebo força alguma em presença dos mesmos, não irradiam amor. Só posso crer mediante provas!

— De onde, porém, deverá provir a força imprescindível ao cumprimento de tua missão?

— De onde? de repente Moisés rejubilou-se. De onde? De ti! ofegante ele encarou Abdruschin, contente por ter encontrado uma solução. Sim! Em ti está contida a necessária força. Percebo-a irradiar sobre mim, desde que estou em contato contigo. Não foi ela que me indicou o alvo de minha existência, que me soergueu da confusão, que me tornou claro o olhar? Moisés vibrava de entusiasmo.

Abdruschin olhou-o atentamente, antes de retrucar:

— E de onde procede essa força?

— Não a tens contigo, desde sempre?

— Tenho-a porque, sem interrupção, ela se irradia para mim; eu a transmito adiante, a ti, a todos os seres humanos; nada posso fazer, porém, quando a vejo mal-empregada.

Emocionado, Moisés encarou Abdruschin firmemente. Seus olhos refletiam uma crença infantil. Seus lábios formularam poucas palavras:

— Eu creio em teu Deus, Abdruschin!

Este estendeu a mão e tocou de leve a testa do jovem, desenhando com os dedos o sinal de uma cruz. Moisés permaneceu imóvel; as montarias de ambos, achegando-se, haviam formado como uma ponte entre os dois homens.

Ainda em muitas ocasiões foi dado a Moisés sentir na testa o toque da mão de Abdruschin...

— Mantém vivo em ti este momento, Moisés, recorda-te dele quando estiveres em meio à luta e confia no Deus de teus antepassados — Ele é também o meu!

Moisés assentiu com a cabeça. Não lhe era possível formular palavras.

Em silêncio, os dois cavaleiros regressaram. O sol, no ocaso, fazia a areia do deserto brilhar, convertendo-a em um mar vermelhocintilante. Depois tudo se apagou, tão rápido como viera. A noite estendeu-se, abrangendo tudo de surpresa.

No dia seguinte, Abdruschin deixou a corte do faraó. Partiu, deixando atrás de si, no orgulhoso palácio, um vazio, uma frieza. Em cada recanto pairava solidão. Moisés, horas a fio, caminhava a esmo de um lado para outro. Acreditava não suportar mais a vida sem Abdruschin. Sobrevinha-lhe então a recordação daquele momento solene, das palavras do príncipe. E Moisés sentia o calor benfazejo da presença de Abdruschin, sabia que dali por diante nunca estaria sozinho, pois seu Deus era onipresente! Em sua alma, com essa certeza, ingressou uma fé firme, uma ligação com Deus, cujos fios o soerguiam e proporcionavam-lhe força quando rogava pela mesma.

A Juricheo não passara despercebido o amor que transformara Moisés. Sentiu-se feliz ao dar-se conta da profunda veneração sentida por seu protegido em relação a Abdruschin. Nada comentou, entretanto, com o jovem; não quis profanar aquele sentimento sagrado.

Intimamente, Moisés agradeceu-lhe o delicado gesto. Juricheo fora para ele mãe e amiga; fios de amor interligavam os dois e apenas por ela permanecia ainda no palácio. De outro modo, há muito estaria junto de seu povo.

Visitava freqüentemente os israelitas. Por dias inteiros perambulava através de suas estreitas vielas imundas, buscava seres humanos amadurecidos pelos sofrimentos e encontrava-os; no entanto, já estavam demasiado embrutecidos exteriormente para acreditar nas palavras que ele bondosa e compreensivamente lhes dirigia.

Encontrou certo dia seus familiares, alojados em mísera morada. Uma mulher magra, de cabelos grisalhos, era sua mãe. Míriam, a irmã já adulta, tinha cabelos negros e grandes olhos famintos. Pai não havia mais, apenas um homem grande, ossudo, e este era seu irmão Aarão, que olhava o mundo com os mesmos olhos obtusos de seus companheiros de desdita.

Moisés observava um a um, sempre de novo. Essa era então a família à qual pertencia? Em seu íntimo algo clamava: "Não! Mal os conheces. São estranhos para ti e nada existe que te ligue a eles!".

Moisés tentou abafar a voz interior, fazê-la silenciar, foi em vão. Ele, no íntimo, estava completamente desligado daquela família. Demasiado jovem para sobrepor-se a isso, sem conflitos de alma, via diante de si Juricheo. De repente, ansiou por ela e pelo palácio do faraó, começando a descrever tudo aos seus. Os interessados ouvintes pouco a pouco iam perdendo a aparência amistosa. Os cantos das bocas vincaram-se amargurados, ao passo que os olhos se tornaram estreitos. Na face de Aarão, a apatia inicial cedeu lugar a uma verdadeira irrupção de fúria.

Moisés nada percebia. Ele narrava como era sua vida, relatou o carinho de Juricheo para com ele, sim, até o faraó foi descrito, e acentuados os traços simpáticos!

Nisso, Aarão, fora de si de tanta ira, bateu o punho violentamente contra a mesa. Moisés ergueu-se de um salto.

— Fora! Fora daqui! gritava Aarão, arquejante. Vens para relatar a vida principesca que levas, deleitando-te com nossa miséria? Transformaste-te num egípcio! começou a gargalhar com estridência e sua voz, de tanta ira, falhava.

Pálido, Moisés ouvia imóvel as acusações do irmão; não se retirou. Sabia quão inábil fora e decidiu não arredar o pé, enquanto não tivesse apaziguado Aarão.

— Aarão, escuta! disse depois que aquele se deixara cair numa cadeira. Vós não me compreendestes, eu vim para ajudar-vos. Sim, eu quero livrar o povo de Israel da opressão do faraó.

Aarão sacudiu os ombros, desdenhoso:

— É melhor que voltes para casa, meu pequeno, volta a teu palácio. Aqui não se protegem os garotos como lá! Retira-te!

Moisés voltou os olhos para a mãe e a irmã. Leu nos rostos apenas desaprovação. Entristecido, baixou os olhos e afastou-se.

Nunca mais, em épocas posteriores, Moisés entrou no lar de seus familiares. Perseverou, porém, em visitar seus irmãos e irmãs de raça. Queria tornar-se igual a eles! Aos poucos aprendeu a ignorar a imundície que os cercava. Com eles conheceu o firme autodomínio e começou a vivenciar o sofrimento do povo como se fosse o seu próprio.

Juricheo, com crescente preocupação, observava a tendência que impelia Moisés para seu povo. Temia que isso alcançasse os ouvidos de seu pai, que há muito esquecera ser Moisés um israelita. O faraó, inclusive, abordava na frente dele os novos fardos que vergariam ainda mais os israelitas. Nem atentava para os lampejos de ira no rosto do jovem. Juricheo estremecia aterrorizada. A situação tornava-se assim cada vez mais delicada. O fio que ligava Moisés a Juricheo estava cada dia mais inconsistente, faltava apenas o puxão decisivo que o partiria de vez.

Moisés sentiu a tensão. Era seu desejo pôr-lhe um fim. Saudosos, seus pensamentos dirigiam-se a Abdruschin. Ansiava continuamente pelo regresso do príncipe. Encetava longas cavalgadas pela planície, em direção aos domínios de Abdruschin; seus olhos buscavam o horizonte na esperança de que, a cada momento, fosse vislumbrar a tropa de cavaleiros com o soberano à frente. O desejo era tão intenso, que se tornou a razão principal de seus dias.

Moisés passou a evitar os israelitas, ao dar-se conta de que nenhum progresso surgira em seus esforços de tornar-se amigo do povo. Continuava a ser encarado com a mesma desconfiança do início. Eram criaturas que desconheciam completamente o que fosse confiar no próximo; estavam sempre à espreita de perigos, inclusive atribuíam segundas intenções às palavras dele. Moisés começara a aborrecer-se, eis por que se mantinha afastado. A maturidade imprescindível ao êxito da missão ainda não fora alcançada. Continuamente seus pensamentos giravam em torno de Abdruschin. Deixava assomar em si, sempre de novo, a advertência recebida e assim se fortalecia intimamente.

Após a hipótese de um reencontro ter sido afastada totalmente e ele nem cogitar mais a respeito, depois de demoradas luas, Abdruschin de repente voltou! Inesperadamente, acompanhado de muitos cavaleiros, ingressou pátio adentro. De Moisés apossou-se uma excitação indescritível; querendo ser o primeiro a dar as boas-vindas ao príncipe árabe, desabalou em direção ao pátio. Os visitantes predispunham-se a entrar no palácio quando deram de encontro com Moisés. Este correu logo para Abdruschin e fez profunda reverência; em seguida, ajoelhou-se e beijou a barra da vestimenta do príncipe.

Abdruschin manifestou seu desagrado pelo exagerado modo com que tinha sido saudado. Entretanto, quando o olhar infantil do jovem pousou no seu, ele sorriu bondosamente. Mudo de felicidade, Moisés caminhava ao lado de Abdruschin, guiando-o ao faraó. Estacou, porém, ante um reposteiro gigantesco que isolava a sala do soberano.

— Não posso prosseguir, Abdruschin. Não consigo suportar "sua" proximidade neste momento.

Assim dizendo, abriu o reposteiro para que Abdruschin ingressasse, depois retornou pensativamente para seus aposentos. Lá chegando, permaneceu longo tempo meditativo, com o olhar parado. Somente no fundo dos olhos tremeluzia uma centelha. Oculto dos olhares curiosos, pairava ali no íntimo o entusiasmo, a admiração que sentia. Moisés sentia a poderosa força que recebera na proximidade de Abdruschin. Revelava-se a ele, desse modo, a pulsação de uma nova vida. A grata alegria sentida obrigou-o a capitular diante daquela grandeza.

Moisés aguardava.

Com ansiedade, espreitava o chamado do faraó. Quando, finalmente, um escravo lhe transmitiu o convite do soberano para que participasse do banquete, ele, suspirando, ergueu-se pressuroso.

Vibrava nele silenciosa expectativa pelo prazer antecipado de ouvir a palavra de Abdruschin. Ao entrar no aposento, antes de ser visto, alcançaram-no as derradeiras palavras do príncipe árabe.

— Fiz erguer, não longe da fronteira egípcia, meu acampamento, melhor diria, minha cidade de tendas. Prazerosamente serei teu hóspede, com freqüência, durante nossa estada, nobre faraó.

Com o semblante iluminado de contentamento, Moisés rejubilava-se intimamente. Nisso o faraó, avistando-o, acenou-lhe com a mão, indicando-lhe um lugar bem afastado de Abdruschin, pois parte da comitiva deste participaria da refeição.

Moisés desobedeceu! Apossou-se de um assento bem próximo do ocupado pelo príncipe. O faraó teve ímpetos de chamá-lo à ordem, mas a cortesia diante dos hóspedes impediu isso. Um olhar irado, entretanto, atingiu Moisés, que se deu ares de não saber interpretá-lo. Permaneceu calmamente sentado no lugar que não lhe fora destinado. Logo depois entraram os acompanhantes de Abdruschin. Após ruidosas saudações, todos ocuparam seus assentos.

Moisés começou a observar aqueles homens que conviviam na proximidade de Abdruschin. Em parte, mostravam fisionomias rústicas e destemidas. Os traços eram duros, como que entalhados, e áspero o som das vozes desses verdadeiros filhos do deserto, criados sem orientação até a chegada do soberano que os havia subjugado com a força que trazia em si. Sem se revoltarem, aqueles homens submetiam-se a uma vontade superior. Seus olhos fixavam-se nos lábios do chefe; a palavra dele, traspassando-os, preenchia-lhes a existência. Eles o seguiam incondicionalmente.

Moisés dedicou-lhes ardente simpatia, pois neles continuava a venerar Abdruschin. Estremeceu ao imaginar a que extremos chegariam aqueles homens, se alguém atentasse contra a vida do soberano.

Moisés bem sabia que os inimigos de Abdruschin eram incontáveis; muito lhe chegara aos ouvidos no paço do faraó. Havia observado, quando se referiam a Abdruschin, o vincar dos lábios e as vozes estridentes dos hóspedes do faraó.

Conhecia aqueles olhares espreitadores e astutos; via as mãos retorcidas e os dedos como se fossem garras, e vagamente pressentia inclusive o ódio do faraó.

Entretanto, ninguém se arriscava a demonstrar abertamente antipatia por Abdruschin; eram demasiado covardes. Estaria o príncipe árabe ciente disso tudo? Desmascarava seus inimigos em pele de cordeiro? Desfrutava Abdruschin de uma proteção especial do céu, que lhe facultava ingressar, com tanta calma, nas residências de seus adversários e ali pernoitar como se fossem sua própria casa? O faraó e seus magos suspeitavam de algum mistério. Teriam razão?

Diversificados eram os pensamentos que ocorriam à mente de Moisés, enquanto observava os acompanhantes de Abdruschin.

Não se constituía em ventura suprema a graça de poder servi-lo? Submeter-se inteiramente a uma vontade dirigida somente para o bem. Todo aquele grupo de homens, a rodear seu príncipe, eram criaturas contentes. Não possuíam, no sangue, aquela inquietação em busca da Verdade, como ele próprio.

Após algumas horas, Abdruschin deu o sinal de partida. Moisés, montado em seu cavalo, escoltou-o até a proximidade das tendas. Apenas uma ou outra palavra solta cruzou o espaço durante a cavalgada. Por fim Moisés pediu a Abdruschin que parassem por instantes, pois queria despedir-se e regressar. Este, porém, seguiu adiante, e Moisés acompanhou-o sem proferir palavra.

Somente quando ao longe apontaram as tendas, Abdruschin olhou para Moisés.

— Queres ser meu hóspede por alguns dias?

A resposta de Moisés patenteou-se no olhar luminoso; hesitou, porém, por momentos, antes de responder:

— Por ora devo regressar, Abdruschin, mas amanhã estarei aqui, de volta.

O príncipe anuiu e, em saudação, levou a mão à testa, depois dirigiu uma curta frase a seus acompanhantes. Imediatamente a comitiva se pôs em movimento. Os animais zarparam a tal galope, que a areia pairou qual nuvem a sua retaguarda. Moisés quedou-se imóvel, enquanto observava os cavaleiros até o instante em que estes, distantes, tornavam-se unos com as tendas, cujas silhuetas se recortavam vagamente contra o céu noturno.

Depois deu volta ao cavalo e pôs-se a correr desabaladamente pelo silêncio da noite tropical. Logo a quietude profunda, acentuada ainda mais pelo passo ritmado da montaria, envolveu-o, adormecendo-lhe os sentidos. Ele incitava cada vez mais o cavalo a correr; o manto branco que portava enfunava-se atrás dele, dando-lhe uma aparência fantasmagórica, enquanto disparava pela noite silenciosa.

Finalmente, dia alto, alcançou o palácio. Exausto, mal se mantinha na sela. Com dificuldade conseguiu chegar a seus aposentos, onde se largou sobre um divã, mergulhando em profundo sono.

As conseqüências da deliberação tomada é que haviam torturado Moisés até à exaustão. Jazia ali como morto, a tensão nervosa cedera.

De mansinho, Juricheo penetrou no aposento. Achegou-se a Moisés e ficou observando-o por largo tempo. As feições de Juricheo, impregnadas de dor, revelavam sofrimento. Sem dar-se conta, ela murmurou inconscientemente:

"Moisés, meu filho, agora não me pertences mais! Amanhã ou proximamente tu me abandonarás para sempre. Seguirás teu caminho, e pensamento algum, nem de leve, te indicará o sofrimento de uma mulher que te amou acima do pai e da pátria. Um cinzento véu separatório, denso e persistente, interpõe-se entre nós dois; ele nos afastará por toda a eternidade. Oh! Moisés, eu própria distendi os fios que agora qual trama gigantesca te envolvem. És livre, desimpedido, e tens contigo o auxílio, a força outorgada por um grande Deus. Tomara que Ele continue te protegendo, conduzindo-te à vitória."

Inclinou-se depois sobre o adormecido e colocou-lhe um medalhão no peito; levemente lhe roçou os cabelos com os lábios.

Logo em seguida, aprumou-se. Grossas lágrimas toldavam-lhe os olhos, corriam devagar pela fisionomia agora impassível. Em silêncio, como viera, ela se retirou...

Moisés começou a agitar-se, seus lábios entreabriram-se num sorriso... e ele acordou. Imediatamente se pôs de pé, o medalhão escorregou-lhe do peito, enterrando-se nas peles. Moisés nem sequer reparara no objeto.

Determinação estampava-se em seu semblante.

"Agora! Agora chegou o momento", murmurou ele. Dispôs-se logo a abrir arcas e cofres. Suas mãos buscavam as vestimentas, as jóias. Os olhos descansaram nas preciosidades; ele amava a magnificência, mesmo assim colocou tudo de volta, libertava-se daquilo. Tirou os anéis, a pesada corrente de ouro do pescoço, e colocou-os diligentemente no cofre, fechou-o e depositou-o depois no devido lugar.

Finalmente estava pronto. Jogou um manto escuro sobre os ombros e, sem olhar para trás, abandonou o recinto. Sem mesmo se dar conta, rumou para os jardins de Juricheo. Conhecia o hábito dela de permanecer ali, com as aias, naquela hora do dia.

Juricheo escutou os passos do jovem, ressoando no mármore. A apreensão sombreou-lhe o rosto. Nervosamente começou a unir, separar e juntar novamente as mãos, apertando as palmas uma contra a outra, num medo indizível. As passadas de Moisés estavam cada vez mais próximas. Juricheo viu-o surgir por detrás da última coluna. Observou o manto escuro que portava; sobreveio-lhe então certeza. Moisés, amante que era das cores claras, luminosas, demonstrava agora com aquele manto sua despedida de tudo.

— Moisés? indagou ela com voz sumida, ao tê-lo pela frente.

— Juricheo, vou partir, conheces o motivo. Ela apenas assentiu com a cabeça, seu coração batia lento e pesado.

— Inicialmente serei hóspede de Abdruschin, depois...

— Sim, depois?

— Quero dedicar-me a meu povo.

Novamente Juricheo assentiu. Moisés queria ainda proferir algo, uma palavra de gratidão; não conseguindo, permaneceu imóvel à frente dela, respirando com dificuldade.

Não foi possível a Juricheo amenizar-lhe a partida. Ela percebia agora quão forte era ainda sua esperança e quanto, a despeito de tudo, se apegava a isso.

Moisés retirou-se da presença dela com passadas rápidas. Juricheo permaneceu quieta, sem manifestar um som, um movimento. Seguiu Moisés apenas com o olhar... Depois, encaminhou-se aos aposentos dele, quando o julgou distante. Como uma sonâmbula, dirigiu-se ao leito ocupado até então por Moisés. Sentou-se e deixou que as mãos deslizassem carinhosamente pelas almofadas e peles.

"Aqui!" A mão de Juricheo segurou o medalhão, o talismã que fora seu derradeiro presente. Ficou a observá-lo na mão espalmada. Depois foi até o cofre de jóias. Fechado! Prendeu então o medalhão à corrente que trazia em seu pescoço, ocultando-o entre as dobras do vestido.

"Não levou nada", murmurou ela afinal. "Partiu pobre como veio, nem sequer uma lembrança de mim levou consigo em sua andança pelo mundo." Em seu abandono, Juricheo a ninguém falou de sua dor. Aparentemente nada havia mudado.

Nesse meio tempo, Moisés cavalgara ao encontro da tenda de Abdruschin. Longínquo, estendia-se o deserto à sua frente. Areia, areia e mais areia, onde quer que a vista alcançasse. Abrasante declinava o sol no firmamento, enviando seus derradeiros raios àquela paisagem desoladora. Moisés nada percebia ao seu redor, apenas um pensamento vivia nele: "Está consumado!".

Repetidas vezes essas palavras acudiram à sua mente. Finalmente o começo da missão delineava-se para ele. Não havia como retroceder.

A distância percebeu cavaleiros que vinham ao seu encontro. Moisés rejubilou-se, quando notou fisionomias que conhecera no cortejo de Abdruschin.

Em desabalada correria colocaram-no em seu meio, rumando em seguida diretamente ao acampamento. Vislumbrando as tendas, Moisés sentiu o coração aliviado, como se a pátria lhe acenasse. Recanto amigo, pessoas amigas, afinal!

A montaria de Abdruschin pateava nervosamente de um lado a outro. Um cavaleiro solitário encontrava-se sobre uma pequena colina, observando o grupo que chegava. Leve brisa tangia-lhe o burnus, vez que outra, deixando-o enfunar-se e fechar-se. As silhuetas, homem e corcel, constituíam uma unidade ao se destacarem, claras, do profundo azul do céu noturno. Moisés contemplou o firmamento, as estrelas cintilantes e, coroando a paisagem, o solitário cavaleiro da colina. Intimamente estremeceu. Uma recordação de algum lugar assomou nele.

"Ele é diferente de todos os homens", pensou. "Ele é sozinho, sem ligação conosco, os demais seres humanos. Será que ele pressente isso? Sentir-se-á solitário aqui na Terra?"

Em dado instante, Abdruschin galopou colina abaixo e, em curto tempo, estavam os dois cavaleiros frente a frente.

Um olhar perscrutante de Abdruschin atingiu Moisés.

— Livre?

— Sim!

Abdruschin acenou com a mão e cavalgou à frente do cortejo, rumo ao acampamento.

Alguns homens, postados ante a tenda de Abdruschin, espreitavam a noite, procurando o grupo cada vez mais próximo. Apesar da escuridão, reconheceram seu príncipe. Os ouvidos dos árabes eram aguçados; selecionavam as passadas de Abdruschin dentre as demais. Não lhes havia passado despercebida a chegada dos cavaleiros; o apear das selas e o dispersar em rumos diversos. Alguns vultos se destacaram na escuridão da noite. Os homens retrocederam, dando livre acesso à tenda. No mesmo instante esta foi aberta, e uma delicada figura esgueirou-se para fora. Na escuridão produzia o efeito de uma delicada sombra. Nisso ela reconheceu o homem que se aproximava.

— Abdruschin! a voz vibrou na noite silenciosa como o trinar de um passarinho. Logo a jovem correu ao encontro do príncipe que a saudou sorridente.

Abdruschin acenou, convidando Moisés que, tímido, ficara mais atrás. A luz quente dos candelabros iluminava o interior da tenda, facultando o livre exame da decoração. Tapeçarias caras recobriam o chão e as paredes; sobre os assentos jaziam peles variadas, e ao lado destes estavam dispostas fruteiras de ouro. Tesouro incalculável estava guardado em arcas incrustadas de pedras preciosas.

Moisés a nada deu atenção. Seus olhos miravam fixamente aquela que, por sua vez, olhava o príncipe como se quisesse ler em seus olhos a sua vontade. Abdruschin colocou a mão sobre o ombro da menina e, sorrindo, indicou para Moisés:

— Não percebes que meu hóspede está ansioso por saber quem és?

Moisés, completamente desconcertado, passou a mão pelos cabelos.

A jovenzinha olhou-o admirada e indagou:

— Quem é o teu hóspede?

— Um israelita educado na corte do faraó. A jovem buscou a mão de Abdruschin e, temerosa, encostou-se nele.

— Convivia com o faraó?

— Sim, mas já deixou aquele ambiente, Nahome.

— Oh! riu aliviada. Isso é bom!

Abdruschin dirigiu-se a Moisés:

— Nahome vive sob minha proteção. Ela e a mãe foram assaltadas e aprisionadas pelos guerreiros do faraó. Pude libertá-las. Eis por que ela me agradece, permanecendo sempre a meu lado.

Moisés contemplou a criatura infantil, demonstrando claramente sua admiração.

— Quem não te amaria, meu príncipe? disse ele e seu olhar exprimiu calorosa gratidão.

Abdruschin fez um gesto de recusa, depois indicou um assento.

— Deves estar cansado, Moisés, e com fome. Vamos à ceia.

Nahome bateu palmas; servos surgiram, trazendo escolhidas iguarias que colocaram à frente dos que estavam sentados.

De Moisés apossou-se uma indizível tranqüilidade. Tinha a sensação de como se pela primeira vez estivesse num verdadeiro lar. Havia se obrigado a permanecer nos casebres dos irmãos de raça, mas jamais encontrara ali aquela benfazeja intimidade. Sentira apenas angústia ao fitar os escuros olhos dos israelitas. Aqueles olhares acusadores estavam sempre diante de seu espírito, intimando-o, jamais o largando, nem em vigília, nem durante o sono. A urgência em auxiliá-los era cada vez mais imperiosa para ele. Sim, ele amava aqueles filhos de Israel, apiedava-se deles, mas pertencia realmente àquele povo? Conhecia o sofrimento deles através da experiência? Havia sido oprimido pelos egípcios? Na corte faraônica experimentara apenas gestos de bondade; nunca compreendera toda a extensão do sofrimento israelita.

Abdruschin pareceu pressentir os pensamentos do hóspede.

— Em breve irás dar início a tua missão; sentes-te impelido para ela, não?

Moisés olhou para o príncipe.

— Agora nada mais me impele, pois tenho tudo, se posso estar junto de ti.

— És tão vacilante? graves e exortadoras essas palavras atingiram Moisés; ele inclinou a cabeça, ficando em silêncio.

— Moisés! Crês ainda em Deus, no meu Deus que também é o Deus de teu povo?

— Sim, creio Nele.

— Mesmo assim não atinas com a razão de tua existência?

— Abdruschin, vivo para libertar o povo israelita, mas... conseguirei isso? Não conheces aquele povo como eu. Freqüentei suas moradas, testemunhei a pobreza e o desespero, como também vi a desconfiança que me ofertaram. Sou um estranho para aquele povo, nunca confiarão em mim. E... como dar um início? De que modo agirei? Insuflando um levante contra os egípcios? Um só golpe do faraó, e abatidos estarão por terra os israelitas!

— E ainda dizes que crês? Não, Moisés, tu não possuis crença alguma! Somente a fé conseguirá iluminar-te, mostrando-te os caminhos que deves percorrer!

— Abdruschin, dize-me o que devo fazer, então serei vitorioso!

Abdruschin meneou a cabeça com ar circunspecto.

— Acaso já não te falei precisa e evidentemente? E mesmo assim não me entendeste? Vai, portanto, para o deserto e lá, sozinho, sem proteção, prepara-te até ouvires a voz do Senhor!

Moisés ergueu os olhos em desespero.

— Tu me expulsas de tua presença, Abdruschin? Eu devo partir? Não me estimas? Desprezas-me, então?

— Sou severo porque te estimo e, por querer auxiliar-te, privo-te de minha companhia. Vai para a solidão, luta pela vida e amadurece no silêncio. Aguarda que o Senhor venha a ti, ouve Sua voz e age conforme Suas ordens.

— Senhor! quase gritou Moisés essa palavra, depois inclinou a cabeça. Eu farei como dizes, murmurou ele.

Abdruschin anuiu com ar grave e ergueu-se.

— Moisés! o chamado soou alegre.

Moisés pôs-se de pé e fitou o luminoso semblante do príncipe.

— Abdruschin! balbuciou ele, que também havia sido atingido pela luminosidade, imprimindo clareza a suas feições. — Eu te compreendo, Senhor! cheias de energia assomaram as palavras a seus lábios, que não mais revelavam fraqueza.

No dia seguinte, Moisés deixou o príncipe, indo em busca da solidão, num preparo para sua missão.

De uma amplidão infindável e solitária estendia-se o deserto à frente dele. Ali, longe, lembrou-se de sua juventude, de sua renúncia aos hábitos adquiridos. Paulatinamente esquecia as últimas reminiscências do luxo que o rodeara. As fadigas durante suas caminhadas, que teve de suportar se não quisesse morrer de fome, pareceram de início insuportáveis. Impunha-se encontrar um oásis, se quisesse sobreviver. Uma voz inexorável em seu íntimo impelia-o a prosseguir. Moisés olhava ao redor e via-se assaltado pelas imagens do pródigo vale do Nilo, onde a natureza ofertava ao homem com generosidade. Cintilações amarelas ofuscavam-lhe os olhos: areia, areia — nenhum abrigo contra o sol escaldante.

Constantemente caía de joelhos, perto do desespero completo. "Voltar? Nunca!", Moisés então orava.

Rogando a Deus por auxílio, como nunca antes fizera, sobreveio atendimento a seu pedido. Seus olhos descobriram vestígios quase apagados. Seguindo-os, ele, exausto por completo, finalmente encontrou o desejado oásis. Uma vertente! Moisés bebeu; a garganta estava como que ressecada. Há tempo já que a provisão de água, que levara em odres sobre o dorso do camelo, terminara. Ele teria sucumbido, se não lhe tivesse vindo o auxílio.

A bdruschin, nesse meio tempo, cavalgava por sua cidade. A seu lado estava Nahome. Abdruschin, bem como seus acompanhantes, havia antecipado o regresso à pátria. Uma construção branca e não muito alta coroava a pequena elevação: a residência do soberano. Nahome rejubilou-se ao deparar com o palácio.

— Alegras-te por rever tua mãe, Nahome?

— Sim. É uma das causas de minha alegria, porém sinto-me mais segura agora que escapamos das proximidades do faraó.

— O faraó não quer nada de mal, minha filha.

Nahome olhou fixamente diante de si.

— Sei que ele é mau!

— Ele não se atreveria a lutar contra mim.

Nahome não retorquiu; permaneceu meditativa sobre o dorso do cavalo, em cuja crina descansava a mão, descuidadamente.

Não possuía a força necessária para afastar de si as recordações sombrias. Era uma criança que não conseguia esquecer o medonho seqüestro. O terror que sentira do faraó, cujos guerreiros lhe haviam trucidado o pai, não a deixava recobrar a paz. O primeiro acontecimento grave de sua meninice, e como vincara aquela alma infantil!

Ocorrera então o segundo acontecimento. A libertação através de Abdruschin. Nahome nunca esqueceria o semblante do príncipe, que se aproximara, naquela ocasião, com olhos cintilantes, e a erguera do catre imundo, onde assustada se enrodilhara.

Nahome vivia apenas na dedicação que consagrava a Abdruschin, seu libertador. Procurava servi-lo com profundo agradecimento e infantil submissão. Abdruschin, por sua vez, acolhia enternecido aquela oferenda espontânea da criança. Amava Nahome, a quem consentia permanecer em sua presença, tanto quanto desejasse.

Mãos acenavam com panos do terraço, cobertura do palácio. Nahome ergueu o braço e, alegre, retribuiu a saudação. Também Abdruschin sorriu ao avistar os amigos. O caminho que percorriam estava orlado de ambos os lados pelos súditos. Ovação alegre pelo regresso do soberano alcançava os ouvidos dos cavaleiros. Abdruschin acolhia silencioso as exclamações de júbilo. Seu olhar, às vezes, abrangia a multidão e ele sorria.

O cortejo alcançou o portal do palácio. As portas, abertas de par em par, aguardavam a passagem do príncipe. Um grande pátio interno acolheu os cavaleiros. Apearam todos, e servos diligentes apressaram-se a tomar a si as montarias.

Larga escadaria levava ao interior. Os degraus inferiores estavam ocupados pelos amigos de Abdruschin. Nahome, contentíssima, correu ao encontro da mãe.

Mais tarde, após as saudações, Abdruschin subiu os degraus, dirigindo-se a seus aposentos. Todos os demais permaneceram ao pé da escadaria, acompanhando com o olhar o príncipe que subia. O manto branco, agora solto, cobria-o por inteiro, arrastando-se sobre o mármore dos degraus. Alcançado o topo, ele olhou de relance para trás e avistou os rostos erguidos dos amigos que o fitavam. Em seguida, rumou rápido para a direita, desaparecendo.

Profundo silêncio imperou entre os remanescentes, no pátio. Seus semblantes estampavam uma veneração, uma dedicação que quase se igualava à adoração. A vontade dominadora do príncipe, por meio do amor que sentiam, erguia-os, igualando-os.

A fuga de Moisés suscitara estranheza na corte egípcia. O faraó chamara Juricheo a sua presença. Trêmula, ela se postou ante o pai, vendo o riso cruel que lhe recortava a boca. Fazia já muito tempo que o amor dele pela filha se extinguira; somente com muito empenho Juricheo conseguia mantê-lo apaziguado. A beleza de outrora fora-se, e ela esforçava-se em reproduzir, à custa de hábil vestuário e raros ungüentos, uma parte do antigo esplendor. Sentiu que, naquele instante, os olhos frios do faraó perscrutavam-lhe a fisionomia apagada. De antemão sabia que o julgamento sobre sua aparência era impiedoso pela circunstância.

"É chegado o fim", pensou, "agora ele, aproveitando o ensejo, me afastará, relegando-me a segundo plano.".

— Onde está o israelita? Teu protegido? áspera e fria a indagação abateu-se sobre Juricheo.

— Não sei, retrucou ela com voz sumida.

— Ah! sim. Não confessas que lhe facilitaste a fuga?

— Moisés podia entrar e sair a seu bel-prazer.

— Unicamente culpa tua! Mas quero dizer-te onde se escondeu.

Juricheo tremia tanto, que se viu forçada a recostar-se a um móvel. Nenhum som lhe vinha aos lábios.

— Enfim, onde pensas que se encontra aquele sonhador, sabes por acaso? a pergunta soava maliciosamente. Está junto a nosso insigne hóspede, Abdruschin!

Juricheo permanecia em silêncio.

— Parece que o fato não te surpreende?! Logo se abrirão os teus olhos; verás então o que causaste com tua dedicação a esse... esse...

— Pai!

O faraó riu escarnecedoramente. Seu rosto transformou-se numa máscara. A pele do rosto, qual couro, assemelhava-se a de uma múmia. Juricheo retrocedeu alguns passos.

— Medo? De mim? Em pouco irás tremer ante um outro, ante aquele príncipe árabe! Ladino como é, soube a quem dar guarida. Logo ao inimigo mais ferrenho dos egípcios! Ao iniciado que aqui tudo soube escrutinar; tanto nossas fraquezas, quanto nossas falhas!

— Basta! gritou Juricheo.

— Sim. Agora o medo te atinge! Agora que é demasiado tarde.

— Não! Não! Ele não é mau. Enganas a ti mesmo!

— Como assim? Crês em verdade que Abdruschin é tão tolo que deixará escapar tão magnífica oportunidade? Aguarda algum tempo, e logo o teremos fortemente armado nas fronteiras do Egito, e precisamente nos pontos que estiverem desguarnecidos.

— Nunca Abdruschin investirá contra nós; assim como até hoje não atacou país algum, também a nós deixará em paz!

— Tola!

Juricheo deixou-se cair sobre o solo; chorava. Suplicante ergueu as mãos.

— Pai! Acredita em mim, eu o conheço melhor, jamais Abdruschin seria capaz de semelhante atitude! Moisés foi movido por outros motivos a nos abandonar. Não sei quais são, mas não se harmonizam em nada com as suposições que acabas de formular.

— Retira-te! bradou irado o faraó. Tolas como tu não devem ter pretensões ao trono egípcio. As iguais a ti representam o princípio da decadência. Consegui, durante meu governo, suprir as deficiências deixadas por meu pai. Eu dei prosperidade e poder ao país, eu soube restringir a parte que os israelitas angariaram durante o período anterior. E agora, após a minha morte, voltarão os desmandos? Em tuas fracas mãos, nunca poderão ficar as rédeas governamentais! Tu não participas de minha obra, nem de minha apreensão pelo país. Tu entregarias o poder às mãos dos intrusos, dos parasitas; o poder ficaria com Moisés que te domina totalmente.

Juricheo cambaleou; ela já havia se erguido vagarosamente, ficando parada com visível esforço ante o faraó.

— Que jamais te arrependas dos maus-tratos que infliges aos desditosos israelitas. Eu abdico a um trono cuja solidez repousa em tantos sacrifícios.

Proferido isso, Juricheo retirou-se. Espanto por sua coragem tomou conta dela. Estremecendo, recordou a sede indiscriminada de matança do pai.

O faraó começou a tramar novas atrocidades. Queria manter o poder a qualquer preço. Na velhice patenteavam-se cada vez mais suas paixões, sua ânsia de poder terreno. A perda de Juricheo era-lhe indiferente. O ouro e o poder faziam-no esquecer o quanto era pobre em amor.

Seu ódio por Abdruschin crescia desmesuradamente. Martirizava seu cérebro à procura de um meio para derrubar o príncipe. Noites a fio sentava-se em companhia de seus magos, perscrutando suas opiniões. Porém colhia apenas um silêncio cheio de significação, logo que proferia o nome do príncipe. Todos estavam de acordo: Abdruschin devia possuir poderes desconhecidos aos demais. "É uma dádiva sobrenatural, que não conhecemos." Era a resposta invariável dos magos. Todas as vezes, rangendo os dentes, o faraó se afastava da presença deles. Os coitados viviam sob constante ameaça de morte, sempre à procura de uma solução!

Com rigor maior que antes, os feitores açoitavam os israelitas. As costas mal cicatrizadas encolhiam-se ante as vergastadas do chicote. Muitas mãos ergueram-se suplicantes. O trabalho forçado tornava-se dia a dia mais intolerável. O povo jazia por terra, os lábios queimavam e, assim mesmo, pensavam em seu Deus. Os lábios rachados proferiam súplicas ao Altíssimo, as mãos calejadas erguiam-se para o céu, num lamento.

E Moisés estava distante, no deserto, aguardando o chamado do Senhor.

No templo de Ísis eram apresentados sacrifícios por ordem do faraó. Uma secreta tensão apossara-se já dos sacerdotes. Diariamente o faraó comparecia ao templo, assistindo aos sacrifícios. Permanecia sentado, mudo e estático qual uma pedra; apenas os olhos faiscavam às vezes, quando a fumaça subia dos altares ou as dançarinas davam ênfase aos sacrifícios com seus bailados.

Uma música abafada acompanhava os passos rítmicos das dançarinas do templo, o ar apresentava-se azulado devido à fumaça e oprimia os pulmões dos sacerdotes. Somente o faraó parecia nada sentir. Olhava fixamente para as colunas azul-acinzentadas de fumaça, que continuamente se evolavam para o alto, espalhando-se por todo o recinto.

Um dos sacerdotes murmurou, por entre a prece, dirigindo-se à dançarina:

— Ele está louco, ainda nos arruinará com tantos sacrifícios.

A jovem arriscou um olhar para o faraó.

— Ele mal atenta à cerimônia e nada sabe de minha exaustão. Se eu parasse a dança, ele nem notaria.

Respondera, a meia voz, ao sacerdote. Este mal teve tempo de lhe enviar um sinal. "Cala-te!", era o sentido, pois o faraó erguera-se de seu lugar e encaminhava-se para perto do ídolo. Os passos arrastados, cada vez mais próximos, traziam consigo sobressalto para o sacerdote e para a dançarina. Que iria acontecer?

O faraó postou-se à frente da jovem e, com um gesto, ordenou-lhe que suspendesse a dança.

Ajoelhada, ela aguardava. Ouviram então uma voz baixa, cheia de raiva:

— Vem comigo!

Indizível horror sacudiu o corpo da jovem. Depois se ergueu, indecisa, e lançou um olhar aflito ao sacerdote. Este segurava-se com toda a força ao pé do ídolo. Seus olhos revelavam desespero, ira, ódio, sem limites. Por seu gosto teria seguido sorrateiramente aquele soberano de pernas trôpegas, para abatê-lo de um só golpe. Amor dedicava ele à dançarina. Conseguiria vê-la novamente, se ela seguisse com o faraó? Escureceu diante de sua vista. Ao recobrar plena consciência, a dançarina desaparecera.

Galerias subterrâneas, bem conhecidas do sacerdote, levavam ao palácio. Ele possuía as plantas originais dos caminhos secretos; era-lhe fácil chegar ao palácio, sim, até mesmo às proximidades do faraó, sem ser percebido.

"Eu o matarei!", sentenciou ele.

Nesse meio tempo, o faraó já estava sentado em companhia da dançarina num aposento forrado de cor escura. Vasos de cerâmica e recipientes de formatos estranhos encontravam-se ali. O ar impregnado pela combustão de ervas e incenso quase sufocava a dançarina.

— Vem para mais perto; ninguém deve escutar o que se destina apenas a teu ouvido! ordenou o faraó.

A jovem aproximou-se lentamente dele.

— Mais perto ainda! Assim! anuiu ele. Escuta! nisso inclinou a cabeça para a frente, de modo que seus lábios quase roçaram a orelha da jovem. A fisionomia dela começou a estampar visivelmente a impressão que as palavras lhe causavam. Primeiro fora surpresa, que se transformou logo em temor, terminando em verdadeira expressão de pavor. O faraó, tendo encerrado, recostou-se e, cheio de expectativa, aguardava a resposta da jovem, que demorou um pouco para recuperar a calma.

— Eu... agradeço... nobre faraó, gaguejou ela, por teres escolhido tua mais ínfima serva para tão importante missão, temo, porém...

— Cala-te! Não tolero hesitação! Precisas cumprir a ordem. Vai agora e faze os preparativos; à noite, um cavaleiro guiar-te-á.

A jovem começou a retirar-se.

— Espera! gritou, como se só naquele momento lhe tivesse acudido uma idéia. O sacerdote que realiza o sacrifício deve acompanhar-te. Aos dois, em conjunto, será mais fácil a realização. Fala com ele. Não lhes faltará polpuda recompensa.

Por um espaço de segundo, o rosto da dançarina clareou-se de contentamento. Depois se curvou até o chão, afastando-se em seguida.

Rindo consigo mesmo, permaneceu o faraó bastante tempo ainda no recinto. Seus pensamentos giravam unicamente em torno de um fator: aniquilar Abdruschin!

Ofegante, a jovem alcançou o templo. Seus olhos começaram a buscar, mas não encontraram o sacerdote. Correu para seus aposentos; freqüentemente ele ali aguardava durante suas danças, mas nada! Desorientada, deixou-se ficar, mordiscando nervosamente o lábio inferior. Inquietação apossou-se dela, suas mãos retorciam-se, apertando-se, patenteando a agitação interior. Teria ele cometido uma irreflexão? Talvez a tivesse seguido? Começou a caminhar de um lado para outro; em seu medo esquecia que a noite estava próxima e com ela o momento decisivo.

De súbito lembrou-se dos corredores subterrâneos que levavam ao palácio. Lá estaria ele! Precipitadamente, correu de volta para o templo. Sacerdotes estavam estirados sobre os degraus de acesso ao ídolo. A dançarina deslizou pelos vultos meio adormecidos, desaparecendo atrás da estátua. Ali tratou de deslocar um mosaico que formava uma brecha mal perceptível, e as costas da deusa abriram-se. A jovem esgueirou-se pela abertura e desceu, utilizando os estreitos degraus existentes.

Um pouco depois, o corredor começou a altear-se, permitindo-lhe caminhar ereta. Ela quase não sentia medo, apenas estremecia quando as mãos tocavam as paredes úmidas. Às apalpadelas, mantinha as mãos estendidas à sua frente; sabia encontrar o caminho na escuridão.

— Nam-Chan! chamava-o de vez em quando. Finalmente escutou ruído de passos.

— Quem está aí? soou uma voz a pouca distância dela.

A dançarina lançou-se para a frente.

— Eu, eu! balbuciou e agarrou-se ao sacerdote. A agitação era tanta, que antes de mais nada explodiu num choro convulsivo. O sacerdote amparou-a, guiando-a de volta, sem nada perguntar.

Os dois galgaram os muitos degraus estreitos e alcançaram o interior do templo, sem serem pressentidos. De mãos dadas esgueiraram-se para dentro de uma pequena câmara.

— Fala! Quero saber o que houve. Quando cheguei ao palácio, ouvi de um escravo que já havias partido. E agora te encontro naquele labirinto! Poderias ter perdido o rumo; um não-iniciado pode encontrar a morte naquelas galerias. Fala, enfim!

A jovem acalmara-se um pouco, apenas as mãos brincavam nervosas com o colar.

— Juntos seremos conduzidos até a fronteira dos domínios de Abdruschin. Chegando lá, o cavaleiro que nos acompanhará nos deixará num estado aparentemente deplorável, como se tivéssemos sido assaltados. Devemos contar aos árabes, que forçosamente nos encontrarão, que a intenção fora matar-nos. Apenas pela fuga escapáramos do triste destino. O príncipe nos dará acolhida, recepcionando-nos e então...

— Então?

— Devemos espreitá-lo, pesquisando-lhe o mistério, para depois informar tudo ao faraó, que nos recompensará regiamente.

O sacerdote ergueu-se aborrecido.

— Não faremos semelhante encenação!

— É forçoso obedecer, do contrário podemos esperar a morte.

O sacerdote nada mais disse; segurou a mão da jovem entre as dele e começou a afagá-la. Seus pensamentos trabalhavam febrilmente, buscando um modo de sair de tudo aquilo...

Nisso a porta foi aberta com um pontapé.

— Estais prontos?

Diante dos dois estava o cavaleiro. Eles anuiram mecanicamente. Com rapidez trocaram a roupa e seguiram o guia pela noite. Três cavalos encilhados esperavam; logo cavalgavam rumo ao objetivo.

Não longe da fronteira, uma tropa de cavaleiros deparou com duas pessoas, um homem e uma mulher, maltrapilhos e meio mortos de sede. Os homens alçaram-nos sobre o dorso de dois cavalos e os levaram a galope rumo à cidade de Abdruschin.

O príncipe deu-lhes acolhida, mandou fornecer-lhes vestes e alimentos e consentiu, quando solicitaram, que permanecessem a seu serviço.

Na residência de Abdruschin, o sacerdote esqueceu-se de um dia ter servido a Ísis. A pequena dançarina bailava para o príncipe como se ali sempre tivesse sido o seu lugar. Ambos sentiam-se felizes pela presença do novo amo; o faraó desfazia-se qual sombra na recordação, e eles o esqueceram.

Ao lado do leito do faraó estava Juricheo. Ela via, por detrás dele, a morte, assomando exigente. O soberano jazia ali, lutando com o inevitável. A vontade dele insurgia-se contra o fim.

— Chama teu irmão, disse ele com dificuldade. Juricheo retirou-se. Voltou acompanhada de Ramsés.

O faraó entreabriu os olhos e fitou seu primogênito; depois lançou o olhar sobre Juricheo, em cuja fisionomia apenas leu meiguice. A custo conseguiu formular palavras.

— Ramsés... tu serás faraó... se jurares... se me jurares concluir minha obra! Mantém Israel no cativeiro! E acautela-te com Abdruschin... mata-o... senão ele te matará!

Em Ramsés a ira, por tanto tempo reprimida pela sujeição, extravasou. O ódio endereçado a Juricheo tomou conta. Prontamente Ramsés prestou juramento, pois assim feria Juricheo profundamente.

Ainda uma vez o faraó falou:

— Deves mandar matá-lo às escondidas; somente assim descobrirás o segredo dele. Evita entrar em guerra com Abdruschin, ele é invencível! Só... astúcia... ajudará...

O faraó calara-se exausto. Ramsés observou o fio da vida enfraquecer-se e arrebentar... O faraó estava morto.

Juricheo amedrontada esgueirou-se do lado do irmão, saindo do aposento. Sentia-se profundamente atemorizada. Manteria Ramsés o juramento?

Distante do Egito, distante igualmente da pátria de Abdruschin, estava Moisés. Um povo de pastores dera-lhe guarida. Moisés vigiava as ovelhas e o gado, permanecendo semanas nos desertos, rodeado pelos animais que levava de pastagem em pastagem.

Silêncio rodeava-o, voz humana alguma lhe chegava aos ouvidos. Aguardava ainda o chamado do Senhor. Saudosos seus pensamentos voavam para Abdruschin e sempre colhiam força daquela direção. Quando à noite se sentava diante do fogo, sintonizado com a quietude do ambiente, sobrevinham-lhe, qual enxame, as vozes de seu povo. Gritavam, bradavam por socorro. As lamentosas palavras de mulheres torturadas, o amedrontado e miserável choro de crianças assustadas, os surdos gemidos e os contidos resmungos de homens fracos demais para arrebentarem os próprios grilhões.

Forças excepcionais impregnavam-se então no âmago da intuição do solitário. Este erguia-se. Seu corpo esbelto aprumava-se, abria os braços inteiramente e alçava as mãos abertas para o céu, como se quisesse receber em si o definitivo, a bênção, o sinal para o início. Permanecia assim, aguardando distinguir a voz do Senhor. Logo, porém, os braços lhe caíam ao longo do corpo; as mãos, que a despeito do trabalho pesado não haviam perdido a delicadeza, quedavam-se irresolutas.

"Ainda é demasiado cedo", murmurava, e quieto sentava-se novamente junto ao fogo.

Era freqüente a espera torná-lo desanimado, perto até da desesperança completa. Sofria então sob a voluntária coação que se impusera para poder alcançar o objetivo. Tinha absoluta certeza de que Deus não o conclamaria, um minuto que fosse, antes do tempo, pois bem conhecia os sábios desígnios do Altíssimo. Nos momentos de inteira devoção, durante as orações, chegava a pressentir a grandiosa perfeição das leis. Sobrevinha-lhe então excelsa bem-aventurança.

Em semelhantes ocasiões, o tentador achegava-se a Moisés, munido de sedução, querendo levá-lo à loucura; torturava-o exaustivamente, desistindo apenas quando o supliciado apelava para Deus, a quem se entregava completamente. Horrorizado, Moisés repelia a treva, apegando-se à Luz que encontrava, clara e brilhante, indicando o seu caminho.

A tribo de pastores, à qual Moisés se agregara, levava vida nômade. Os homens perambulavam com os rebanhos, deixando as mulheres e crianças para trás, em aldeias fracamente protegidas. O núcleo consistia em cabanas erigidas sobre estacas, simples e pobres ao extremo, tal como seus habitantes. Moisés consorciara-se com uma mulher daquele povo; via-a, porém, raramente e ela não lhe ocupava o pensamento. Quando permanecia na aldeia, sua vida igualava-se à dos demais homens. Moisés não queria que fosse notada sua espécie diferente. Esforçava-se em não despertar atenção.

Mantinha-se quieto, quase ausente, quando à noite, de volta à esposa, recebia a visita de outros moradores da aldeia. A conversação arrastava-se. As pessoas, em regra, eram taciturnas e frias. A esposa, no entanto, era dona de olhos bondosos e inteligentes; Moisés logo notara ter ela índole bem diferente de seus irmãos de tribo. Os hábitos da mulher haviam, a princípio, chocado o malacostumado Moisés, educado na corte. No entanto, Zipora, com surpreendente rapidez, soube adaptar-se aos costumes do esposo, como se esse ajustar-se fosse completamente natural. Ela procurava obter na expressão dele a satisfação ou reprovação. Nunca mencionava seus deuses diante de Moisés; espontaneamente pressentia que ele possuía outros. Quieta, deixava-se ficar num canto da cabana, movimentando-se apenas quando ele necessitava algo. A personalidade dele soubera conquistar a esposa, sem que ele próprio se desse conta disso. Mal a olhava; a presença dela não conseguia perturbá-lo. Imbuído demais com seu futuro, nem percebia os empenhos de Zipora. Moisés não ofertava um pensamento à mulher, logo que, dando as costas à aldeia, o vasto território se estendia ante seus olhos.

Ele teria sorrido incrédulo, se alguém mencionasse a possibilidade de a esposa sentir saudades enquanto permanecia sozinha. Lembrava-se de Zipora unicamente quando, de regresso, avistava a aldeia surgindo distante.

Como em muitas outras ocasiões, voltava ele para lá, apoiado no cajado, caminhando na retaguarda dos animais. Seu coração encheu-se de paz, ao avistar as colunas de fumaça subindo de algumas cabanas. Por momentos, julgou alegrar-se por encontrar novamente aquelas pessoas que lhe eram tão estranhas.

"Em verdade", pensou sorrindo, "sinto alegria em mim, uma alegria pura e ingênua como somente as crianças conseguem sentir".

De repente, seu rosto ganhou uma expressão inescrutável e os olhos fecharam-se para ocorrências terrenas. Uma voz soou para ele. E Moisés respondeu audivelmente:

"Sim, Senhor!", e após algum tempo repetiu: "Sim, Senhor!", em seguida atirou-se ao chão, tremendo.

Depois teve um gesto incompreensível: jogou o cajado à sua frente, sobre a terra, e viu como o mesmo se enrodilhava tal qual uma serpente. Segurou-lhe então a cauda e ela, a serpente, ao toque da mão dele, transformou-se novamente em cajado.

"Eu Te compreendo, Senhor!", falou ele. "Tua vontade e Tua Palavra estão personificadas neste cajado e se eu o deixar cair, ele se transforma em serpente, que é a representação do tentador aqui na Terra. Se eu perder a Tua Palavra, a serpente se enrodilhará em meus pés, travando-me os passos. A sua presa de veneno deslizará então sobre minha pele, sempre pronta a liquidar comigo."

Moisés enfiou a mão nas dobras do vestuário e, quando a retirou, esta mostrou-se coberta de lepra.

Ele estremeceu. Ocultou-a outra vez entre a roupa; sentiu incontinenti como a mão sarava em contato com seu peito. Examinou-a e ela se apresentava limpa como antes. Dominado pela emoção, Moisés escondeu o rosto entre as mãos.

"Oh! Senhor", gemeu ele, "é grandioso demais, não consigo acompanhar-te!".

A voz do Senhor não cessava. Moisés seguia escutando. Transfiguração tomou conta de seu semblante.

"Penso que saberei dar cumprimento, pois Tua bênção repousa sobre mim. Sim, a mão leprosa, a alma maculada do povo de Israel, eu quero depurar. Quero despertar a Palavra que colocaste em meu peito e com ela purificar os israelitas da doença e do marasmo que os cobrem qual lepra incurável."

Moisés ergueu-se, com energia aprumou o corpo. O fulgor nos olhos ficara-lhe como um sinal visível.

A força onipotente de Deus revelou-se assim a Moisés.

As ovelhas estavam deitadas em ampla circunferência; ruído algum era emitido pelos animais. Também sobre eles pairara a força extraordinária, paralisando-os.

Parado, em despedida, Moisés abrangia com os olhos o grande círculo formado pelos animais. Em seguida, tangeu o rebanho em direção à aldeia. O sol desaparecia, quando chegou ao destino.

Zipora correu-lhe ao encontro, seus olhos brilhavam e ela ofegava levemente. Moisés nada notou. Mal deu ouvidos à sua tagarelice, pois a vivência persistia avassaladora em seu íntimo, não lhe possibilitando quaisquer outros pensamentos. Estava já completamente desligado daquele povo, ao qual também pertencia a esposa.

Finalmente a mulher silenciou; perscrutantes, seus olhos observavam Moisés, que nunca lhe parecera tão estranho e distante. O olhar de Zipora anuviou-se e as lágrimas brotaram. Ela inclinou a cabeça e as lágrimas lhe caíram pelo peito, sobre os colares e panos coloridos que colocara para recepcionar Moisés. Este em nada atentava. Mesmo após ter comido a refeição que Zipora lhe trouxera, Moisés permaneceu silencioso e fechado dentro de si mesmo. E por que não? Todos os homens da tribo agiam de modo semelhante.

Paciente, Zipora aguardou que Moisés lhe dirigisse a palavra. Depois de ter comido, ele ergueu-se, aproximando-se do fogo, ao lado do qual a mulher se acocorara.

— Escuta o que tenho a dizer-te.

A mulher levantou-se devagarinho e parou à frente dele, esperando, de cabeça baixa, o que ele tinha a comunicar.

Moisés acomodou-se novamente e indicou um assento a seu lado. Tímida, a mulher aproximou-se.

— Zipora, sabes que sou um israelita e que venho da corte do faraó, o opressor, o atormentador de meus compatriotas.

Zipora apenas anuiu.

— Continuamente tenho meu povo no pensamento; escuto como me alcançam seus lamentos. Vim ter a este lugar para amadurecer e futuramente poder cumprir minha missão.

Zipora continuou a anuir, como se compreendesse; mantinha a cabeça inclinada para ouvir melhor, porém não lhe foi possível entender. Através de seu instinto infalível, percebeu apenas a aversão do marido por tudo o que não se relacionasse diretamente com sua missão. De medo, começou a tremer. Sua natureza simples insurgia-se contra a dor que a martirizava. Para ela as palavras ouvidas tinham apenas um sentido: "Ele vai embora!".

Moisés terminara; cheio de expectativa esperou pela reação da mulher. Zipora levantou a cabeça; seus olhos, exprimindo uma dor imensa, fixaram-se nos dele. Moisés, de repente, não viu mais a mulher; eram os olhos de Abdruschin que estavam fixos nele. Retrocedeu de pronto, assustado ao extremo. Seria possível? Não procurara conhecer essa mulher, nem cuidar do amor que ela lhe oferecia. A emoção tomou conta e ele se arrependeu das palavras proferidas. Segurou a mão da mulher. Esta nada disse, apenas seus olhos pousaram no rosto dele, observando a transformação que se operava. Moisés, em seu íntimo, agradecia a Abdruschin, cujo olhar advertidor o alcançara a tempo. Sentia o coração leve e feliz.

— Iremos ambos, Zipora, queres partir comigo?

Em assentimento, ela estendeu-lhe a outra mão...

Pouco depois, duas pessoas enfrentavam a longa peregrinação pelo país. Semanas transcorreram até que alcançassem as fronteiras do reino de Abdruschin; Moisés sentira-se impelido em primeiro lugar para lá. Durante o percurso, instruía a companheira. Deu esclarecimentos a Zipora sobre o país que agora iriam visitar. Zipora escutava embevecida; brincando, ela assimilava tudo. Somente agora despertavam nela qualidades longamente reprimidas; tornou-se loquaz e desembaraçada. Moisés não se cansava de admirá-la.

A alma dele, pode-se dizer, voava sempre adiante. Enquanto falava à esposa sobre Abdruschin, seu coração já se alegrava com a companhia deste. Desmedidamente, avolumava-se em Moisés a saudade de estar em contato com Abdruschin.

"Finalmente!", rejubilava-se ele. "Finalmente posso dar o início." O contentamento assenhoreou-se de tal modo de Moisés, que lhe deixou parecer leves as agruras da longa jornada.

Zipora mal conseguia acompanhar o marido, quando, ao longe, surgiu a parte superior do palácio de Abdruschin. Moisés apressou ainda mais o passo, dando a impressão de estar ainda no início da viagem.

— Moisés! rogou ela. Tão ligeiro não consigo acompanhar-te.

Moisés segurou o passo. Novamente era levado a pensar primeiro na esposa.

Como em sonhos, ele cruzou pelas ruas da cidade, vendo à sua frente, ofuscante devido ao sol, o branco palácio de Abdruschin. Manteve os olhos fixos no prédio, a despeito de os raios solares impedirem a observação exata dos contornos.

Solicitou ingresso ao chegarem ao portal, o qual cruzou empoeirado e com pouca roupa. Zipora andava a seu encalço. Sentia-se acanhada e o coração lhe batia pesada e descompassadamente. A pompa do pátio interno, o colorido mármore do pavimento, as altas colunas que sustentavam a cobertura do átrio, assustavam e tiravam o fôlego daquela mulher de origem inferior e pobre.

Zipora mal se arriscava a observar com maior atenção. À sua frente ia Moisés; notava seus passos rápidos e temia ser deixada só naquele ambiente estranho. A vestimenta dele, que tão gritantemente se destacava das suntuosas vestes dos servos, era para Zipora o único apoio, o ponto tranqüilizador em todo aquele desconhecido que a rodeava.

Aproximaram-se de uma escadaria. Moisés, ali chegando, parou. Zipora ergueu a cabeça, olhou para cima e avistou, no ápice, um vulto com manto branco, a cabeça coberta por um pano branco, drapeado na frente por uma preciosa fivela. A singela mulher estremeceu. "Ele é um deus", pensou, enquanto se deixava cair sobre o pavimento, ocultando o rosto.

Moisés permaneceu parado, com os olhos brilhantes, a contemplar o príncipe que descia.

Os olhos de Abdruschin possuíam a claridade de dois sóis e ofertavam a Moisés luz e calor. Também ele deixou-se cair diante de Abdruschin, até que de leve julgou sentir a mão do príncipe sobre seu cabelo.

— Vem, tu és meu hóspede, Moisés; sê bem-vindo a esta casa. Que aqui seja teu lar.

Moisés murmurou:

— Abdruschin, eu te agradeço por ter podido trilhar o caminho de volta para ti.

— Enganas-te, Moisés, progrediste continuamente, descrevendo um grande círculo, que, iniciando comigo, teria de forçosamente terminar junto a mim.

Moisés olhou para o príncipe, rogando.

— Senhor, gostaria de ouvir mais palavras de esclarecimento, vindas de ti.

Abdruschin anuiu.

— Quem é essa mulher? indagou, indicando para Zipora, que permanecia de joelhos.

— Minha esposa, Abdruschin, respondeu Moisés, erguendo-a. Zipora continuava trêmula e tímida.

Abdruschin tocou-lhe levemente o ombro; ela se arriscou a olhá-lo. Em seu rosto havia pureza infantil e foi com veneração que o encarou.

— Vinde. Acompanhai-me. Abdruschin começou a subir a escadaria. Moisés e Zipora seguiram-no.

Servos aguardavam no topo. Abdruschin fez-lhes sinal para que se aproximassem mais.

— Guiai meus hóspedes a seus aposentos. Aprontai os banhos e que sejam colocadas vestimentas à disposição.

Depois se dirigiu novamente a Moisés.

— Refrescai-vos e descansai do cansaço da longa viagem. Em algumas horas, o servo à vossa disposição vos acompanhará até mim; faremos então juntos a refeição. Por ora, provai algumas iguarias e frutas que vos serão servidas.

Erguendo a mão, Abdruschin levou-a à testa em saudação, afastando-se em seguida.

Dócil e timidamente, eles seguiram os servos. Ao deparar com o aposento de hóspedes, Zipora deixou escapar um pequeno grito. As preciosidades despertaram também a admiração de Moisés, pois igual nunca vira, nem na corte do faraó.

As banheiras de mármore estavam sendo enchidas de água cristalina. Odores vários, dos sais e essências em diluição, perfumavam o ar. Moisés deixou-se cair sobre um assento macio e fechou os olhos. Um indizível sentimento de bem-estar apossou-se dele. Esquecidos estavam os tempos de privação, ele se entregava inteiramente à sensação agradável que o envolvia.

Bem mais tarde, ele sentava-se em companhia de Abdruschin, envolto em macia e bonita vestimenta, juntamente com a esposa, para a refeição. Extasiados, seus olhos, sequiosos de beleza, percorriam as maravilhosas salvas que apresentavam os manjares mais requintados.

— Abdruschin, és afável demais para comigo; isso me confunde.

— Não és tu meu amigo, Moisés? A quem haveria de dar, senão aos amigos?

— E os demais, onde se encontram?

— Hoje todos se mantêm afastados, já que é o primeiro dia de tua visita. Amanhã os verás e eu te apresentarei a eles.

— Não gozarei tua hospitalidade por muito tempo, Abdruschin, logo terei de partir. A missão impõe-se, agora.

— Bem o sei, Moisés, vi com meus próprios olhos a angústia de Israel. O faraó está morto.
— Juricheo governa? indagou Moisés.
— Não, ainda antes foi posta à margem. Ramsés, o primogênito, é faraó.
— Ramsés! Pobre povo! Ele é mais implacável que o pai!
— Ramsés martiriza o povo de Israel ainda mais do que seu pai.
— E Juricheo?
— Está aqui. É minha hóspede.
Moisés empalideceu de emoção.
— Aqui?
Abdruschin confirmou.
— Mas apenas por pouco tempo. Ela sabia de tua vinda; o vidente, amigo meu, anunciou tua chegada há tempos.

Os olhos de Moisés tomaram uma expressão de súplica. Abdruschin acenou, e um dos criados saiu a cumprir a ordem dada.

Após alguns momentos, Juricheo atendeu ao convite. Moisés erguera-se, indo ao seu encontro. Ao alcançá-la, deixou-se cair de joelhos à frente dela. A filha do faraó permaneceu completamente imóvel. O sofrimento que a atingira deu uma aparência rígida ao seu rosto, assemelhando-se a uma máscara sob a qual escondia esse sofrimento. A máscara caía agora, desaparecendo a rigidez. Uma contração nervosa percorreu-lhe as feições. O afrouxamento da tensão interior foi como o irromper de um grito de angústia, após prolongados constrangimentos.

As mãos dela, ainda pequenas como as de uma criança, afagaram de leve o bordado do pano que cobria a cabeça de Moisés. Este levantou-se e acompanhou-a até a mesa.

Zipora permanecera sentada e observava, com olhos desmesuradamente abertos, toda a cena. Seu olhar atraiu Juricheo qual um ímã.

— Tua esposa?
Moisés confirmou.
Juricheo sorriu benevolentemente; reconhecera logo o amor que Zipora nutria por seu protegido de outrora.

Abdruschin observava o feliz encontro, lendo a gratidão nos olhos de todos.

Nisso, atrás do assento de Abdruschin, que era um pouco mais alto, uma prega do reposteiro foi aberta, surgindo na fresta uma cabecinha mimosa. O véu, entrelaçado com fios de ouro, mal cobria a negra cabeleira crespa. Moisés deixou escapar uma exclamação de surpresa. Abdruschin olhou para trás.

— Podes vir, Nahome, falou sorrindo, sei que não toleras que te deixem de lado.

Nahome franziu a boca, mas logo seu riso claro ecoou pelo aposento, indo aninhar-se no coração dos hóspedes.

Nahome rapidamente tomou um assento ao lado de Abdruschin, e, com sua loquacidade, soube alegrar ainda mais as fisionomias dos visitantes.

Após a refeição, ela bateu palmas. Um criado saiu apressado e logo soou a batida do gongo.

Os pesados reposteiros da parede fronteira começaram a recolher-se para os lados. Surgiu então um aposento contíguo, que arrancou dos hóspedes palavras de admiração. As paredes eram de pedras reluzentes. Nos cristais lapidados e inseridos em profusão em nichos, dispostos pelas paredes, quebrava-se a luz em milhares de irradiações coloridas que se entrecruzavam pelo aposento inteiro. No meio, havia um pedestal retangular, amplo, porém baixo, tendo, em ambos os lados, recipientes rasos dos quais se evolavam colunas de incenso, a emitir agradáveis fragrâncias. Sobre o pedestal, jazia uma mulher ajoelhada, envolta em pesada e cintilante indumentária. O rosto trazia encoberto. De algum lugar, soaram delicados acordes musicais. A mulher alçou-se devagar, acompanhando a melodia. O corpo recebia em si os sons, retransmitindo-os modificados aos circunstantes. Conferia forma e expressão à música que parecia pairar no aposento.

Cada movimento da dançarina manifestava o auge da perfeição naquela arte. Aos espectadores era dado assistir pela primeira vez à corporificação pura e nobre da música, algo que somente uma pessoa desperta espiritualmente pode transmitir.

Moisés inclinou-se para Abdruschin.

— Tua casa comporta apenas o belo e o puro, meu príncipe. Contemplei as dançarinas do templo de Ísis e fiquei fascinado; em confronto com esta, a arte delas empalidece.

Abdruschin sorriu.

— Não considero as dançarinas de Ísis abaixo desta.
— Este elogio elas não merecem!
Abdruschin não respondeu. A dança terminara. A dançarina deixou cair o véu e seu semblante apareceu nítido aos hóspedes.
— Impossível! Moisés erguera-se de súbito. Nisso o reposteiro fechou-se. Mas esta é Ere-Si, a primeira dançarina do templo de Ísis!
— Sim, tu a reconheces? Foi enviada a mim pelo falecido faraó. Veio em companhia de um sacerdote egípcio, que agora é meu constante companheiro nas cavalgadas.

Moisés, em silêncio, olhou o príncipe. Apenas seus olhos refletiam a veneração sem limites. Não indagou sobre os intentos que motivaram o envio pelo faraó do sacerdote e da dançarina; adivinhava-os. Invadiu-o um desmedido temor pela vida de Abdruschin. Gostaria de pedir: Deixa-me permanecer ao teu lado, zelando por tua segurança!

A missão dele, entretanto, era outra. Recebera-a do Senhor, pessoalmente!

E quando no dia seguinte Moisés ficou frente a frente com os amigos de Abdruschin, suas apreensões deixaram de existir. Observou os rostos aquilinos dos árabes, os olhos escuros que comunicavam coragem e determinação, e ainda o imponente vulto alto do ex-sacerdote egípcio, que, como um guardião, permanecia constantemente ao lado do príncipe. Os olhos claros e transparentes, a fisionomia de traços regulares e nobres, que parecia proceder de uma raça desconhecida, tomaram os últimos receios de Moisés, convencendo-o: não serei de maior eficiência do que estes. Dariam, cada qual, a vida por Abdruschin.

Moisés despedia-se de Juricheo. Os olhos desta, seguros e esperançosos, pousaram longamente sobre ele. Moisés segurou-lhe a mão.

— Quero agradecer-te novamente, Juricheo. Sabemos ambos que agora é a nossa despedida, a última neste mundo. Não haverá um reencontro após a separação de hoje!

Juricheo manteve-se imóvel. Uma poderosa energia sustentava-a de pé.

— Sei disso, Moisés. Mesmo assim nunca será uma separação completa. A diferença é que agora não posso auxiliar-te mais, tens ajuda superior. Nunca a esqueças!

Aproximou-se mais um pouco dele, segurando-lhe o braço com a mão:

— Moisés, desejo-te a vitória sobre o Egito! Desejo que consigas libertar Israel! Teu adversário é poderoso, mas teu Deus é muitíssimo mais!

A voz, tão abafada que os sons pareciam um leve sopro, estava carregada de energia, tinha algo que penetrou fundo em Moisés. Após as palavras, ele percebeu nitidamente como uma renovada conscientização se assenhoreava dele em relação à grandeza da missão.

Os votos de Juricheo permaneceram vivos em Moisés. Soavam ainda em seus ouvidos, mesmo quando ele já rumava para o Egito.

Plena de fé e confiança, a esposa conservava-se firme a seu lado.

Moisés, numa última lembrança, levava Abdruschin estampado na retina. O sorriso de despedida do príncipe expressara unicamente alegre esperança. O invencível poder que jazia nesse sorriso era para Moisés o mais belo acompanhante. Confiante ele seguiu para a luta!

Abdruschin indagou a Juricheo:

— Queres permanecer aqui?

Ela ficou olhando para ele. O desejo de dizer "sim" era quase avassalador. No entanto, sacudiu a cabeça.

— Penso que devo voltar, talvez possa ajudá-lo de algum modo.

Abdruschin deixou-a partir. Entristecido, via como ela encetava a viagem de retorno ao Egito, em companhia de cavaleiros dele. A nostalgia apossou-se de sua alma, deixando-o esquecer, por curto tempo, o mundo a seu redor.

Sobreviera-lhe novamente a tão freqüente e grande interrogação: "Por quê?" Uma enorme saudade de alguma coisa que pairava muito acima da Terra invadiu-o. Não notara a aproximação de Nahome que, calada, olhava-o com seus indagantes olhos infantis. A percepção terrena voltou para Abdruschin somente quando uma delicada mão lhe acariciou o braço. O príncipe encarou com bondade a criança a seu lado.

— Estás tão longe daqui, Senhor?

— Sim, Nahome, eu estava longe, longe.

— Senhor, pode acontecer que vás, alguma vez, e não voltes?

— Um dia eu irei, Nahome; igualmente tu e todas as demais pessoas deixarão um dia este mundo. O regresso para cá depende de cada um em particular. Eu não necessito retornar a esta Terra e, mesmo assim, pressinto que voltarei.

O semblante de Abdruschin traduzia aquela expressão meditativa que lhe era inerente, vez que outra. Nahome observava-o.

— Abdruschin, eu te acompanharei quando deixares este mundo e retornarei quando estiveres de volta! Quero estar sempre contigo.

Abdruschin afagou de leve a cabecinha escura.

— Se estiver na vontade de Deus, isto acontecerá, minha pequena!

Nahome estava satisfeita; esqueceu a seriedade da conversa e começou a tagarelar alegremente. Abdruschin acompanhava-a, sorrindo.

Sempre era Nahome que o libertava dos saudosos pensamentos dirigidos aos páramos distantes. Sua infantilidade era tão pura, que conseguia afastar do príncipe a sobrecarga terrena que constantemente o oprimia tal qual um pesadelo.

Em Abdruschin estava viva a apreensão por Moisés. Nahome sabia que Moisés estava diante de grandes feitos. Os diálogos entre ele e Abdruschin tinham calado fundo no espírito de Nahome, que recebera assim uma vaga noção da dimensão do perigo.

— Abdruschin, Moisés triunfará contra o faraó, pois esta é tua vontade!

O príncipe foi levado a rir pela enorme confiança que as palavras continham.

— É lógico que ele vencerá, Nahome, Deus assim o quer. No fim, o bem triunfa sempre.

— E mesmo assim te preocupas?

— Sim, por Moisés, receio que a força se desligue dele.

— Mas ele a tem através de ti. Tu a ofertas a ele!

— Eu posso dar-lhe a força, mas ele tem de utilizá-la. Se ele não souber fazer isso, o grande auxílio deixará de alcançá-lo. Não aproveitar a força equivale a rejeitá-la!

Nahome calou-se. Sua cabecinha mostrava o esforço que fazia em compreender aquelas palavras. Finalmente seu rosto iluminou-se de alegria.

— Moisés não vai desiludir-te! exclamou contente por ter encontrado uma saída. Conseguiu assim fazer com que Abdruschin voltasse a sentir o coração leve e sereno.

Contudo, o príncipe tratou de enviar logo observadores ao Egito, para certificar-se da situação. Impaciente, aguardava que regressassem.

Por entre o povo de Israel começaram a circular rumores sobre um possível auxiliador, um enviado de Jeová. Nas reuniões secretas só se murmurava sobre o assunto. O temor que sentiam dos espiões do faraó fazia com que as pessoas usassem de extrema cautela.

Quem falava nessas reuniões? De quem eram as palavras que os israelitas escutavam? Quem exerce o poder secreto que se estendia sobre todo o povo?

Moisés! Por intermédio de seu irmão mais velho, Aarão, ele prometia ao povo a libertação tão esperada.

Os filhos de Israel, externamente tão decaídos, começaram a alimentar em si a fé dos desesperados. Não haviam esquecido Jeová, Ele ainda vivia dentro de cada um. Aquele povo era tão tenaz, que, mesmo suportando os sofrimentos mais desumanos, ainda trazia esperança em si.

Ninguém tinha visto Moisés até aquele momento. Ansiosos, aguardavam o surgimento do salvador. Aarão, o mais influente entre os israelitas, afiançava pela exatidão do que era anunciado. Sua voz nunca fora tão desenvolta, nem a fala tão insistente como agora. Os pobres escravizados prendiam-se a suas palavras distribuidoras de consolo e estímulo.

A causa cresceu de tal modo, que Ramsés acabou sendo informado.

— Quem, dentre vós, teme esses cães? vociferou ele, indo ao encontro dos espiões delatores. A resposta foi um simples dar de ombros.

— Mas que temeis, afinal?

Um dos homens armou-se de coragem e deu um passo à frente:

— Tememos um levante, venerável faraó. Aquele povo nunca será completamente subjugado por nós; suportam os piores tratos como se fossem carícias. Escutamos muito a respeito e vimos pessoalmente como reagem.

O faraó, num repente de raiva que o fez espumar, gritou, apontando para o homem:

— Agarrai-o! Que seja jogado à torre da fome! Os abutres terão um magro repasto.

O infeliz foi arrastado para fora.

— Alguém mais acredita na força de Israel?

Não houve resposta.

— Ide agora e sede mais implacáveis que antes! Se aquele povo se atrever a murmurar, isso será prova de vossa fraqueza. Vai ficar à vossa escolha, então, o esquartejamento ou a torre da fome.

Os intimidados homens esgueiraram-se da presença do faraó.

Ramsés permaneceu sozinho. Seu semblante estava carregado. Ele conhecia o perigo iminente. Levantou-se de chofre; com passadas largas saiu do aposento, indo em busca de Juricheo.

Esta estremeceu ao vê-lo surgir sem se ter feito anunciar. Ele foi logo se sentando ao lado dela.

— Que desejas, meu irmão?

— Um esclarecimento!

— Podes falar, ouvirei.

Ramsés, com os olhos semicerrados, olhava-a de soslaio.

— Onde está Moisés?

— Não sei!

A expressão dele cobriu-se de astúcia.

— Então vais alegrar-te com a notícia que te trago. Moisés encontra-se aqui, no Egito!

A fisionomia de Juricheo petrificou-se. Músculo algum tremeu, ao retrucar baixinho:

— Então pode ser que ele me visite; alegra-me sabê-lo perto de mim, após tantos anos de ausência.

Irado, o faraó soube esconder sua decepção.

— Logo o terás perto de ti; meus espiões estão no rastro dele, breve cairá em minhas mãos e será executado. Ele é o instigador do povo e levanta as massas contra mim. Seu esconderijo foi descoberto; ainda esta noite mandarei prendê-lo.

O rosto de Juricheo permanecia tão sereno como antes.

— Se ele age contra ti, então ele é passível de punição. Lamento, porém não acredito que Moisés esteja agindo errado.

— Crês, então, que exista um outro...?

A pergunta intempestiva confirmou a Juricheo a incerteza de Ramsés sobre o assunto. A custo, ela conseguiu abafar um sorriso.

— Que temes, Ramsés?

Ele nem se deu conta de que Juricheo formulara a mesma pergunta que ele dirigira aos espiões.

— Temo um levante dos israelitas.

Juricheo sorriu enigmática. Suas mãos entretinham-se com um anel que tirara do dedo.

— Não está o poder contigo?

— Não consigo arrasar esse povo completamente.

— Mas esse seria teu desejo?

— Como os subjugar doutro modo?

Juricheo olhou para o irmão. Seus olhos claros tiveram o poder de fazer surgir, mesmo em Ramsés, algo de confiança.

— Terias mais desse povo, se não lhes apertasses tanto as rédeas. Tomas-lhes toda a força que necessitam para trabalhar em teu proveito. Não podes extrair o restante de energia que o coração desses filhos de Israel ainda comporta. A mesma existe realmente, mas é usada contra ti.

Ramsés encarou Juricheo. Seu rosto estampava tal sofrimento, que ela sentiu piedade.

— Recordas-te de teu juramento?

— É nisso que penso e sabes que preciso cumpri-lo. O juramento feito por um filho junto ao leito de morte do pai prende por toda a eternidade! Um faraó pode ser atingido por uma vingança, até do Além. Pavorosa será a maldição que o falecido faraó enviará, se lhe perturbarmos seu sagrado descanso tumular. É morte certa e eu quero viver. Governar!

Juricheo lutou contra as velhas tradições, porém a antiqüíssima crença, oriunda da cultura egípcia, era mais forte que ela.

— Ramsés, que achas se tentássemos uma aproximação com Moisés, sem lhe ameaçar a vida? Se comprovadamente ele é o instigador, quem sabe, pondo um fim à inimizade existente entre vós, os dois, poderias novamente subjugar o povo de Israel?

Ramsés refletiu demoradamente.

— Não armarei ciladas a Moisés. Ele que venha a mim. Quero falar-lhe.

E tão rápido como viera, levantou-se e deixou Juricheo.

Após a saída dele, ela teve um gesto de alívio e sorriu feliz. Em seguida cobriu o rosto com as mãos e orou fervorosamente.

O medo de que Ramsés tivesse em mira a morte de Moisés fora então fundamentado, tornando-se, por sua intervenção, improcedente.

"Consegui, portanto, ser de alguma ajuda para ti, meu filho." Denominava-o sempre assim, quando pensava nele.

Moisés continuava a manter-se em lugar incerto. Falavam de um salvador, mas o povo de Israel não o via.

Aarão transmitia as palavras do enviado; anunciava a sua chegada e Israel permanecia à espera.

Nisso as hostilidades por parte do faraó cessaram! Assim como a leve brisa reergue e reaviva as hastes inclinadas de um campo de cereais, assim se aprumaram as costas encurvadas dos filhos de Israel, ao sentirem o leve sopro da liberdade. E bradavam:

— Moisés! Moisés! agradecendo ao Altíssimo, pois julgavam que a trégua era obra do enviado.

Moisés, no entanto, persistia na ausência. A expectativa impaciente dos israelitas de avistar o salvador reforçava o poder que Moisés exercia por meio de Aarão.

Este relatava-lhe os progressos feitos. Moisés, repleto de energia, ansiava pelo momento de se pôr, pessoalmente, à testa do movimento. Tenso, ele acompanhava o relato de Aarão.

— Não crês que seja agora o momento aprazado para eu tomar a direção de tudo, Aarão?

A pergunta soara insistente.

Aarão meneou meditativo a cabeça.

— Ainda é muito cedo. Minhas palavras precisam enraizar-se com maior profundidade no coração do povo, para que ninguém consiga extirpá-las.

Moisés ergueu-se com decisão firme.

Um pensamento repentino assustara-o, dando-lhe a melhor arma.

— Aarão! Hoje ainda irei ao encontro do faraó. Pedirei a ele que deixe Israel partir.

Ao proferir essas palavras, Moisés estudou minuciosamente as reações do irmão. Nem uma contração se mostrou no rosto de Aarão. Apenas as sobrancelhas arquearam-se de leve, ao passo que as pálpebras, baixando, ocultaram a expressão dos olhos.

— Então, que dizes? insistiu Moisés.

Aarão, em silêncio, deu de ombros.

— Estou certo, portanto, em minhas suposições. Não almejas o mesmo que eu. Tens planos outros que não são os meus e tentas afastar-me de tudo.

Aarão pareceu não entender o sentido das palavras, pois respondeu com um sorriso inofensivo:

— Não profiro eu tuas palavras? Não sou eu teu servo ou auxiliador?

Moisés revidou:

— Sabes manejar as palavras, Aarão, palavras que te auxiliam em qualquer contingência. É pena que são ocas, não possuem um cerne. Não sabes o que é a verdade. Houve uma vez em que soubeste ser verdadeiro e sincero. Sabes quando, Aarão? Ao me expulsares de tua casa. As palavras que usaste foram baixas e injustas, mas provinham de teu íntimo. Havia nelas o desespero que sentias pelo jugo injusto e pesado, e eu senti que se destinavam ao Egito e não a mim, pois eu vos dedico amor. Vim como um estranho entre vós. Se o povo me entendesse, eu não necessitaria de ti! Tu és o único que conheces meus propósitos, és minha voz diante do povo. Advirto-te, Aarão! Deus, que me facultou a força para o triunfo, quer apenas servos sinceros! Dirijo-me hoje ao faraó porque Deus assim o quer. Trilharei o chão que me foi pátria e falarei a pessoas que, por serem de meu meio, entenderão minhas palavras. Naquele ambiente andarias às apalpadelas, qual um cego. A partir de hoje sê meu auxiliar; contigo reparto o campo de luta! Nunca te esqueças, porém, de que somos simples servos de nosso Deus!

Surpreso, Aarão olhava Moisés. Seu orgulho próprio esvaíra-se. As palavras de Moisés arrancavam cruelmente pedaços do manto tecido com falsa humildade e astúcia, e punham à mostra a alma de Aarão. O homem oprimido, que desde a infância aprendera a humilhar-se, que nutria em si somente raiva impotente, deixou transparecer seu verdadeiro espírito. Pela primeira vez, uma palavra de amor solicitara ingresso diante da porta cerrada do coração de Aarão. Dessa vez a costumeira loquacidade não se fez presente.

Um longo silêncio aconteceu; olhos nos olhos, defrontavam-se os dois irmãos.

Perscrutante, o faraó contemplou Moisés que, orgulhoso e dominador, estava à sua frente. Ao lado, um pouco distante, com a cabeça inclinada para o ombro, encontrava-se Aarão.

— Desejaste uma audiência comigo, Moisés; está concedida. Que desejas? Fala!

— É muito o que tenho a solicitar de ti, ó venerável faraó. Solicito justiça. Não para mim, quero-a para meu povo.

— Teu povo? Desde quando és rei de Israel? Acredito que desse povo seja eu o soberano.

Moisés mordeu os lábios. Demasiado tarde se deu conta do erro cometido. Com uma única palavra ferira a vaidade do faraó. Seu olhar foi em busca de Aarão, que se encolhia em simulada humildade. Deveria optar por atitude semelhante, para alcançar o fim visado? A fé, porém, que tinha no triunfo, agigantou-se, dando-lhe força. Ainda mais orgulhosa tornou-se sua atitude.

— O Senhor de Israel é Jeová, e não tu. Em Seu nome estou aqui, à tua frente, exigindo a liberdade de meu povo.

— Quem é Jeová?

— Nosso Deus, o Eterno!

Ramsés sorriu com desprezo.

— O Eterno? De onde sabeis que Ele é eterno? Viveis tão curto tempo. Como podeis medir Sua existência eterna?

— Cuida-te, Ramsés, o poder Dele é incomensurável, é gigantesco.

— Pensa bem, Moisés, tuas ameaças são dirigidas ao faraó, ao soberano do Egito, senhor da vida de seus súditos! E o qual inclusive pode destruir tua pobre vida com um simples aceno de mão.

Aarão estava trêmulo. Sentia medo. Atrás de um reposteiro estava Juricheo à escuta, sorrindo nervosamente. Apenas Moisés parecia inatingido pela velada ameaça. Renovou sua exigência:

— Deixa o povo de Israel partir!

Silêncio mortal estabeleceu-se no recinto. Após algum tempo a resposta do faraó soou cheia de ameaças, como das profundezas do inferno.

— Iremos lutar, Moisés. Teu Senhor contra mim!

— Será o teu fim, Ramsés. Retira ainda em tempo tuas palavras!

— De livre vontade não abro mão do povo! Luta, se quiseres, escarneceu Ramsés.

Quando ele calou, fez-se novamente um silêncio paralisante. Moisés mantinha a cabeça algo inclinada para a frente, como disposto para o ataque. Seu olhar buscava o do faraó. Este, no entanto, estava sentado imóvel, os olhos quase cerrados.

— Escuta, Ramsés, o que tenho a dizer-te. Extenso é o teu país e rico o teu povo. O vale do Nilo é tão fértil, que nenhum de vós precisaria sofrer penúria e, mesmo assim, escravizas um pobre povo, deixando que caia no infortúnio, com a única finalidade de satisfazer tua ânsia pelas riquezas. De um só golpe isso pode mudar! Com um aceno desta minha mão, pela qual flui a força de meu Deus, de modo intenso, consigo turvar vossas águas, tornando-as pestilentas para homens e animais. Até que cedas, a peste e a morte se instalarão entre vós, ceifando vidas, e isto até o momento em que deixares meu povo partir.

— Tuas palavras são corajosas e podem assustar alguns tolos. Aconselho-te: deixa teus grandes e bobos sonhos; não guardarei rancor pela ousadia de semelhante linguagem perante teu soberano. Retorna a minha corte. Não te darás mal daqui por diante, se primeiro te arrependeres de nos ter deixado. Despacha teu irmão de volta para sua casa; o pobre tolo fanático que nem ao menos consegue acompanhar teus planos. Deixa desse povo, que não te agradecerá o recrudescimento dos trabalhos em virtude de tuas palavras insolentes.

As frases repassadas de escárnio não despertaram irritação em Moisés. Sua voz era serena quando respondeu:

— Eu e meu povo ficaremos na expectativa de teu chamado. Israel aguardou tão longo tempo, que não lhe será difícil esperar pelo teu fim.

Terminando, deu-lhe as costas e, acompanhado por Aarão, abandonou a sala.

Ao mesmo tempo, as águas do Nilo, bem como as demais do país inteiro, começaram a turvar-se, tornando-se lamacentas. Peixes mortos flutuavam à superfície, e do leito dos rios emergiam bolhas que arrebentavam em contato com o ar, propagando cheiros fétidos. Em quantidades avassaladoras os sapos fugiam das margens em direção à terra; disseminavam-se pelos campos de cereais, onde cobriam largos trechos com seus cadáveres. Por toda a parte alastrava-se o cheiro da carne em decomposição.

As pessoas, fora de si de horror, tentavam fugir. Desesperadas, cavavam novos poços para não morrerem de sede. Mas de cada água captada erguiam-se as mesmas emanações pútridas e sulfurosas. Freqüentemente já brotavam da terra, aos primeiros cortes de pá. Paulatinamente uma grande devastação tomou conta de tudo. A morte separava homens e mulheres, esvaziava casas repletas, em poucos dias, produzindo lamentos e gritos de dor.

O faraó ordenou que chamassem Moisés.

— Suspende as calamidades. Arruínas meu país.

— Dás liberdade a meu povo?

— Podes ir! Abandonai meu país, mas primeiro põe fim às calamidades.

— Assim seja!

As emanações cessaram; um vento ameno soprou, limpando a atmosfera pestilenta. Nos poços jorrava água limpa, somente os rios mostravam-se ainda contaminados, a clarificação era ali mais demorada.

Novamente Moisés dirigiu-se ao faraó.

— Quando poderemos partir?

A memória de Ramsés evocou a expressão do falecido pai, ao lhe tomar o juramento de oprimir o povo israelita. O compromisso assumido era mais forte, prendia-o com garras de ferro.

— Moisés, quero dar liberdade ao povo, mas não posso. Nem ao menos me é possível suavizar-lhe os sofrimentos. Seria a morte para mim. Dar-te-ei tesouros, farei de ti um homem rico; o que não posso é abrir mão dos israelitas.

— Saio de tua presença, esperando que voltes a raciocinar.

E Moisés deixou o faraó.

O Nilo transbordou para muito além de seus limites, ficando a terra pantanosa. Revoadas de gafanhotos e insetos transmissores de doenças vieram do norte, pousando nas terras cultivadas do Egito. Novamente houve grande mortandade e ninguém conhecia a causa. Ninguém suspeitava que o faraó, por não dar livre saída aos israelitas, sobrecarregava-se a si e ao país inteiro com as mais terríveis calamidades. Em plena rua, nas casas, ecoavam lamentos. Por todo lado soavam os gemidos da multidão, martirizada. Os gritos chegavam aos muros separatórios dos bairros israelitas. Do outro lado desses, havia paz e sossego pela primeira vez durante anos.

Aqueles redutos pareciam cingidos por uma proteção tão grande, que malefício algum conseguia alcançá-los. Os filhos de Israel estavam reunidos, prontos a juntar os magros haveres e seguir com o enviado, para a terra que ele anunciara.

Enquanto as horríveis calamidades se abatiam sobre o Egito, havia uma constante comunicação entre Abdruschin e Moisés. Mensageiros iam de um país a outro, levando a Moisés notícias que lhe eram verdadeiro estímulo. Não fossem os auxílios e o amor de Abdruschin, e Moisés há muito teria escorregado para a comiseração frente ao estado lastimável do povo. Ele ainda nutria a opinião de que inocentes sofriam devido à cegueira do faraó. Permanecia agora somente nos bairros israelitas, para que a miséria dos egípcios não tocasse seu coração. Aarão, bem ao contrário, percorria as ruas egípcias e olhava sem abalos íntimos para o sofrimento inaudito daquele povo. A própria existência sofrida embotara-o de tal modo, que nada mais o abalava.

Por esse tempo habitava junto aos egípcios um príncipe rico e independente, que parecia não pertencer a país algum. Ninguém conhecia a origem de sua fortuna; a ninguém era dado saber o que acontecia além dos muros de seu palácio. As pessoas afastavam-se para longe, ao vê-lo passar. Possuíam um temor supersticioso daquele feiticeiro, como o denominavam. Nunca se vira ingressar ali um visitante; o homem parecia viver isolado do mundo e sem amigos.

Raramente esse estranho personagem abandonava a casa. Quando isso acontecia, carregava o encurvado corpo pelas ruas e a longa barba branca a atestar-lhe a idade. Com passos pesados ia se arrastando penosamente, até alcançar uma pequena porta lateral do paço do palácio do faraó. Todas as vezes, esta era logo aberta, possibilitando a entrada do velho. Por entre as mesuras profundas da criadagem, percorria ele os corredores do palácio; dava mostras de conhecer o ambiente como se fosse o de sua própria casa. Por fim, desaparecia dentro de um pequeno recinto, onde era aguardado pelo faraó.

Após horas de debate, emudecia a singular voz estridente do ancião, que se embrenhava pelos aposentos, por mais fechados que fossem. Logo depois o velho encetava morosamente o caminho de volta. Demorava bastante até que resolvesse aparecer de novo. Seus modos reforçavam cada vez mais a crença de que ele era um poderoso feiticeiro.

Em verdade, "esse ancião" era um homem jovem que, ao estar novamente em sua casa, retirava apressadamente a barba postiça e aprumava o corpo grande e forte. Com um pano afastava as rugas do rosto e entregava-se depois às mãos do criado, que fazia desaparecer os últimos vestígios da velhice.

Envolvido em capa escura, agora deixava novamente a casa. E isso por corredores subterrâneos que estavam sempre a receber melhorias. Os mesmos desembocavam no bairro israelita, precisamente sob a casa que abrigava Moisés. Lá chegando, o homem galgou estreitos degraus e alcançou a peça principal da morada. Também lá era esperado. Moisés ergueu-se logo, com uma exclamação feliz:

— Ebranit! disse ele, respirando com alívio. O estranho deixou o manto cair. Sob o mesmo ele portava a indumentária característica dos amigos de Abdruschin.

— Tens notícias do príncipe? indagou a Moisés. Este estendeu-lhe alguns rolos de pergaminho. Ebranit abrangeu rapidamente o conteúdo.

— Tudo corre conforme o previsto. Não temos motivos para apreensões. Ainda hoje enviarei mensagem a Abdruschin sobre as ocorrências.

— Estiveste com o faraó?

— Venho de lá, agora. Ele planeja horrores! As tentativas que fiz para dissuadi-lo falharam. Vim apenas saber o que tinhas a relatar, logo sairá um mensageiro para alertar Abdruschin.

— Um alerta?

— O faraó pretende mandar assassiná-lo! Também hoje partirão seus asseclas em busca de Abdruschin! Ele desconhece o mistério que rodeia nosso soberano. Presume, porém, a verdade! Querem furtar-lhe o bracelete, para assim desarmá-lo. Ramsés quer reaver, desse modo, seus enormes prejuízos. Subjugando os árabes, espera ter sua compensação.

Moisés estremeceu.

— E este será o preço pela libertação de Israel?

Ebranit deu de ombros.

— A vitória está em nossas mãos. Nada temas, Moisés. O poder está conosco.

— Mas o faraó antes não atendia sempre às tuas palavras? Não eras tu seu conselheiro? Por que não o convenceste? Acaso suspeita de alguma coisa?

— Tivesse eu me empenhado demais por Abdruschin, podia acontecer que ele suspeitasse. Assim, ele continua confiante e informa-me de seus projetos, os quais posso então alterar, impedindo a realização.

Moisés olhou meditativo para Ebranit.

— Teu posto é de muitíssima responsabilidade, Ebranit. Reúnes em tuas mãos os fios informativos de todos os países adversários. Em cada uma dessas nações és o conselheiro do soberano, o qual consegues dirigir conforme tua vontade. Sempre estás presente onde necessitam de ti. Sempre conheces os berços das traições. Como consegues manter-te a par de tudo?

Ebranit sorriu com as palavras de Moisés.

— E tu, como consegues realizar milagres no Egito? Posso indagar assim de ti de idêntica maneira, Moisés. Desde que conheço aquele que hoje é meu amigo e Senhor, passei a dispor dos meios necessários à locomoção rápida e de força para desviar do príncipe tudo quanto é ruim. Da primeira vez que me falaram dele e de seu poder invencível, quis lutar com ele, colocando-me em seu caminho. Fui ao seu encontro, acompanhado de meus guerreiros. Primeiro encontramo-nos com seus mensageiros. O príncipe enviava-nos sua saudação e o convite para sermos seus hóspedes no palácio... eu aceitei. E quando ele veio ao meu encontro, saudando-me com um sorriso... tornei-me seu súdito!

O semblante de Ebranit, durante o curto relato, foi se tornando simpático e benevolente; logo os traços retesaram-se novamente, denotando energia férrea, e, levantando-se rapidamente, disse:

— Passe bem, Moisés; apresso-me para enviar um mensageiro a Abdruschin.

E Ebranit desapareceu rapidamente.

Parlamentares do faraó chegaram à casa de Moisés e levaram-no ao palácio. Calmo, percorreu as ruas em companhia deles. Seu coração soube fechar-se aos horrores com os quais deparava. Crianças com olhos febris estavam abandonadas por todo o canto. Nos bairros opulentos reinava um silêncio de morte.

Anteriormente, à frente dos portões, viam-se servos junto às liteiras em posição de espera, ou correndo em passo cadenciado, levando a preciosa carga rumo aos jardins que margeavam o Nilo. Agora havia apenas silêncio. O medo mantinha os portões cerrados. Temiam que as doenças contagiosas fossem inclusive abrigar-se nos palácios.

Os únicos que poderiam tirar proveito da situação eram os médicos, mas também eles se trancavam, assustados com a epidemia horrível, cuja origem lhes era desconhecida e para a qual não conheciam tratamento.

Moisés encontrou o faraó mudado. Havia inquietação nos olhos do soberano. Apavorava-se com o poder demonstrado pelo adversário.

— Moisés! Salva meu povo do aniquilamento certo!

— Serás atendido, se cumprires minhas condições, faraó! Se souberes ceder, Deus recolherá Sua mão, a qual estendeu irado sobre ti e sobre teu país.

— Põe termo primeiro, depois agirei conforme tua vontade.

Moisés olhou perscrutante para o soberano.

— Manterás tua palavra?

Ramsés, demasiado fraco, não soube enfrentar com energia a suspeita que a indagação expunha abertamente.

— Sim, sim! respondeu ele com sofreguidão.

— Então agirei como pedes.

E Moisés rogou a Deus para que fizesse cessar essas pragas. Quando as doenças amainaram e as pessoas começaram a recobrar ânimo, Moisés deu ordem de partida. Os filhos de Israel rejubilaram-se. Carregaram os poucos haveres em carroças baixas e seguiram Moisés, que ia à frente, rumo ao portão.

Ao transporem-no, foram recebidos por uma tropa de guerreiros que os obrigou a retroceder.

Em Moisés inflamou-se a ira. A indignação sentida pela quebra de palavra do soberano fê-lo correr ao palácio. Logo estava diante de Ramsés.

— É assim que um soberano mantém a palavra empenhada? gritou ele bem alto.

Os escravos, à espera apenas de um sinal, caíram por cima dele, manietando-o, e depois o largaram aos pés do faraó. Em seguida se retiraram, ficando Ramsés a sós com seu inimigo.

— E agora? indagou este com escárnio.

Moisés arquejava. Com todas as suas forças defendera-se, mas os antagonistas venceram pelo número.

Ramsés esperava por súplicas de clemência, todavia esperou em vão. Som algum passou pelos lábios do prisioneiro.

Então deu-lhe um pontapé, de modo que Moisés rolou adiante.

— Resolverei ainda o que fazer contigo, disse ele.

Chamou pelos escravos, e incumbiu-os de levar o preso e jogá-lo a um calabouço escuro.

Aarão ficou bastante tempo à espera, depois resolveu enfrentar os sombrios corredores que levavam à casa de Ebranit.

O príncipe muito se admirou ao ver o estado de agitação em que se encontrava Aarão. Logo pressentiu alguma desgraça.

— Fala, que houve com Moisés?

Aarão deixou-se cair sobre um assento, respirando com dificuldade. Estava completamente exausto da corrida pelas galerias estreitas, de ventilação deficiente.

— Fala, insistiu Ebranit.

— Moisés está ausente por todo o dia. Ele foi ao faraó, pois este impediu nossa saída no último instante, e não retornou.

Ebranit pôs-se de pé e começou a andar de um lado para o outro.

— Podes ir agora, disse ele por fim, trata de evitar que o fato chegue ao conhecimento do povo, senão este é capaz de perder a coragem. Eu libertarei Moisés, se porventura estiver preso.

Aarão quis agradecer. O príncipe, no entanto, já deixara o aposento. Apenas um árabe estava postado junto à porta. Ficou ali até Aarão se retirar.

Pouco depois, Ebranit, disfarçado de ancião, abandonava a casa e, de andar claudicante, caminhava penosamente até o palácio do faraó. Os escravos inclinaram-se reverentemente, quando ele entrou pela portinhola. Alguns correram à frente, para anunciarem a visita ao faraó.

Ramsés estava com ótima disposição e essa visita era bem-vinda. Com lentidão, o ancião entrou com passos incertos no recinto.

— Fui informado sobre a bela presa que fizeste, grande faraó, disse o velho com a voz em falsete.

Ramsés sorriu lisonjeado.

— Como o soubeste?

— Meu soberano sabe muito bem que nada me fica oculto!

E o velho deu suas risadinhas de satisfação. Ramsés confirmou-lhe as palavras com um gesto de cabeça, como se também ele estivesse convencido disso.

— Que farei com ele? Aconselha-me.

— Ordena que o tragam aqui. Primeiro iremos submetê-lo a interrogatório para sabermos quem lhe insufla o poder de agir assim. Precisamos desvendar seu mistério. É quase certo que tem relação com Abdruschin, de quem Moisés é amigo.

Ramsés achou boa a idéia do velho. Ordenou que trouxessem Moisés, amarrado, para cima.

O velho permaneceu de pé; não sentou nem quando o faraó o convidou para tanto.

Nisso veio Moisés. Caminhava de cabeça inclinada e estacou diante de Ramsés. Seu olhar caiu então sobre o velho, que lhe era estranho. Retrocedeu alguns passos ao perceber que o homem vinha para seu lado, mirando-o fixamente.

"Certamente um dos asquerosos feiticeiros a serviço dele", cruzou-lhe pelo pensamento. O velho tossiu um pouco, antes de dirigir-lhe a palavra. Ramsés, aguardando o diálogo, permanecia na expectativa de um entretenimento interessante. Moisés, por sua vez, observou bem o velho. Não o reconheceu, porém.

— Encontras-te finalmente nas mãos de um mais poderoso que o teu tão louvado soberano. Agora tens tempo para meditar sobre o que está para vir, pois desta vez existe para ti apenas uma salvação, se atenderes nossos desejos. Se deixares sem resposta as minhas perguntas, a morte ceifar-te-á antes que possa largar tuas horríveis maldições sobre o país. Com teu desaparecimento, elas não terão efeito sobre nós!

— Enganas-te! Com minha morte tudo se tornará pior do que até agora. Ninguém conseguiria sustê-las, pois eu, que as chamei, não mais estarei presente.

— Queres amedrontar-nos?

Moisés olhou-os com desprezo.

— Vermes, como vós sois, não precisam ser atemorizados, vivem já em constante terror de serem esmagados.

— Proferes palavras atrevidas, Moisés. Isto pode custar-te a vida.

— Mesmo que me matar seja vosso desejo, não vos seria possível a realização. Até ultimar a missão, estou protegido!

— A proteção de que gozas é a mesma que a de Abdruschin?

— É a mesma!

— Mostra-nos, portanto, que és o mais forte, arrebentando tuas amarras! O velho tossiu novamente. O falar era-lhe dificultoso. Achegou-se a Moisés, como a examinar se as cordas que o prendiam eram suficientemente fortes. Apenas as mãos estavam manietadas. Por segundos algo gelado roçou o dorso das mesmas. O velho afastou-se, declarando:

— Indestrutíveis... é impossível arrebentá-las, nem que tivesse a força de dez homens!

Moisés sentiu, após uma tentativa, como as cordas cediam. Levantou as mãos, fingindo um puxão, e as cordas caíram por terra.

Horror impregnou-se nos traços do faraó. Fez menção de ordenar imediatamente que amarrassem Moisés. Ebranit, porém, achegou-se a ele e sussurrou:

— Deixa que se retire, caso contrário fulminará com um simples olhar a ti e a mim.

O rosto de Moisés demonstrou regozijo pelo desfecho inesperado! Hábil, ele ocultou a mão nas dobras da vestimenta, pois esta sangrava levemente. O minúsculo punhal do príncipe arranhara-lhe o dorso da mão.

Dispôs-se a sair. Suas últimas palavras foram de ameaça. Conjurara uma nova calamidade. Os escravos arredaram-se do caminho dele.

Tendo Moisés se retirado, Ramsés pareceu acordar de seu estarrecimento.

— Saiam ao encalço dele, prendam-no! gritava ele fora de si.

Ebranit acalmou-o. Ponderou que, a despeito de tudo, a vitória final estava assegurada. Depois também ele abandonou o palácio às pressas. Não tinha dúvidas da precariedade de sua situação no Egito, dali por diante. Não lhe passaram despercebidos os respingos de sangue sobre o tapete, onde Moisés estivera parado. Para os astuciosos pensamentos do faraó seria fácil descobrir de onde tinham vindo. Ao notar aquele sangue, logo saberia quem libertara Moisés. E acontecendo isso, recordar-se-ia das muitas conspirações malogradas, para as quais Ebranit dera seus conselhos.

Com extrema rapidez, os tesouros que a casa de Ebranit continha foram transportados para as galerias subterrâneas. Os servos carregavam os fardos pelos estreitos corredores que se estendiam num percurso de horas sob a terra, desembocando no deserto, longe de qualquer morada humana... Mais adiante havia um oásis com cavalos e camelos à espera. Um dos servos alcançou-o rapidamente, retornando com os animais.

Sem mais demora, a caravana pôs-se em movimento, rumando em direção a um outro reino.

Ao estar novamente no meio dos seus, Moisés se deu conta do perigo que correra. Longamente conversou com Aarão sobre a melhor maneira de evitarem semelhantes riscos.

— Se eu cair novamente em suas mãos, ele me matará. Seu ódio não conhece limites.

— Nossa salvação depende da aceleração do Juízo sobre o Egito. Roga ao Senhor para que os castigue com maior rapidez.

Moisés retirou-se para seu aposento e orou.

Aarão e a esposa de Moisés, Zipora, permaneceram onde estavam. Ela segurava nos braços um menino, seu primogênito. Estava sentada, pensando medrosamente nos horrores que ele novamente rogava para o Egito.

Moisés orou com um ardor desconhecido. O reconhecimento do perigo que o ameaçara e, desse modo, a todo o povo de Israel, tornou seus rogos mais fervorosos.

E novamente lhe foi dado perceber a voz do Senhor, que disse:

"Meu servo Moisés, o auxílio sobrevirá conforme pediste. Eu castigarei a terra de teus inimigos com rigor maior ainda que antes."

No coração do homem que lutava ingressou uma grande paz. Enquanto ainda estava de joelhos apareceu-lhe o rosto de Abdruschin. Moisés quis rejubilar-se; uma dor imensa, no entanto, não lhe permitiu. Os escuros olhos de Abdruschin pareciam querer comunicar-lhe algo, algo que lhe causava profunda tristeza. Um anseio imenso de correr para Abdruschin fez-se presente. Vê-lo-ia novamente? Moisés já havia se perguntado isso várias vezes, mas nunca com aquele medo no coração. Que seria do mundo, se Abdruschin não mais estivesse nele? Poderia eu ter desencadeado essa luta? De repente, Moisés se deu conta de que era precisamente a presença de Abdruschin que possibilitara o milagre da rápida realização dos acontecimentos. Não sabia explicar com palavras, mas entendera perfeitamente as grandes conexões.

"Meu Deus", orou ele comovido, "foi-me dado ser o instrumento". A alma de Moisés abriu-se consciente à grandiosidade do momento. Jamais se manifestara nele tamanha humildade como agora, ao ter plena percepção, ao reconhecer! Voltou com o semblante transfigurado para junto dos seus.

Durante a noite a prece foi atendida. Mais horrível do que nunca, o castigo avassalou o país. Dessa vez a peste que se alastrava não poupou ninguém, nem mesmo o gado nos estábulos. Tempestades violentas abateram-se sobre o Egito, destruindo os poucos grãos que restavam nos campos cultivados. O problema da fome era cada vez mais ameaçador. As pessoas começavam a se desesperar.

Nunca acontecera ao Egito desgraça semelhante. Ramsés chamou Moisés a sua presença; este negou-se terminantemente. O faraó notificou-o, então, de que poderia partir com seu povo, logo que a calamidade cessasse.

Moisés não confiava mais na palavra real; mesmo assim rogou a Deus por moderação, pois condoía-se do povo. Este gozou apenas uma semana de trégua e então o horror recrudesceu outra vez; o faraó não soubera manter a palavra, como sempre.

Moisés percebeu que com clemência nunca atingiria a meta. Golpes sobre golpes choveram sobre o Egito, destruindo tudo. Havia muito que os lamentos tinham cessado; as pessoas retinham o fôlego, aterrorizadas com os infortúnios que viriam a seguir. Escuridão cobria o país, agravando ainda mais o horror da população. Moisés sabia que o fim estava próximo; fazia muito tempo que os egípcios desejavam a partida dos israelitas. Imprecações contra o faraó começavam a ser ouvidas. Os remanescentes, os até o momento poupados pela desgraça, procuravam manter-se a salvo. Não queriam ser atraídos pelo turbilhão devorador de tudo o que estivesse ao alcance.

Pela primeira vez, Moisés em pessoa falou ao seu povo. Foi recebido com júbilo, quando se postou num local mais elevado. Grave era a expressão de sua fisionomia ao impor silêncio com o braço.

As pessoas calaram-se. Cheias de expectativa fitaram-no, à espera. Com os olhos, Moisés percorreu a multidão, antes de começar a falar.

— Finalmente é chegada a hora pela qual tanto tempo esperastes; preparai o cordeiro da Páscoa e celebrai a festa da Páscoa. Eternamente, este dia será a comemoração de vosso êxodo do Egito. Cada qual se dirija a sua casa e participe da ceia em companhia dos seus. Lembrai-vos, nessa ocasião, de vosso Deus que vos aparta de todo sofrimento. Nesta noite, o Senhor exterminará os primogênitos do Egito. Isso significa o termo da luta. Seremos expulsos depois desta noite. Mantende-vos atentos e preparados para quando eu vos chamar!

A multidão dispersou-se em silêncio. Dirigiram-se às suas míseras cabanas e fizeram os preparativos para a festa da Páscoa. Logo começou a exalar o cheiro de pão fresco e carne assada. O rosto das pessoas estampava alegria, e a esperança do que estava para vir punha uma cintilação alegre nos mais conturbados olhos.

Apenas Moisés estava mais sério do que nunca. Afinal atingira a meta; a luta chegava a seu término. Agora lhe cumpria sair pelo mundo, que se estendia imenso e aberto à sua frente. Conhecia ele o país? Não, apenas possuía a descrição feita pelos árabes, que ao longo das viagens o tinham percorrido, talvez até lutado com os seus habitantes. E agora ele conduziria um povo inteiro para aquelas terras desconhecidas.

Não era ousar demais? Tomava sobre si a responsabilidade de todo um povo. Anos demandaria a viagem. Anos durante os quais teria de guiar os israelitas pelo desconhecido. Cada decisão errada faria com que os insatisfeitos se insurgissem. Poderiam até desgostar-se da pessoa dele, ao longo do tempo, negando-lhe obediência.

"Senhor! Senhor!", rogou em alta voz, "Permanece comigo até que a missão esteja finda!".

Quando a noite desceu por completo, Moisés foi para seu aposento. Nem notou o olhar entristecido da esposa que o convidara a ficar. Solitário, Moisés sentou-se, olhando fixamente para a escuridão. Oprimia-o um temor desconhecido que chegava a tomar-lhe a respiração. Seus sentidos silenciaram e ele julgou estar num país diferente.

Só com muito esforço ele conseguiu sair do frio, que cada vez mais tomava conta dele, agarrando-se com toda a força. Então desistiu da luta e afundou na inconsciência...

Sozinho e abandonado, peregrinava Moisés por planícies intermináveis. Sentia-se coagido a prosseguir sempre, sempre mais, em direção ao desconhecido. "Aonde me levam os pés? Que meta jaz aí diante de mim? Atrai-me sobremaneira e mesmo assim gostaria de retroceder, para não encontrar o horror que me aguarda." Adiante, sempre adiante, era forçoso que ele caminhasse. Não havia parada, nem descanso, nem retorno!

Começou um tremendo vendaval; o vento ululante impulsionava enormes massas de areia, turbilhonando-as ao redor do caminhante solitário, que tinha de forçar os pés contra o chão para não ser derrubado.

A distância, ele vislumbrou um acampamento, sentindo-se logo induzido a rumar para lá. "Onde já vi semelhantes tendas? Não foi Abdruschin que me deixou entrar em sua tenda? Sim, eis o meu alvo, agora sei aonde devo ir. Devo? Então não é meu desejo? Por que devo ir até Abdruschin? Parece reinar absoluto silêncio no acampamento. Talvez seja noite..." Percorrendo o acampamento, Moisés escutou respirações pesadas por trás dos reposteiros. Irresistivelmente se sentiu impelido a uma tenda, que, silenciosa e solitária, surgia um pouco afastada das demais.

De pernas cruzadas, dois árabes sentados à entrada tinham nas mãos as armas prontas para a defesa. Os olhos deles estavam abertos, mas não viram Moisés caminhar para a tenda. Este estranhou, todavia manteve-se calado. Nisso, sorrateiro, um homem se aproximou do lado da tenda. Qual uma serpente rastejava ele sobre o chão, sem que se ouvisse o menor ruído. Moisés observou-o detidamente. Havia nele absoluta certeza de não poder deter aquele homem. Moisés era simples espectador do acontecimento.

O desconhecido alcançara a tenda. Um ruído fraco e cortante cruzou o ar; com um corte separou a parede da tenda e entrou... Moisés correu para o interior, passando pelos guardas, e viu Abdruschin dormindo em seu leito.

O assaltante inclinava-se sobre o soberano e ouvia-lhe a respiração. A mão do homem foi tateando pelo corpo de Abdruschin como se fosse um animal selvagem em busca de algo... Escutando, o intruso erguia a cabeça de tempo em tempo, mas ruído algum, vindo de fora, alarmava seu ouvido. Moisés foi levado pelo impulso. Arremessou-se sobre o desconhecido para prender-lhe o braço que continuava a busca; no entanto, atingiu apenas ar, não encontrara consistência. Em desespero, começou a chamar o nome do príncipe venerado.

Abdruschin fez leve movimento, como se tivesse escutado a voz que, aterrorizada, procurava despertá-lo. Abriu os olhos e, com estranheza, fitou o rosto do desconhecido. Seus lábios pareceram formular uma pergunta... Com a rapidez de um raio, o estranho pegou na mão o punhal que trazia atravessado na boca e cravou-o violentamente no peito de Abdruschin. O olhar do príncipe teve tempo ainda de se gravar no âmago da alma do assassino. O homem abafou um grito e, tremendo, arrancou o bracelete do braço de sua vítima.

Cambaleante, o assassino ergueu-se da posição primitiva e rastejando escapuliu para fora. Sumiu dentro da noite...

Moisés, desesperado, olhava o corpo inanimado de Abdruschin. Do invólucro morto soltou-se então um segundo corpo. Era Abdruschin que surgia à frente dele, palpável, saudando-o com um sorriso.

"Tu vives?"

O príncipe confirmou com um aceno de cabeça; seu rosto estava mais luminoso que anteriormente. Uma venda caiu dos olhos de Moisés. Reconheceu naquele instante os diversos degraus do desenvolvimento que o homem precisa percorrer para conseguir retornar ao reino espiritual.

Não obstante o reconhecimento, foi assaltado pelo medo, ao ver o vulto de Abdruschin desvanecer-se aos poucos, como neblina.

"Senhor!", gritou ele, rogando, "fica comigo, sem ti não conseguirei libertar Israel!".

"Tu não necessitas mais de mim, Moisés, outros servos estão a teu lado, outros servos de Deus! Tu és senhor sobre todo o enteal* e este subordina-se diretamente a ti, cumprindo tuas ordens no instante em que as proferires!"

Vindas das alturas luminosas que logo acolheram o libertado, vibraram, irreais e no entanto límpidas como o cristal, aquelas palavras até Moisés.

Gritos e lamentos arrancaram Moisés de seu posto de escuta. Ele ainda estava na tenda e não foi sem certo espanto que presenciou os gestos dos árabes, ao depararem com seu soberano morto.

---

* Entes da natureza.

Nisso a porta da tenda foi completamente aberta, dando passagem a uma figura feminina: Nahome! Seu rosto jovem não mostrava abalo algum, nem sombra de sofrimento. Uma grande determinação tomara conta de seu ser. Ela ergueu a mão, apontando a saída. Os árabes inclinaram-se e silenciosos esgueiraram-se para fora.

Nahome ajoelhou-se junto ao morto. Confusos, seus grandes olhos infantis miraram o rosto imóvel do príncipe. De leve, ela pousou a mão sobre o coração do assassinado e percebeu o sangue que embebera a vestimenta.

"Agora estás tão distante que não poderás regressar mais, Senhor! Aonde te procurar? Se eu te seguir, estarás a minha espera, estendendo-me a mão, bondoso... auxiliando-me? Já te encontras junto a teu Pai? Posso seguir-te até a proximidade Dele?"

Nahome retirou da túnica um pequeno frasco lapidado. Ao abri-lo, um odor narcotizante volatilizou-se. Flores estranhas pareceram desabrochar ao redor dela. Meio atordoada, Nahome caiu para trás. Levou o frasco aos lábios, esvaziando-o. Suas mãos ergueram-se em súplica. Ainda uma vez a boca sorriu em toda a sua infantilidade para o mundo. Depois cerrou os olhos, e os lábios silenciaram para toda a eternidade.*

Moisés retornou de sua visão, voltando a custo à realidade presente. Não considerou a visão um sonho; tinha plena certeza de que a ocorrência era verdadeira. Seu íntimo mostrava-se calmo e resignado. Assim, ele caminhou confiante pela aurora que despontava. Era ainda bem cedo. O povo de Israel dormia. Percorreu ruas e travessas vazias, rumo à cidade egípcia. Lá a quietude era diversa. Inúmeras pessoas transidas de terror aglomeravam-se defronte às casas. Os rostos maldormidos expressavam um pavor imenso.

Ao avistar Moisés, um murmúrio percorreu a multidão, indo de boca em boca. Por toda a parte as pessoas retrocediam tímidas diante da presença dele... Em outros tempos, o fato teria afetado

---

* O suicídio de Nahome não se enquadrou na vontade do Altíssimo. Foi um ato de profundo alcance negativo.

Moisés, agora ele seguia seu caminho com indiferença. Quanto mais longe ia, maior era a devastação com que deparava. Não havia casa de onde não retirassem cadáveres, e isso sem lamentações. No transcurso das espantosas calamidades, as pessoas haviam desaprendido de chorar. Temiam até que suas lágrimas pudessem atrair maior desgraça ainda.

Pela última vez, Moisés comparecia diante do faraó do Egito. Como já era de hábito, fizera a pergunta e aguardava calmamente a resposta, cujo teor conhecia de antemão.

Ramsés estava completamente prostrado; inclusive seu filho fora arrebatado pela mão vingadora aquela noite. Ele silenciou por longo tempo antes de responder à pergunta de Moisés. Primeiro precisava recobrar o ânimo.

— Vai!
— Darás a teu povo ordem para que nos deixe seguir em paz?

A dor violenta do soberano extravasou em fúria. Ergueu-se de um salto e berrou:

— Deixar seguir em paz? Irei enxotar-vos de meu reino para que finalmente exista paz!

Ao estar entre seu povo, Moisés deu ordem de partida. Logo os filhos de Israel movimentaram-se com suas cargas. Tendo Moisés na vanguarda, estendia-se a interminável leva de gente, sempre perseguida pelas ameaças dos egípcios e sempre acrescida de novos grupos que acorriam de todos os lugares, pois em cada aldeia, em cada cidade, viviam os israelitas perseguidos e odiados desde o início da libertação. Toda raiva, toda revolta da população espezinhada recaía sobre eles. O Egito ansiava por se ver livre de seus antigos escravos, convertidos agora em maldição. Assim aquele êxodo impressionante estendeu-se vagarosamente em direção ao Mar Vermelho... Ali chegando, a multidão encontrou seu primeiro e insuperável obstáculo. Moisés ordenou uma parada de descanso. O povo acampou às margens do Mar Vermelho, aguardando as deliberações que viriam a seguir.

A noite sobreveio. Paz e quietude cobriram a natureza e os homens. Muitos, a quem as agruras da caminhada já pareciam excessivas, começaram a reclamar. Por ora, ainda havia frutas à beira dos caminhos, afastando a fome. Entre os emigrantes, porém, existiam indivíduos que prognosticavam para mais adiante inauditos sofrimentos.

Moisés notara essas correntes contrárias que já agora, no início da peregrinação, se faziam sentir. Amargura brotou nele. Fora para isso que expusera a própria vida, e agora já o cercavam de desconfiança. Recordou, porém, os numerosos que lhe eram agradecidos e recobrou novo ânimo.

Na manhã seguinte, Moisés convocou o povo para uma devoção ao ar livre. Apresentou a Deus as primeiras oferendas de gratidão. Foi solene essa hora, e as orações de agradecimento que se elevaram repercutiram nos corações das pessoas, facultando-lhes fé e confiança nas decisões do condutor. Todavia, aguardavam com expectativa o caminho pelo qual seriam guiados por Moisés. Seria ao longo do mar?

Enorme poeira aproximava-se, a distância. Moisés foi quem a avistou primeiro e sua intuição infalível fê-lo acelerar os preparativos para a partida. Nisso tomou consciência completa de seu poder sobre a entealidade.

Houve silêncio absoluto, quando ele ergueu o cajado, segurando-o sobre as águas do mar... Uma ventania incrível estabeleceu-se logo. Açoitava, separando os vagalhões para os lados, introduzindo profundos redemoinhos naquela massa compacta. Com a respiração presa, a multidão assistia ao inexplicável acontecimento. Em linha reta, o vendaval formou um corredor pelas águas, fazendo-as retroceder de ambos os lados. Assim estas transbordaram as margens em outros pontos, porém os seres humanos não viram isso.

Moisés adiantou-se confiante e, como primeiro, colocou o pé no leito do mar. E o povo de Israel seguiu-o, pressuroso, acotovelando-se, pois todos já tinham avistado a aproximação do inimigo.

Os carros e os cavaleiros do faraó precipitavam-se velozes ao encalço dos israelitas, querendo recuperá-los.

Os filhos de Israel, naquele instante, tomaram verdadeira consciência da liberdade que tinham usufruído quase com indiferença.

Comprimiam-se atrás do condutor, mar adentro, rogando a Deus para que não os deixasse cair nas mãos do adversário. Preferiram embrenhar-se por aquele vale imenso, em meio às águas, cujo término a vista não alcançava. Quando o último deles desceu da margem, os egípcios chegaram.

Os animais, porém, estacaram assustados, ao depararem com o espetáculo nunca visto, apresentado pelos elementos. Inutilmente, os cavaleiros açoitavam as montarias; estas insurgiam-se desesperadas, dando pulos desvairados pela margem, de um lado a outro, sem se atreverem a pôr as patas no leito do mar. Nisso chegou o carro do faraó. Os corcéis pareciam voar acima do solo, mal as ferraduras tocavam o chão. Mas também estes ficaram imóveis, alçando violentamente as cabeças para trás, ao alcançarem a margem.

Enquanto isso, o enorme agrupamento de emigrantes tornava-se pequeno, devido a distância. As águas permaneciam separadas, retidas por forças invisíveis, margeando o caminho que levava mar adentro.

O faraó bradava enfurecido, ao notar a rebeldia dos animais em prosseguir. Estavam estes como que paralisados por um encantamento; mantinham-se imóveis, e trêmulos deixavam cair sobre si os açoites dos homens desapiedados.

Assim decorreu um tempo precioso para os perseguidores, estendendo-se por horas. E a água parada!

Em dado momento, afrouxou a tensão nos corpos dos animais; as patas esgravataram a areia. Novamente, os cavaleiros e condutores de carro tentaram fazê-los progredir, e dessa vez os animais atenderam pressurosos ao primeiro golpe. Como que liberta, avançou a tropa no encalço do povo de Israel. A água mantinha-se na mesma situação. Um silêncio de morte cobria o mar... Os egípcios principiaram a rir, o faraó a ter esperanças... foi quando um sibilar longo e agudo passou por sobre as cabeças dos perseguidores, causando, pelo inusitado do som, verdadeiro pânico. Açoitaram os cavalos com violência; queriam incentivá-los ao máximo... um estrépito passou pelos ares, um ulular envolveu-os e as montarias pararam estáticas. Enquanto um indizível pavor tomava conta daqueles homens, uma ventania medonha e trovejante tomou corpo, transmudando a quietude anterior num inferno estrondante.

As águas elevaram-se íngremes em ambos os lados do caminho, mantiveram-se imóveis por segundos, ameaçando aqueles corpos transidos... e abateram-se, cobrindo homens e animais. Os vagalhões espumantes voltaram a unir-se, para sempre.

Na margem oposta, criaturas humanas oravam ajoelhadas, agradecendo a Deus!

Moisés prosseguia constantemente com seu povo. A vontade dele tornava-se cada vez mais firme desde que sentia o apoio dos enteais. Guiava aqueles muitos milhares por um caminho de todos desconhecido e que ele escolhia conforme sua intuição. Moisés, ele mesmo, deixava-se guiar e tinha plena esperança no feliz desfecho de seu empreendimento...

Aarão aproximou-se dele; aconteceu enquanto percorriam o deserto de Sin. Moisés notou, pela expressão do outro, que devia esperar algo desagradável. Impaciente, cortou logo o longo preâmbulo do irmão.

— Por que não dizes diretamente que o povo está insatisfeito? Afinal, esta é a essência de tuas palavras!

Aarão silenciou; maldisse intimamente os modos francos do irmão, os quais pareciam agradar bem mais ao povo do que sua arte oratória. Seu trabalho junto ao povo, propriamente, terminara; todavia, ele apreciava manter de pé a aparência de ser imprescindível. Ferira-lhe a vaidade ver como Moisés simplesmente o colocara de lado.

— É assim como presumes; o povo reclama. Parece que não te aflige a eventualidade dos filhos de Israel padecerem de fome.

Moisés deixou-se levar pela ira.

— E acaso o povo passa fome? Não falei eu que o alimento virá quando houver necessidade? Não provei ao povo que o auxílio sobrevém? Ocorreu tudo apenas para que no dia seguinte fosse esquecido? Todos os milagres, todos os gestos misericordiosos do Senhor, foram inúteis?

— Verdade é que há dias escasseiam os alimentos, e as pessoas chegam a desejar que estivessem no Egito; lá teriam morrido junto a panelas cheias de carne, aqui será de fome!

Moisés, enojado, retirou-se para longe.

À noite, bandos incontáveis de aves pousaram nas cercanias do acampamento. Exaustas, elas largaram-se por todo lado, deixando-se apanhar facilmente pelas criaturas. O povo saciou a fome. E ficou satisfeito...

Aarão, sentado em companhia dos demais, comia vorazmente como todos. Algo afastado estava Moisés, absorvido em graves cogitações. Seu sofrimento era indescritível.

Não tinha ninguém a seu lado, pessoa alguma o compreendia. Solitário era seu caminho, caminho compartilhado com milhares.

"Senhor!", orou ele, "sacia este povo para que se mantenha bom; que a Tua ordem, de guiá-lo para longe do Egito, não tenha sido executada em vão. Hoje as aves caíram do céu, apaziguando os israelitas. Que será amanhã? De que irão sofrer necessidade?".

Durante a noite caiu algo como se fosse granizo e, quando os filhos de Israel despertaram pela aurora, o chão mostrava-se encoberto por pequenos grãos. A multidão rejubilou-se com o novo milagre e voltaram a apresentar novamente apego e agradecimento à pessoa do condutor. Dali por diante, a cada noite caía o fino granizo, uma espécie de semente trazida de longe pelo vento.

E o povo manteve-se em paz e sossego, pois tinha o que comer. Mas à menor privação, surgiam descontentamentos que ameaçavam perturbações gerais. Essa certeza abalava Moisés. Indagações despertavam nele sobre o porquê desse povo precisar ser liberto das mãos do inimigo. Um povo sem cultura, sem compreensão, dado apenas à desconfiança, sempre aguardando o pior. Em suas orações indagava a respeito e, ansioso, esperava um esclarecimento.

Moisés isolava-se cada vez mais; procurava uma resposta na solidão, como antigamente, quando guardava os rebanhos. E, semelhante àqueles tempos, ouviu a fala do Senhor que se revelou a ele. Uma irradiação luminosa alcançou-o, ofuscando-lhe os olhos que cobriu com as mãos.

"Meu servo Moisés", falou a voz do Senhor. "Tu duvidas e dás guarida em teu peito a perguntas para as quais não tens respostas. Ainda não estás firme como devias em teu posto. De outro modo, agirias sem vacilar. Se o povo de Israel fosse perfeito, conforme tu o desejas, Eu não te elegeria como seu pastor. Deves amansar e guiar a pastos aprazíveis esta leva bárbara e desordenada, corrompida pela miséria! Essa é tua missão na Terra. É penosa demais, já que te lamentas e te desesperas? Atenta bem ao seguinte: nunca sofreste privações semelhantes; nunca curtiste fome como eles; nunca recebeste açoite, ao invés da compensação justa. Como queres julgar o estado de alma desse povo?

Vai para junto deles e sê bondoso, mostra com incansável perseverança que lhes queres dar amor. Sê para eles o pastor de que tanto necessitam e ensina-lhes o bem! Se duvidares de Israel, estarás duvidando de mim, que o julgo de valia e digno de amor."

Moisés, comovido, prostrou-se de joelhos ante essa advertência bondosa. Não se atreveu a responder, na expectativa de novas palavras. E a voz do Senhor continuou:

"Clara compreensão deverá fazer parte de ti, e justiça caracterizará cada um de teus atos daqui por diante. Terás Meu auxílio para isso. Darás ao povo de Israel leis pelas quais possa se guiar. Aos fracos será facultado socorro, e esclarecimento aos insensatos, através da Minha Palavra que tu lhes transmitirás.

Mantém-te em silêncio e ora com o povo, preparando-o para receber os Mandamentos que lhe quero dar. Concluirei uma aliança com o povo de Israel; ele será o eleito desta Terra, caso viva conforme Minha vontade. Pelo espaço de três dias devereis velar e tratar de vossa purificação; depois irás ao monte Sinai escutar Minha voz. A permissão de se aproximar de mim é válida apenas para ti, pois és mais ligado à Luz que as outras criaturas. Adverte o povo para que se mantenha afastado de mim, permanecendo longe da montanha; nem do sopé devem aproximar-se.

No transcurso desses três dias sê juiz e conselheiro dos israelitas, que assim poderão relatar suas culpas, podendo esperar de ti esclarecimento e justiça. Para cada tipo de questão terás a elucidação necessária em ti próprio, sabendo proporcionar clareza aos indagantes. E agora vai, e age conforme te disse!"

Moisés foi para junto do povo e preparou-o para o grande evento. E Israel compreendeu pela primeira vez que ele se aproximava deles com amor. Confiantes como crianças, colocaram-se em amplo círculo para ouvir suas palavras. Com devoção e fé permitiam que as palavras agissem em suas próprias almas. Com alegria Moisés notou isso e a gratidão sentida por ele desfez a última barreira que ainda o separava do povo.

Por três dias, Moisés implantou justiça no meio das pessoas que o procuravam, querendo purificar-se. Ele, que nunca soubera compreender os israelitas, emitia agora pareceres com íntima convicção e intuição segura. Bondoso qual um pai, ouvia incansavelmente as muitas querelas e auto-acusações. Quando após seu pronunciamento, as fisionomias dos aflitos se iluminavam, também a alma dele se tornava mais luminosa e resplandecente. Não houve mais embaraços com os descontentes, as vibrações íntimas seguiam seu rumo mais puras, causando prazer a todos aqueles que, muitas vezes inconscientemente, haviam ansiado por isso.

No terceiro dia, Moisés subiu a montanha do Sinai. A natureza estremecia sob o poder da Luz emanada. A montanha mostrava-se envolta em chamas. O fato era visível apenas a uns poucos agraciados, que transmitiam o avistado ao restante do povo.

Tendo Moisés escalado a montanha até o cume, foi tomado pela nítida impressão de se achar desligado completamente do mundo material. Uma indescritível bem-aventurança apoderou-se dele, fazendo-o sentir-se tão leve, que esqueceu o pesadume da Terra. E o Senhor falou a Moisés e deu-lhe os Mandamentos que deviam pautar a vida dos israelitas até o dia do Juízo Final, para que Deus pudesse erigir naquele povo o reino dos Mil Anos.

Com a mão guiada pela Luz, Moisés gravou em duas lajes de pedra as palavras e os Mandamentos Divinos.

Dez Mandamentos* que em si trazem a salvação da humanidade e que, com sua perfeição, tornam fácil a existência humana, Deus ofertou a seu servo Moisés.

Inclusive proporcionou a este a força interior a fim de extrair deles os ensinamentos, para cuja compreensão os homens ainda não estavam suficientemente maduros para alcançar sozinhos. Esclarecimentos sobre cada palavra, num gesto de amor e cuidado

---

* Vide o livro: "Os Dez Mandamentos e o Pai Nosso", explicados por Abdruschin.

para com aquele povo que não era capaz de abranger a simplicidade grandiosa, assim como era apresentada...

Demoradamente permaneceu Moisés na montanha, gravando os Mandamentos de Deus, bem como a respectiva elucidação.

Aguardando seu regresso, os filhos de Israel haviam se estabelecido num grande acampamento nas proximidades da montanha. A princípio, a alegria imperou, e entusiasmados conversavam sobre o guia. Depois o interesse inicial foi amainado e o tempo pareceu-lhes longo. Acabaram por considerar demorado demais o regresso de Moisés; em conseqüência, os resmungos de descontentamento voltaram a se fazer ouvir. Aarão não sabia como proceder; não dispunha mais de força para conter aquela gente e as palavras que pronunciava resultavam inúteis. É verdade que não se esforçou a contento, permitindo que a rebeldia tomasse conta.

Contudo, havia no meio do povo um jovem que observava desgostoso o desenrolar dos acontecimentos. Demasiado estranho a Aarão para solicitar-lhe permissão a fim de lutar contra o perigo, ele não se atrevia a agir abertamente. Com discrição, procurava acalmar os exaltados ao redor de si, mas seus argumentos eram insuficientes e a voz de pouco alcance.

Esse jovem, de nome Josué, era o único que acreditava firmemente no retorno de Moisés. Todos os demais haviam desistido de esperar, não mais querendo ouvir de Deus que, conforme alegavam, os esquecera. Insistiam junto a Aarão para que desse curso à peregrinação rumo à terra prometida, onde tratariam de esquecer as agruras passadas.

Aarão desesperado negava-se. Temia os possíveis perigos à espreita no percurso desconhecido de todos. Estivesse Moisés realmente perdido para eles, então pretendia convencer o povo a estabelecer-se definitivamente ali mesmo. Decidido, mandou convocar todos para uma reunião. De toda a parte acorreram pessoas, querendo ouvir a sua palavra. E Aarão falou:

— Escutai minhas palavras, ó irmãos e irmãs, sabereis agora o que decidi. É certo que Moisés não voltará e com ele foi-se nosso Deus. Estamos sozinhos, sem proteção e não podemos deslocar-nos daqui sem o auxílio de algum deus. E este cabe a nós próprios criar e sobre ele erigir nosso poder. Para isso é imprescindível que cada um de vós reconheça em mim o dirigente absoluto! Se concordardes com esta condição, eu vos mostrarei um meio que fará de vós, em pouco tempo, um povo próspero! Quereis respeitar minha supremacia?

A multidão manteve-se quieta. Por minutos houve silêncio total. De repente, um homem postou-se ao lado de Aarão: Josué!

— Irmãos! bradou ele suplicante, não deis crédito às palavras dele. O Deus de nossos antepassados encontra-se sempre presente!

Risadas zombeteiras, primeiro isoladas, depois se alastrando com incrível velocidade, sobrepuseram-se à voz do orador.

Josué, com os braços caídos, resignado, tratou de afastar-se dali. Aarão ria vitorioso.

— Quereis porventura submeter-vos a esse desconhecido? Logo estaríeis desiludidos. Eu vos farei um deus que podereis mirar sempre que tiverdes vontade. Entregai-me vosso ouro e jóias; eu fundirei um ídolo para vós. O bezerro de ouro será vosso deus!

Aarão fez com que coletassem todo o ouro e jóias possíveis, e a décima parte empregou no preparo do ídolo. O restante guardou para uma época oportuna em que iria fundamentar seu poder externo. Rei de Israel, eis a meta de Aarão. Era agora o mais rico e ansiava por governar. Suas cogitações iam a ponto de querer transformar o povo num bando de salteadores, afeitos ao roubo de caravanas...

O povo adorou o bezerro de ouro; era o símbolo da vontade de todos. Conferidor de poder terreno! Assim queria Aarão.

Enquanto Moisés desabrochava em pureza, trabalhando com amor por Israel, verificava-se tal desatino.

E Moisés desceu da montanha...

De longe alcançou-o uma selvagem gritaria, perturbando a quietude da montanha. Inquietação assomou em Moisés. Seu constante zelo pelo povo despertou logo que ele se aproximava. Teria ocorrido algum levante?

Acelerou o passo, efetuando a descida da montanha. Ultrapassava os blocos de rocha do caminho com leveza e segurança.

Ao alcançar o último declive, seu olhar já conseguia abranger o acampamento. Susteve o passo e observou o movimento desordenado. Estaria enganado, ou dançavam, mesmo, os filhos de Israel?

Eram esses os divertimentos, os passatempos, enquanto ele recebia os Mandamentos do Senhor? Lentamente a desilusão tomou conta dele.

Ninguém percebeu o regresso de Moisés. Dançavam frenética e desenfreadamente ao redor do ídolo... até o momento em que uma voz trovejante estremeceu os ares e conjuntamente o povo. De chofre, houve um silêncio de morte por todos os lados.

Rubro de ira, postava-se Moisés na elevação onde costumava falar ao povo e da qual agora expulsara Aarão. Trazia as mãos erguidas para o alto e estas seguravam as pedras dos Mandamentos.

— Aqui estão os Mandamentos de meu Deus, ofertados a vós; vejo, porém, que deles não mais precisais. Continuai ao encontro de vossa perdição, eu vos abandono de agora em diante. Deus há de desligar-me de minha missão!

A essas palavras seguiram-se um baque e um estalido. Moisés atirara as pedras sobre um rochedo, quebrando-as. Depois desceu calmamente, cruzou pelo povo que retrocedia medrosamente, e rumou para sua tenda.

Ali deparou com um jovem que chorava. Primeiramente Moisés pensou em expulsá-lo, mas condoeu-se e perguntou:

— Que procuras aqui?

Josué, ao ouvir a voz, ergueu o rosto e deixou escapar um brado alegre dos lábios. Ajoelhou-se diante de Moisés e relatou os acontecimentos havidos...

Silencioso, procurando não interromper, Moisés escutou a narrativa e soube assim que novamente fora Aarão o maior culpado.

Orou a Deus e pediu perdão pelo povo transviado do caminho.

Logo em seguida, apareceram na tenda alguns emissários do povo com o intuito de rogar que ele permanecesse junto a eles. Mesmo Aarão aproximou-se choramingando. Moisés, como melhor solução, empossou Josué em seu lugar, a quem dali por diante considerou como se fosse seu filho.

E Josué apoiou Moisés em sua grande missão. Conjuntamente gravaram de novo os Mandamentos e transmitiram ao povo as elucidações necessárias.

Moisés criou um verdadeiro Estado com leis exatas, cujas transgressões eram severamente punidas. Investiu juízes, aos quais proporcionou a devida instrução. Anos e anos, viveu com o povo pelo deserto, sempre a caminho da terra prometida.

Peregrinavam e muitas vezes permaneciam por longas temporadas nos vales férteis, até que a voz do condutor os incentivasse adiante. O percurso que poderia ter sido feito em tempo bem mais curto foi prolongado por Moisés propositalmente, para adaptar o povo, durante aqueles anos, à severidade das leis. Na solidão era mais fácil manter o predomínio.

Moisés ofertou ao povo de Israel tudo aquilo que o mesmo necessitava para sua ascensão espiritual. O exemplo emanado dele enobreceu os israelitas de tal modo, que, ao avistar as fronteiras de Canaã, Moisés não precisou rogar por prorrogação, ao sentir a morte sobrevindo.

Seu olhar abrangeu ainda uma vez aqueles que, em veneração, lhe rodeavam o leito de morte. Em seguida, deitou sua mão na de Josué e expirou...

ÍNDICE

EGITO 9
NEMARE 27
OS FARAÓS 81
MOISÉS 193

AO LEITOR

A Ordem do Graal na Terra é uma entidade criada com a finalidade de difusão, estudo e prática dos elevados princípios da Mensagem do Graal de Abdruschin "NA LUZ DA VERDADE", e congrega aquelas pessoas que se interessam pelo conteúdo das obras que edita. Não se trata, portanto, de uma simples editora de livros.

Se o leitor desejar uma maior aproximação com aqueles que já pertencem à Ordem do Graal na Terra, em vários pontos do Brasil, poderá dirigir-se aos seguintes endereços:

Por carta:
Ordem do Graal na Terra
Caixa Postal 128
CEP 06803-971
EMBU – SP – BRASIL
Tel/Fax: (11) 4781-0006

Pessoalmente:
Ordem do Graal na Terra
Av. São Luiz, 192 – Loja 14
(Galeria Louvre)
Consolação – São Paulo – SP
Tel.: (11) 3259-7646

Internet:
www.graal.org.br
graal@graal.org.br

Obras editadas pela
ORDEM DO GRAAL NA TERRA

Obras de Abdruschin

NA LUZ DA VERDADE
Mensagem do Graal

Qual a finalidade de nossa existência? De onde viemos e para onde vamos? Por que existe tanto sofrimento na Terra? Quais são as leis que regem o mundo? Existem acasos?

"NA LUZ DA VERDADE, Mensagem do Graal de Abdruschin", editada em três volumes, mostra o caminho que o ser humano deve percorrer, a fim de encontrar a razão de ser de sua existência e desenvolver todas as suas capacitações.

Esclarece as causas mais profundas dos muitos sofrimentos que o ser humano enfrenta, revelando por sua vez a maneira de se libertar deles. É algo completamente novo, não tendo conexão alguma com as filosofias ou crenças religiosas existentes.

Com a *Mensagem do Graal* abre-se para o ser humano o *Livro da Criação*, esclarecendo-se então tudo o que até agora era tido como "milagre" ou "mistério".

Alguns dos assuntos encontrados nesta obra: O reconhecimento de Deus • O mistério do nascimento • Intuição • A criança • Sexo • Natal • A imaculada concepção e o nascimento do Filho de Deus • Bens terrenos • Espiritismo • O matrimônio • Astrologia • A morte • Aprendizado do ocultismo, alimentação de carne ou alimentação vegetal • Deuses, Olimpo, Valhala • Milagres • O Santo Graal

OS DEZ MANDAMENTOS E O PAI NOSSO
Explicados por Abdruschin

Amplo e revelador! Este livro apresenta uma análise profunda dos Mandamentos recebidos por Moisés, mostrando sua verdadeira essência e esclarecendo seus valores perenes.

Ainda neste livro compreende-se toda a grandeza de "O Pai Nosso", legado de Jesus à humanidade. Com os esclarecimentos de Abdruschin, esta oração tão conhecida pode de novo ser sentida plenamente pelos seres humanos.

– Também edição de bolso.   ISBN-85-7279-058-6 • 80 p.

RESPOSTAS A PERGUNTAS
de Abdruschin

Coletânea de perguntas respondidas por Abdruschin no período de 1924-1937, que esclarecem questões enigmáticas da atualidade: Doações por vaidade • Responsabilidade dos juízes • Freqüência às igrejas • Existe uma "providência"? • Que é Verdade? • Morte natural e morte violenta • Milagres de Jesus • Pesquisa do câncer • Ressurreição em carne é possível? • Complexos de inferioridade • Olhos de raios X.

ISBN-85-7279-024-1 • 174 p.

Obras de Roselis von Sass

A GRANDE PIRÂMIDE REVELA SEU SEGREDO

Revelações surpreendentes sobre o significado dessa Pirâmide, única no gênero. O sarcófago aberto, o construtor da Pirâmide, os sábios da Caldéia, os 40 anos levados na construção, os papiros perdidos, a Esfinge e muito mais... são encontrados em A Grande Pirâmide Revela seu Segredo.

Uma narrativa cativante que transporta o leitor para uma época longínqua em que predominavam o amor puro, a sabedoria e a alegria.

ISBN-85-7279-044-6 • 368 p.

SABÁ, O PAÍS DAS MIL FRAGRÂNCIAS

Feliz Arábia! Feliz Sabá! Sabá de Biltis, a famosa rainha que desperta o interesse de pesquisadores da atualidade. Sabá dos valiosos papiros com os ensinamentos dos antigos "sábios da Caldéia". Da famosa viagem da rainha de Sabá, em visita ao célebre rei judeu, Salomão.

Em uma narrativa atraente e romanceada, a autora traz de volta os perfumes de Sabá, a terra da mirra, do bálsamo e do incenso, o "país do aroma dourado"!

ISBN-85-7279-066-7 • 416 p.

O LIVRO DO JUÍZO FINAL

Uma verdadeira enciclopédia do espírito, onde o leitor encontrará um mundo repleto de novos conhecimentos. Profecias, o enigma das doenças e dos sofrimentos, a morte terrena e a vida no Além, a 3ª Mensagem de Fátima, os chamados "deuses" da Antiguidade, o Filho do Homem e muito mais...

ISBN-85-7279-049-7 • 384 p.

ATLÂNTIDA. PRINCÍPIO E FIM DA GRANDE TRAGÉDIA

Atlântida, a enorme ilha de incrível beleza e natureza rica, desapareceu da face da Terra em um dia e uma noite...

Roselis von Sass descreve os últimos 50 anos da história desse maravilhoso país, citado por Platão, e as advertências ao povo para que mudassem para outras regiões. ISBN-85-7279-036-5 • 176 p.

FIOS DO DESTINO DETERMINAM A VIDA HUMANA

Amor, felicidade, inimizades, sofrimentos!... Que mistério fascinante cerca os relacionamentos humanos!

Nos contos e narrativas surpreendentes, a autora mostra os caminhos trilhados por vários personagens, as relações humanas e as escolhas presentes, tão capazes de determinar o futuro. O aparente mistério desaparece rapidamente, ao se verificar que fios do destino tecem constantemente ao redor de cada um, trazendo-lhe de volta tudo o que lançou no mundo.

O leitor descobrirá como a atuação presente pode corrigir as eventuais falhas do passado, forjando um futuro melhor. Uma leitura obrigatória para aqueles que buscam uma explicação para os porquês da vida!

ISBN-85-7279-045-4 • 224 p.

REVELAÇÕES INÉDITAS DA HISTÓRIA DO BRASIL

Através de um olhar retrospectivo e sensível a autora narra os acontecimentos da época da Independência do Brasil, relatando traços de personalidade e fatos inéditos sobre os principais personagens da nossa História, como a Imperatriz Leopoldina, os irmãos Andradas, Dom Pedro I, Carlota Joaquina, a Marquesa de Santos, Metternich da Áustria e outros...

Descubra ainda a origem dos guaranis e dos tupanos, e os motivos que levaram à escolha de Brasília como capital, ainda antes do Descobrimento do Brasil.

ISBN-85-7279-059-4 • 256 p.

A VERDADE SOBRE OS INCAS

O povo do Sol, do ouro e de surpreendentes obras de arte e arquitetura. Como puderam construir incríveis estradas e mesmo cidades em regiões tão inacessíveis?

Um maravilhoso reino que se estendia da Colômbia ao Chile.

Roselis von Sass revela os detalhes da invasão espanhola e da construção de Machu-Picchu, os amplos conhecimentos médicos, os mandamentos de vida dos Incas e muito mais.

ISBN-85-7279-053-5 • 288 p.

ÁFRICA E SEUS MISTÉRIOS

"África para os africanos!" é o que um grupo de pessoas de diversas cores e origens buscava pouco tempo após o Congo Belga deixar de ser colônia. Queriam promover a paz e auxiliar seu próximo.

Um romance emocionante e cheio de ação. Deixe os costumes e tradições africanas invadirem o seu imaginário! Surpreenda-se com a sensibilidade da autora ao retratar a alma africana!

ISBN-85-7279-057-8 • 336 p.

A DESCONHECIDA BABILÔNIA

A Desconhecida Babilônia, de um lado tão encantadora, do outro ameaçada pelo culto de Baal.

Entre nesse cenário e aprecie uma das cidades mais significativas da Antiguidade, conhecida por seus Jardins Suspensos, pela Torre de Babel e por um povo ímpar – os sumerianos – fortes no espírito, grandes na cultura.

ISBN-85-7279-063-2 • 304 p.

O NASCIMENTO DA TERRA

Qual a origem da Terra e como se formou?

Roselis von Sass descreve com sensibilidade e riqueza de detalhes o trabalho minucioso e incansável dos seres da natureza na preparação do planeta para a chegada dos seres humanos.

ISBN-85-7279-047-0 • 176 p.

OS PRIMEIROS SERES HUMANOS

Conheça relatos inéditos sobre os primeiros seres humanos que habitaram a Terra e descubra sua origem.

Uma abordagem interessante sobre como surgiram e como eram os berços da humanidade e a condução das diferentes raças.

Roselis von Sass esclarece enigmas... o homem de Neanderthal, o porquê das Eras Glaciais e muito mais...

ISBN-85-7279-055-1 • 160 p.

Obras da Coleção O Mundo do Graal

JESUS – O AMOR DE DEUS

Um novo Jesus, desconhecido da humanidade, é desvendado. Sua infância... sua vida marcada por ensinamentos, vivências, sofrimentos... Os caminhos de João Batista também são focados.

Jesus, o Amor de Deus – um livro fascinante sobre aquele que veio como Portador da Verdade na Terra!

ISBN-85-7279-064-0 • 400 p.

OS APÓSTOLOS DE JESUS

"Os Apóstolos de Jesus" desvenda a atuação daqueles seres humanos que tiveram o privilégio de conviver com Cristo, dando ao leitor uma imagem inédita e real!

ISBN-85-7279-071-3 • 256 p.

A VIDA DE MOISÉS

A narrativa envolvente traz de volta o caminho percorrido por Moisés desde seu nascimento até o cumprimento de sua missão: libertar o povo israelita da escravidão egípcia e transmitir os Mandamentos de Deus.

Com um novo olhar acompanhe os passos de Moisés em sua busca pela Verdade e liberdade. – *Edição de bolso.*

ISBN-85-7279-074-8 • 160 p.

ÉFESO

A vida na Terra há milhares de anos. A evolução dos seres humanos que sintonizados com as leis da natureza eram donos de uma rara sensibilidade, hoje chamada "sexto sentido".

ISBN-85-7279-006-3 • 232 p.

ZOROASTER

A vida empolgante do profeta iraniano, Zoroaster, o preparador do caminho Daquele que viria, e posteriormente Zorotushtra, o conservador do caminho. Neste livro são narrados de maneira especial suas viagens e os meios empregados para tornar seu saber acessível ao povo.

ISBN-85-7279-004-7 • 268 p.

BUDDHA

Os grandes ensinamentos de Buddha que ficaram perdidos no tempo...

O livro traz à tona questões fundamentais sobre a existência do ser humano, o porquê dos sofrimentos, e também esclarece o Nirvana e a reencarnação.

ISBN-85-7279-072-1 • 352 p.

REFLEXÕES SOBRE TEMAS BÍBLICOS *de Fernando José Marques*

Neste livro, passagens bíblicas polêmicas ou de difícil entendimento ganham perspectiva inédita, fundamentada em transcrições e comparações.

Trechos como a missão de Jesus, a virgindade de Maria de Nazaré, Apocalipse, a missão dos Reis Magos, pecados e resgate de culpas são interpretados sob nova dimensão.

Obra singular para os que buscam as conexões perdidas no tempo! – *Edição de bolso.*

ISBN-85-7279-078-0 • 176 p.

ASPECTOS DO ANTIGO EGITO

O Egito ressurge diante dos olhos do leitor trazendo de volta nomes que o mundo não esqueceu – Tutancâmon, Ramsés, Moisés, Akhenaton e Nefertiti.

Reviva a história desses grandes personagens, conhecendo suas conquistas, seus sofrimentos e alegrias, na evolução de seus espíritos.

ISBN-85-7279-012-8 • 274 p.

HISTÓRIAS DE TEMPOS PASSADOS

Emocionante história que relata a famosa guerra entre gregos e troianos, causada pelo rapto de Helena. As figuras dos heróis do passado ressurgem junto com a atuação de Kassandra, que, advertindo, preconizou o infortúnio para Tróia.

E ainda a cativante história de Nahome, nascida no Egito, e que tinha uma importante missão a cumprir.

ISBN-85-7279-008-X • 240 p.

LAO-TSE

Conheça a trajetória do grande sábio que marcou uma época toda especial na China.

Acompanhe a sua peregrinação pelo país na busca de constante aprendizado, a vida nos antigos mosteiros do Tibete, e sua consagração como superior dos lamas e guia espiritual de toda a China.

ISBN-85-7279-065-9 • 304 p.

Os livros editados pela Ordem do Graal na Terra podem ser adquiridos em diversas livrarias, bancas e através da internet ou do telemarketing. Também estão disponíveis para consulta em várias bibliotecas. Verifique na sua cidade.

Veja na internet as obras também editadas em alemão, inglês, francês e espanhol.

www.graal.org.br

Capa: Foto de Joe Baraban
CORBIS / STOCK PHOTOS

Filmes, impressão e acabamento
ORDEM DO GRAAL NA TERRA
Embu – São Paulo – Brasil